今注本二十四史

後漢書

南朝宋 范曄 撰 唐 李賢等 注

卜憲群 周天游 主持校注

一一 傳〔七〕

中國社會科學出版社

後漢書　卷四〇下

列傳第三十下

班彪　子固

　　主人喟然而歎曰："痛乎風俗之移人也！子實秦人，矜夸館室，保界河山，信識昭襄而知始皇矣，惡睹大漢之云爲乎？[1]夫大漢之開原也，奮布衣以登皇極，繇數碁而創萬世，蓋六籍所不能談，前聖靡得而言焉。[2]當此之時，功有橫而當天，計有逆而順人，故婁敬度埶而獻其説，蕭公權宜以拓其制。時豈泰而安之哉？計不得以已也。[3]吾子曾不是睹，顧燿後嗣之末造，不亦闇乎？[4]今將語子以建武之理，永平之事，監乎泰清，以變子之或志。[5]

　　[1]【李賢注】喟，歎貌也。《前書》曰："人有剛柔緩急，音聲不同，繫水土之風氣，謂之風；好惡取舍，動静無常，隨君上之情欲，謂之俗。"保，守也，謂守河山之險以爲界。昭、襄，昭王、襄王也。惡，安也，音烏。【今注】案，《文選》卷四八

（以下爲同卷，省略）“主人”上有“東都”二字。張森楷校勘記云上卷小題下稱“自‘東都主人’以下分爲下卷”，是本有“東都”二字。　喟（kuì）然：形容歎息的樣子。　移：改變。　矜（jīn）夸：誇耀。　保界河山：指依靠河流和山嶽以爲屏障。保，通“憑”，憑借。界，通“介”，依靠。　信：確實。　昭襄：即秦昭王。戰國時秦國國君，名稷，一作則。秦武王異母弟。原在燕國爲質子，後回歸繼位。初由其母宣太后掌權。二年（前305），平定公子壯等叛亂。三年，與楚王會黄棘。六年，遣司馬錯定蜀。九年，孟嘗君相秦。十年，楚懷王入秦。十一年，齊、韓、魏、趙、宋、中山五國攻秦。十九年，爲西帝，齊爲東帝。任用樓緩、魏冉、范雎等爲相，司馬錯、白起等爲將，伐楚、韓、魏、趙、齊、楚等國。四十七年，敗趙於長平。五十一年，滅西周君。在位五十六年。謚昭襄。　惡：如何，怎麽。《文選》作“烏”。　云爲：所做所爲。

［2］【李賢注】漢高祖曰：“吾以布衣，提三尺劍取天下。”高祖起兵五年而即帝位，故云由數朞。繇即由也。孔安國注《尚書》云：“匝四時曰朞。”萬代，盛言之也。六籍，六經也。【今注】開原：創始。《文選》作“開元”。　布衣：平民，此處指漢高祖劉邦。《漢書》卷一《高帝紀》：“高祖曰：‘吾以布衣，提三尺劍，取天下。’”　皇極：皇帝之位。《文選》作“皇位”。　朞（jī）：通“期”，一周年。數朞，指時間很短。劉邦從起兵到登帝位共五年，故曰數朞。　六籍：六經。即《詩》《書》《禮》《樂》《易》《春秋》。　前聖靡得而言焉：《文選》無“而”字。靡，無，沒有。

［3］【李賢注】橫音胡孟反。高祖入關，秦王子嬰降，而五星聚于東井，此功有橫而當天也。逆謂以臣伐君。《前書》陸賈曰：“湯武逆取而以順守之。”及高祖入關，秦人爭獻牛酒，此爲計有逆而順人也（計，殿本作“討”，是）。婁敬已見上。又曰：“蕭何修未央宫，上見壯麗，甚怒。何對曰：‘天下未定，故可因

遂就宮室。且天子以四海爲家，非令壯麗，無以重威（重威，大德本、殿本誤作“咸重”），且無令後代有以加也。’”時豈奢泰而安之哉（泰，大德本、殿本誤作“侈”）？言天下初定，計不得止而都西京也（止，大德本、殿本作“已”）。【今注】功有橫而當天：本書卷四〇下《班固傳》錄《兩都賦》李賢注：“高祖入關，秦王子嬰降，而五星聚於東井，此功有橫而當天也。”橫，逆。當天，應天。　案，計，殿本作“討”，是。　逆：以臣伐君。婁敬：即劉敬。齊人。原名婁敬。勸劉邦都關中，《史記》卷九九《劉敬叔孫通列傳》載，漢五年（前202），婁敬勸説劉邦建都關中，云：“夫秦地被山帶河，四塞以爲固，卒然有急，百萬之衆可具也。因秦之故，資甚美膏腴之地，此所謂天府者也。陛下入關而都之，山東雖亂，秦之故地可全而有也。夫與人鬪，不搤其亢，拊其背，未能全其勝也。今陛下入關而都，案秦之故地，此亦搤天下之亢而拊其背也。”漢五年賜姓劉。拜郎中，號奉春君。漢七年，封關内侯，號建信侯。傳見《史記》卷九九、《漢書》卷四三。度（duó）埶：考慮時勢。　蕭公：蕭何，沛（今江蘇沛縣）人。初爲沛縣吏。從劉邦入咸陽。後爲丞相，薦韓信爲大將。封酇侯。世家見《史記》卷五三，傳見《漢書》卷三九。　權宜：根據情況采取靈活變通的辦法。　拓：擴展。　案，“時豈泰”二句是説當時建都長安，並非出於條件成熟狀態的選擇，實在是不得已。

[4]【李賢注】顧，反也。燿，眩燿也（眩，殿本作“炫”，二字可通）。言吾子曾不睹度埶權宜之由，而反眩燿後嗣子孫末代之所造（眩，殿本作“炫”），非其盛稱武帝、成帝神仙、昭陽之事也。【今注】吾子：古代表示親近的稱呼。　曾：竟然，居然，表示出乎意料。　是睹：看到這些。是，此，指上文所説的度勢、權宜。　顧：反而。　燿：炫耀。同“耀”。　末造：不重要的、不是根本的事情。　闇：愚昧不明。李善注：“言吾子不睹度勢權宜之由，反以後嗣末造而自眩曜。”

[5]【李賢注】《淮南子》曰：“太清之化也，和順以寂漠，

質直以素樸（樸，大德本誤作‘撲’）。”高誘注曰：“太清，無爲之化也。”【今注】建武：東漢光武帝劉秀年號（25—56）。　永平：東漢明帝劉莊年號（58—75）。　監：借鑒。　泰清：天道。此處指上古無爲之治。案，“泰”《文選》作“太”，是。　或志：困惑之心。或，同“惑”。

往者王莽作逆，[1]漢祚中缺，[2]天人致誅，六合相滅。[3]於時之亂，生民幾亡，[4]鬼神泯絶，壑無完柩，郭罔遺室，[5]原野猒人之肉，川谷流人之血，秦、項之災猶不克半，書契已來未之或紀也。[6]故下民號而上愬，上帝懷而降鑒，致命于聖皇。[7]於是聖皇乃握乾符，闡坤珍，披皇圖，稽帝文，赫爾發憤，應若興雲，霆發昆陽，憑怒雷震。[8]遂超大河，跨北嶽，立號高邑，建都河洛。[9]紹百王之荒屯，因造化之盪滌，體元立制，繼天而作。[10]系唐統，接漢緒，茂育群生，恢復疆宇，勳兼乎在昔，事勤乎三五。[11]豈特方軌竝迹，紛綸后辟，理近古之所務，蹈一聖之險易云爾哉？[12]且夫建武之元，天地革命，四海之内，更造夫婦，肇有父子，君臣初建，人倫寔始，斯乃虙羲氏之所以基皇德也。[13]分州土，立市朝，作舟車，造器械，斯軒轅氏之所以開帝功也。[14]龔行天罰，應天順民，斯乃湯武之所以昭王業也。[15]遷都改邑，有殷宗中興之則焉；即土之中，有周成隆平之制焉。[16]不階尺土一人之柄，同符乎高祖。[17]克己復禮，以奉終始，允恭乎孝文。[18]憲章稽古，封岱勒成，儀炳乎世宗。[19]案六經而校德，妙古昔而論功，仁聖之事既該，帝王之道備矣。[20]

[1]【今注】王莽：字巨君，魏郡元城（今河北大名縣東北）人。西漢元帝皇后王政君侄子。漢末以外戚掌權。成帝時封新都侯。平帝時稱安漢公。元始五年（5），稱假皇帝。初始元年（8）稱帝，改國號爲新，年號始建國。傳見《漢書》卷九九。

[2]【今注】漢祚（zuò）中缺：指王莽代漢建立新朝。祚，皇位和國運。

[3]【李賢注】天人謂天意人事共相誅也。【今注】六合：東西南北四方及上下。代指天下。

[4]【今注】生民：人民。民，《文選》作“人”，唐代避太宗李世民諱而改。

[5]【今注】郛（fú）：外城。指古代在城的外圍加築的城墻。罔：無，沒有。 遺室：殘存的房舍。指在戰爭中幸存的人。

[6]【李賢注】人者神之主。生人既亡，故鬼神亦絕也。楊子《法言》曰（楊，大德本、殿本作“揚”）“秦將白起長平之戰，阬四十萬人（阬，大德本、殿本作‘坑’，二字可通），原野猒人之肉，川谷流人之血”也。【今注】猒：堆滿。 秦：朝代名。秦朝。公元前 221 年至前 207 年。都咸陽。公元前 230 年至前 221 年，秦滅六國，建立秦朝，稱“始皇帝”。建皇帝制度，實行郡縣制，統一文字、度量衡、貨幣與車軌。沒收民間武器，鑄大鐘與十二金人。遷全國豪族至咸陽。焚書坑儒。建直道、馳道。北伐匈奴，南征百越。興建阿房宮、秦始皇陵，封禪泰山。公元前 210 年，秦始皇死於沙丘（今河北平鄉縣），胡亥即位。公元前 209 年，陳勝、吳廣起義。公元前 207 年，秦王子嬰降於劉邦，秦朝亡。主要事迹見《史記》卷六《秦始皇本紀》。 項：項羽，名籍，字羽，下相（今江蘇宿遷市西南）人。與叔父項梁起兵響應陳勝。項梁死後，立楚懷王孫爲楚懷王。在鉅鹿擊敗秦軍。秦亡後自立爲西

楚霸王，分封十八諸侯。後在垓下被劉邦擊敗，在烏江自殺。紀見《史記》卷七，傳見《漢書》卷三一。　　克：能够。　　書契：文字。古代刻木爲書契，各持其一，以刻齒相契合。　　案，已來，殿本作“以來”，可通。　　紀：同“記”。記載。這兩句是説王莽作亂造成的災難，秦朝、項羽趕不上其一半，自有文字記載以來聞所未聞。

　　[7]【李賢注】上帝，天也。聖皇，光武也。懷猶愍念也（大德本無“也”字）。降，下也。鑒，視也。言上天愍念下人之上愬，故下視四海可以爲君者，而致命於光武也。【今注】上帝：天帝。　　懷：憐憫、同情。　　鑒：審視。　　致命：授命。

　　[8]【李賢注】乾符、坤珍謂天地符瑞也。皇圖、帝文謂圖緯之文也。霆，疾雷也。發於昆陽謂破王尋、王邑。憑，盛也。言盛怒如雷之震。協韻音真。【今注】乾符：帝王受命於天的徵兆。本書卷一上《光武帝紀上》載，建武元年（25）四月，行至鄗（今河北柏鄉縣固城店），有人奉赤伏符：“劉秀發兵捕不道四夷雲，集龍闘野，四七之際火爲主。”　　坤珍：大地出現的祥瑞。本書卷一下《光武帝紀下》載，哀帝建平元年（前6），劉秀生時，有赤光照室中。該年縣中有嘉禾生，一莖九穗。　　皇圖：河圖。相傳伏羲氏時洛陽東北孟津縣境内有龍馬負圖出於河，伏羲據其文以畫八卦。　　帝文：上天所降的圖文。案，這幾句指光武帝受命於天。　　赫爾：盛怒的樣子。《文選》作“赫然”。　　應若興雲：響應光武帝的大臣很多，如同興起的雲氣。　　霆發昆陽：指王莽地皇四年（23）三月，“光武別與諸將徇昆陽、定陵、郾皆下之”。六月，殲滅王莽主力軍於此。昆陽，縣名，治所在今河南葉縣。發，《文選》作“擊”。　　憑怒：盛怒、大怒。憑，滿，盛。指憤怒如同雷一樣震動。

　　[9]【李賢注】跨，據也。言光武度河據北嶽（度，殿本作“渡”，是），遂即位於鄗，而改鄗爲高邑也。【今注】超：渡過。　　大河：黄河。　　北嶽：恒山。相傳舜封爲北嶽。明代之前指河北

大茂山，在今河北曲陽縣西北。清順治時因改祭北嶽於山西渾源縣玄嶽山，遂稱渾源玄嶽山爲恒山。在今山西東北部。　　立號：建立皇帝之號，指即位。　　高邑：春秋時晉國鄙邑。新莽改名“和成亭”。光武帝在此即位，改名爲高邑，故址在今河北柏鄉縣固城店。

河洛：黃河與洛水的合稱，指黃河與洛水之間的地區。此處指洛陽。東漢光武帝建武元年（25）十月，劉秀車駕入洛陽，遂定都。

［10］【李賢注】紹，繼也。屯，難也。高誘注《淮南子》云：“造化，天地也。”滌，除也。作，起也。杜預注《左傳》云：“凡人君即位，欲體元以居正。”《穀梁傳》曰：“爲天下主者，天也；繼天者，君也。”【今注】紹：繼承。　　百王：歷代帝王。荒屯：荒亂艱難。《六臣注文選》呂向注：“言百王屯難之後，光武繼之。”　　因：承襲、順應。　　造化：古代指創造、化育萬物的主宰，指天地。《六臣注文選》呂向注：“蕩滌，猶除也。言造化始除其惡法。”　　體元立制：以天地爲本，制定制度。指建立王朝。《六臣注文選》李善注引杜預《左氏傳注》：“凡人君即位，欲其體元以居正。”　　繼天而作：繼承天意而出現。《六臣注文選》李善注引《穀梁傳》：“爲天下主者天也，繼天者君也。”

［11］【李賢注】《爾雅》曰：“系，繼也。緒，業也。”《前書》曰：“漢帝本系出唐帝。”言光武能繼唐堯之統業也。恢，大也。三五，三皇五帝也。【今注】系：繼承。　　唐統：唐堯之統業。兩漢經師多認爲劉氏爲堯後，同爲“火德”。《春秋左氏傳》昭公二十九年《傳》稱：“有陶唐氏既衰，其後有劉累。”據《漢書·律曆志上》，太昊爲木，炎帝爲火，黃帝爲土，少昊爲金，顓頊爲水，帝嚳爲木，唐堯爲火，虞舜爲土，伯禹爲金，成湯爲水，武王爲木。漢高祖皇帝，著《紀》，伐秦繼周。木生火，故爲火德。秦以水德，在周、漢木火之間。周人遷其行序，故《易》不載。《漢書》卷一下《高帝紀下》載：“漢承堯運，德祚已盛，斷蛇著符，旗幟上赤，協于火德，自然之應，得天統矣。”　　漢緒：漢朝的功業。緒，前人未完成的事業。　　茂育群生：努力撫育百姓。茂

育，《易‧無妄》：“先王以茂對時育萬物。”高亨注：“茂讀爲懋，勉也，努力也。” 在昔：指從前的聖人。 三五：三皇五帝。上古帝王名。說法不一。三皇一般指燧人、伏羲、神農，五帝一般指黃帝、顓頊、嚳、堯、舜。

[12]【李賢注】軌，轍也。紛綸猶雜蹂也。《爾雅》曰：“后，辟，君也。”險易猶理亂也。言光武功德勤勞，兼於前代百王，非直一聖帝也。【今注】方軌竝迹：車輛並駕齊驅。方軌，兩車並行。 紛綸后辟：歷代衆多的帝王。 案，“理近古之所務”二句，指光武中興，功業已蓋過前代聖王，豈止效仿距東漢不遠的帝王治理天下的事業？理，《六臣注文選》作“治”。近古，距東漢不遠的年代。所務，所致力的事業。一聖，個別的聖明君王。險易，治亂。高步瀛《文選李注義疏》引劉良說：“言光武勝三皇五帝之功，豈與衆君齊迹，而取近古一聖治亂之法。”

[13]【李賢注】《易》曰：“天地革而四時成。”又曰：“湯武革命。”《爾雅》曰：“九夷、八狄、七戎、六蠻，謂之四海。”基，始也。帝王紀曰：“庖犧氏，風姓也。制嫁娶之禮，取犧牲以充庖厨，以食天下，故號庖犧。後或謂之伏犧。”言光武更造夫婦如伏犧時也。【今注】元：開始。 革命：改朝換代。 更造：重造、更新。《文選》張銑注：“言建武元年，天地改命，夫婦、父子、君臣人倫之徒，皆以更始。” 肇：開始，初始。 寔始：自此開始。寔，此、這，同“實”。 庖羲氏：古代傳說人物。又作伏羲，亦稱太昊。傳說教民結網從事漁獵畜牧，作八卦。 基：奠定基礎。 皇德：天子的恩德。指光武帝對於人民的恩德有如伏羲。

[14]【李賢注】黃帝號軒轅氏。《前書》曰（大德本、殿本無“曰”字）：“昔在黃帝，畫野分州（畫，大德本誤作‘畫’）。”《易‧繫辭》曰：“神農氏日中爲市。黃帝、堯、舜垂衣裳而天下理（理，大德本、殿本作‘治’，二字可通）。剡木爲舟，剡木爲楫，服牛乘馬，引重致遠，以利天下；弦木爲弧，剡

木爲矢，弧矢之利，以威天下。”言光武利人如軒轅也。【今注】
分州土：劃分行政區域。州土，指鄉邑。　市朝：集市和朝廷。指
國家的公共建築和場所。　案，舟車，《文選》作“舟輿”。　軒
轅氏：上古帝王。黃帝。少典之子，姓公孫，居於軒轅之丘，故曰
軒轅氏。又號有熊氏。與蚩尤戰於涿鹿。因有土德之瑞，故號黃
帝。後世很多發明和製作傳説均以黃帝爲始。　帝功：皇帝的功
業。指光武帝建立各種制度的功績如同軒轅。

[15]【李賢注】　《尚書》武王曰：“今予惟龔行天之罰。”
《易》曰：“湯武革命，順乎天而應乎人。”言光武征伐如湯武者
也。【今注】龔行天罰：恭敬地奉行上天的旨意進行懲罰。龔行，
同“恭行”。行，施行。天罰，上天的懲罰。　應天順民：順應天
意和民心。民，《文選》作“人”。　湯：商湯。子姓，名履。殷
開國之君。世稱商湯或湯。建都於亳，任用伊尹。殷人尊湯，故曰
天乙、大乙。湯伐夏桀，桀奔走鳴條，湯踐天子位。　武：周武王
姬發，文王之子。武王伐紂，聯合八百諸侯，在牧野（今河南淇縣
西南）會戰，大敗商軍，滅商。建立周王朝，分封諸侯，定都鎬
（今陝西西安市長安區西北灃河東岸西周遺址一帶）。伐殷紂，紂自
焚而死，武王就帝位。　昭：光大。指順應民心，改朝換代的商
湯、周武王。

[16]【李賢注】《尚書》曰：“盤庚遷于殷。”《史記》曰：
“帝陽甲之時，殷衰，諸侯莫朝。陽甲崩，弟盤庚立，自河北度河
南，居湯之故地，行湯之政，殷道復興。”《尚書》曰：“王來紹上
帝，自服于土中。”孔安國曰：“洛邑，地埶之中也。”《春秋命歷
序》曰：“成康之隆，醴泉湧出。”言都洛陽如殷宗、周成之制也。
【今注】殷宗：殷代的祖先。這裏指盤庚。商王室多次內亂，諸侯
離叛，盤庚即位後，率衆自奄遷都於殷，商朝中興，史稱“殷商”。
宗，殿本作“室”。　則：準則，法則。指光武帝遷都洛陽有如盤
庚遷殷。　即土之中：遷都洛陽。洛陽爲土之中，《漢書》卷九九
中《王莽傳中》載“厥明年，歲在實沈，倉龍辛巳，即土之中，

雒陽之都"。本書卷四〇下《班彪傳》稱洛陽"處乎土中，平夷洞達，萬方輻湊"。　周成：周成王，姬誦，周武王子。即位時年幼，由周公攝政，平定武庚、管叔、蔡叔之亂。營建洛邑。　隆平：昌盛太平。指光武建制有如周成王。

[17]【李賢注】孟子曰："紂去武丁未久也，尺地莫非其有也，一人莫非其臣也。"又曰："舜文王相去千有餘歲，若合符契。"【今注】階：憑借，依靠。　尺土：極狹小的土地。　一人之柄：一個人的權勢。　同符：與之相同。　高祖：西漢高祖劉邦，公元前206年至前195年在位。紀見《史記》卷八、《漢書》卷一。案，此句指光武帝同漢高祖劉邦一樣以平民奪取天下。

[18]【李賢注】《左傳》仲尼曰："古有志，克己復禮，仁也。"孫卿子曰："生，人之始也（大德本、殿本無'也'字）；死，人之終也。終始俱善，人道畢矣。"《尚書》："允恭克讓。"謂躬自儉約，同於文帝也。【今注】克己復禮：克制自己的私欲，使所做所爲都符合禮的要求。《論語·顏淵》作"克己復禮爲仁。一日克己復禮，天下歸仁焉"。　以奉終始：自始至終遵守。　允恭：誠信而恭敬。　孝文：西漢文帝劉恒，公元前180年至前157年在位。廟號太宗，謚號孝文。紀見《史記》卷一〇、《漢書》卷四。

[19]【李賢注】憲章猶法則也。《禮記》曰："仲尼憲章文武。"《尚書》曰："若稽古帝堯。"言法乎考古而封太山（太，大德本、殿本作"泰"），勒石以記成功也。炳，明也，其禮儀明乎武帝也。【今注】封岱：封禪。在泰山上築壇祭天稱爲封，在泰山之南梁父山辟場祭地稱爲禪。漢武帝自元封元年（前110）至征和四年（前89）前後八次封禪。東漢建武中元元年（56）二月，光武帝劉秀封禪泰山。　世宗：漢武帝劉徹。廟號世宗。紀見《史記》卷一二、《漢書》卷六。《漢書》卷八《宣帝紀》載，本始二年（前72）六月，尊孝武廟爲世宗廟，奏盛德、文始、五行之舞，天子世世獻。《文選》呂向曰："言法其舊章，考其古事，封岱山

也。勒成，謂功成而勒石也。儀，儀禮也。封禪之儀，炳然與武帝同也。"

[20]【李賢注】六經謂《詩》《書》《禮》《樂》《易》《春秋》。妙猶美也。或作"眇"，眇，遠也。該，備也。【今注】案六經而校德：依照儒家六經來考校道德。　妙古昔而論功：審視古代帝王而評論其功績。妙，《文選》作"眇"。　該：同"賅"。完備。

　　至于永平之際，[1]重熙而累洽，盛三雍之上儀，修袞龍之法服，敷洪藻，信景鑠，揚世廟，正予樂。人神之和允洽，君臣之序既肅。[2]乃動大路，遵皇衢，省方巡狩，窮覽萬國之有無，考聲教之所被，散皇明以燭幽。[3]然後增周舊，修洛邑，翩翩巍巍，顯顯翼翼，光漢京于諸夏，總八方而爲之極。[4]是以皇城之內，宮室光明，闕庭神麗，奢不可踰，儉不能侈。[5]外則因原野以作苑，順流泉而爲沼，發蘋藻以潛魚，豐圃草以毓獸，制同乎梁騶，義合乎靈囿。[6]若乃順時節而蒐狩，簡車徒以講武，則必臨之以王制，考之以風雅。[7]歷《騶虞》，覽《四驖》，嘉《車攻》，采《吉日》，禮官正儀，乘輿乃出。[8]於是發鯨魚，鏗華鍾，登玉輅，乘時龍，鳳蓋颯灑，和鸞玲瓏，天官景從，祲威盛容。[9]山靈護野，屬御方神，雨師泛灑，風伯清塵，千乘雷起，萬騎紛紜，元戎竟野，戈鋋彗雲，羽旄掃霓，旌旗拂天。[10]焱焱炎炎，揚光飛文，吐爓生風，吹野燎山，日月爲之奪明，丘陵爲之搖震。[11]遂集乎中囿，陳師案屯，駢部曲，列校隊，勒三軍，誓將帥。[12]然後舉烽伐鼓，以命三驅，輕車霆發，驍騎電騖，游基發射，范氏施御，弦不失禽，轡不詭遇，飛者未及翔，走者未及去。[13]指顧倏忽，獲車已實，樂不極般，殺不盡物，馬踠餘足，士怒未泄，先驅復路，屬車案節。[14]於是薦三犧，效五牲，禮神祇，懷百靈，御明堂，臨辟雍，揚緝熙，宣皇風，登靈臺，考休徵。[15]俯仰乎乾坤，參象乎聖躬，目中夏而布德，瞰四裔而抗棱。[16]西盪河源，東澹海漘，北動幽崖，南趯朱垠。[17]殊方別區，界絕而不鄰，自孝武所不能征，孝宣所不能臣，莫不陸讋水慄，奔走而來賓。[18]遂綏哀牢，開永昌，[19]春王三朝，會同漢京。是日也，天子受四海之圖籍，膺萬國之貢珍，內撫諸夏，外接百蠻。[20]乃盛禮樂供帳，置乎雲龍之庭，陳百僚而贊群后，究皇儀而展帝容。[21]於是庭實千品，旨酒萬鍾，列金罍，班玉觴，嘉珍御，大牢饗。[22]爾乃食舉《雍》徹，泰師奏樂，陳金石，布絲竹，鍾鼓鏗鎗，管弦曄煜。[23]抗五聲，極六律，歌九功，舞八佾，《韶》《武》備，太古畢。[24]四夷間奏，德廣所及，伶侏兜離，罔不具集。[25]萬樂備，百禮暨，皇歡浹，群臣醉，降烟熅，調元氣，然後撞鍾告罷，百僚遂退。[26]

[1]【今注】永平：東漢明帝劉莊年號（58—75）。

[2]【李賢注】熙，光也。洽，浹也。三雍謂明堂、辟雍、

靈臺也。永平二年正月，宗祀光武皇帝於明堂，禮畢，登靈臺。三月，臨辟雍，行大射禮。《周禮》："王之吉服，享先王即袞冕。"鄭玄注曰："袞，卷龍衣也。"永平二年，帝及公卿列侯始服冕冠衣裳（冕冠，中華本校勘記據汲本，改作"冠冕"）。鋪（大德本、殿本作"敷"，是），布也。鴻，大也。藻，文藻也。謂明堂禮畢（堂，大德本、殿本誤作"帝"），登靈臺之後，布詔於天下曰："建明堂，立辟雍，起靈臺，恢弘大道，被之八極。"此爲布鴻藻也。信讀曰申。景，大也。鑠，美也。揚代廟謂上尊號光武廟曰代祖。正予樂謂依讖文改太樂爲大予樂也（太樂，大德本、殿本作"大樂"）。【今注】重熙而累洽：國家世代興盛太平。重，非常。熙，光明。累，連續。洽，諧和。　上儀：隆重的禮儀。東漢帝光武帝建武中元元年（56），初起明堂、辟雍、靈臺。本書卷三七《桓榮傳》載，永平二年，三雍初成。李賢注引《前書音義》曰："皆叶天人雍和之氣爲之，故謂三雍。"本書卷七九上《儒林傳上》載："中元元年，初建三雍。明帝即位，親行其禮。天子始冠通天，衣日月，備法物之駕，盛清道之儀，坐明堂而朝群后，登靈臺以望雲物，祖割辟雍之上，尊養三老五更。饗射禮畢，帝正坐自講，諸儒執經問難於前，冠帶縉紳之人，圜橋門而觀聽者蓋億萬計。其後復爲功臣子孫、四姓末屬別立校舍，搜選高能以受其業，自期門羽林之士，悉令通《孝經》章句，匈奴亦遣子入學。濟濟乎，洋洋乎，盛於永平矣！"　袞龍：古代帝王禮服上繡的龍紋。因龍首卷曲，故稱袞龍。　法服：天子的禮服。上有日、月、星辰、山、龍、華蟲、藻、火、粉、米、黼、黻十二章。　敷洪藻：鋪陳華麗的文辭。敷，鋪開。洪藻，富麗的文藻。　信景鑠：講述漢朝的光明盛美。信，同"伸"，陳述，說明。景，高大。鑠，美好。　世廟：世祖光武帝廟。建武中元二年三月丁卯，葬光武皇帝於原陵。有司奏上尊廟曰世祖。因光武中興，故廟稱世祖。　正予樂：本書卷二《明帝紀》，永平三年，改大樂爲大予樂，注引《漢官儀》云，大予樂令一人，秩六百石。本書《禮儀中》引蔡邕

《禮樂志》曰："漢樂四品：一曰大予樂，典郊廟、上陵、殿諸食舉之樂。"

[3]【李賢注】大路，玉路也（玉，殿本作"王"）。皇衢，馳道也。《易》曰："先王以省方觀人設教。"《尚書》曰："歲二月東巡狩。"又曰："朔南暨聲教。"皇，大也。燭，照也。【今注】大路：古代帝王祭天所乘之車。一作"大輅""玉輅"。　遵皇衢：沿着專供皇帝車馬行使的道路。　省方：巡視四方，觀察風俗。《周易·觀卦》象曰："風行地上，觀。先王以省方觀民設教疏。"巡狩：古代天子出行，巡視諸侯或地方官員所治的疆土。根據方向不同，一般稱向西爲行，向東爲幸，向北爲狩，向南爲巡。　窮覽：親自視察。窮，通"躬"。指身體。《文選》作"躬覽"。考：審察，察考。　聲教：天子的聲威和教化。　被：及、到達。　散：分布、散發。　皇明：皇帝的聖明。　燭幽：照亮幽暗之處。指使皇恩遍及天下。

[4]【李賢注】周成王都洛邑，漢又增而修之，故曰增焉。翽翽巍巍，顯顯翼翼，竝宮闕顯盛之貌。《論語》曰："不如諸夏之亡。"《詩·商頌》曰："商邑翼翼，四方之極。"極，中也。洛陽，土之中也。【今注】增周舊：增修東周的洛邑。　洛邑：洛陽。今河南洛陽市。公元前 770 年，周平王遷都洛邑，史稱"東周"。光武帝建武二年（26）正月，在洛陽起高廟，建社稷，立郊兆於城南，始正火德，色尚赤。　案，"翽翽巍巍，顯顯翼翼"，指宮闕高大雄偉。《文選》作"扇巍巍，顯翼翼"。　諸夏：泛指中國。原指周代分封的周王的"支子母弟甥舅"諸侯國。相對於夷狄而言。　總八方而爲之極：統領天下而爲準則。八方，指天下。極，標準。

[5]【李賢注】言奢儉合禮也。【今注】闕庭：門闕和宮室。指皇帝所居之處。　神麗：神妙美麗。《文選》呂延濟注："此城內宮室闕庭，光色美麗，正合禮度。"　案，"奢不可踰，儉不能侈"二句，指宮殿的奢儉符合禮度。《文選》李善注："言奢儉合禮，故

奢者不可而踰，儉者不能更侈。"

[6]【李賢注】蘋、藻，竝水草也。《詩·小雅》曰："魚在在藻。"《韓詩》曰："東有圃草（圃，大德本誤作'甫'），駕言行狩。"薛君傳曰："圃（圃，大德本誤作'甫'），博也，有博大之茂草也。"毓亦育也。《魯詩傳》曰："古有梁鄒者，天子之田也。"《詩·大雅》曰："王在靈囿，麀鹿攸伏。"毛萇注云："囿所以域養禽獸也。"此言魚獸各得其所，如文王之靈囿也。【今注】因原野以作苑：利用平原曠野以修建園林宮苑。苑，古代畜養禽獸或種植草木果蔬，以供帝王游樂狩獵的園林。　順流泉而爲沼：根據泉水的流向而形成水池。順，《文選》作"塤"。曹金華《後漢書稽疑》據高步瀛説，"塤"當爲"慎"，與"順"字古可通。沼，水池。　蘋：蕨類植物名。多年水生。生長在淺水中，葉柄長，頂端集生四片小葉，似"田"字。　藻：藻類植物。一般指水藻。　潛：隱藏。　圃草：茂盛的草叢。　毓獸：養育野獸。毓，同"育"。　梁騶：《文選》李善注引《魯詩傳》："古有梁鄒，梁鄒者，天子之田也。"　義：義理。《文選》作"誼"。　靈囿：周文王苑囿名。《詩·大雅·靈臺》："王在靈囿，麀鹿攸伏。"

[7]【李賢注】《左傳》臧僖伯曰："春蒐夏苗，秋獮冬狩，皆於農隙以講事也。"杜預注云："各隨時之閑也。"《禮記·王制》曰"天子諸侯，無事則歲三田。田不以禮曰暴天物"也。【今注】蒐狩：打獵。蒐，春天打獵。狩，冬天打獵。簡：選。　車徒：兵車及步卒。　講武：講習武事。　王制：《禮記》篇名。內容記先王班爵、授禄、祭祀、養老的法度。此篇當爲漢代人所作。盧植云："漢孝文皇帝令博士諸生作王制。"《史記》云漢文帝"令博士刺六經作王制，謀議封禪巡守事"。　風雅：《詩經》的《國風》和《大雅》《小雅》其中都有關於田獵習武的詩篇。

[8]【李賢注】《詩·國風序》曰："《騶虞》，蒐田以時，仁如騶虞。"毛萇注曰："騶虞，義獸，白虎黑文，不食生物。"又曰："《四騵》（四，大德本、殿本作'駟'，二字可通），美襄公

也，始命有田狩之事。"其詩曰："駟驖孔阜。"注曰："驖，驪也。阜，大也。"又《小雅序》曰："《車攻》，宣王復古也，修車馬，備器械，復會諸侯於東都，因田獵而選車徒焉。"其詩曰："我車既攻，我馬既同。"注云："攻，堅也。"又《吉日》詩曰："田車既好（田，大德本、殿本誤作'我'），四牡孔阜。"宣帝詔曰"禮官具禮儀"也。【今注】歷：觀賞。　騶虞：《詩·召南》中的篇名。原爲古代爲帝王掌鳥獸的官員。宋羅泌《路史》卷四二《餘論五·騶虞續》："騶者，天子之囿；虞者，掌囿之官。故《詩》韓魯説騶虞爲天子掌鳥獸之官。　覽：觀看。　四驖：四，大德本、殿本作"駟"。駟驖，《詩·秦風》中的篇名。《詩序》："《駟驖》，美襄公也。始命，有田狩之事，園囿之樂焉。"或指美秦君田獵之詩。驖，赤黑色的馬。　嘉：欣賞。　車攻：《詩·小雅》中的篇名。《詩序》："《車攻》，宣王復古也。宣王能内脩政事，外攘夷狄，復文武之竟土，脩車馬，備器械，復會諸侯於東都，因田獵而選車徒焉。"形容車馬堅固。　吉日：美好、吉祥的日子。《詩·小雅》中的篇名。《詩序》："《吉日》，美宣王田也。能慎微接下，無不自盡以奉其上焉。"　禮官：掌禮之官，負責整治禮儀禮法。正儀：端正禮儀。案，這幾句指按照《詩經》中有關田獵習武的詩篇，命禮官整理威儀之後，乘輿纔出發。　乘輿：古代帝王、諸侯所乘車。天子乘輿用六馬，副車駕四馬。也作皇帝代稱。

[9]【李賢注】鯨魚謂刻杵作鯨魚形也。鏗謂擊之也，音苦耕反（苦，大德本誤作"若"）。《尚書大傳》曰："天子將出則撞黃鍾，右五鍾皆應。"薛綜注《西京賦》云："海中有大魚名鯨，又有獸名蒲牢。蒲牢素畏鯨魚，鯨魚擊蒲牢，蒲牢輒大鳴呼。凡鍾欲令其聲大者，故作蒲牢於其上，撞鍾者名爲鯨魚。鍾有篆刻之文，故曰華。"《爾雅》曰："馬高八尺以上曰龍。"《月令》："春駕蒼龍。"各隨四時之色，故曰時也。玲瓏，聲也。蔡邕《獨斷》曰："百官小吏曰天官。"禖亦盛也。【今注】發：舉起。　鯨魚：龍生九子之一蒲牢受擊就大聲吼叫，作爲鐘提梁上的獸鈕，以

助其聲音遠揚。但蒲牢生性害怕鯨魚，因此以刻畫有鯨魚的鐘槌撞擊，以使其聲音更加洪亮。元馬端臨《文獻通考》卷一三九《樂考十二》載："古者撞鐘擊磬，必以濡木，以其兩堅不能相和故也。海中有魚曰鯨，有獸曰蒲牢，素憚鯨魚，擊鯨則蒲牢鳴，猶晉有石鼓不鳴，取蜀中桐材斵爲魚形，擊之則鳴。後世由是作蒲牢於鐘上，而狀鯨魚以撞之，則石磬之器，亦上削桐爲魚形以擊之。"
鏗：撞擊。　華鍾：刻有文飾的鐘。　玉輅：古代帝王所乘的以玉爲裝飾的車。《周禮》巾車掌王之五輅，包括玉輅、金輅、象輅、革輅、木輅。　乘：駕御。　時龍：駿馬稱"龍"。因根據四時采用不同顏色的馬，故稱"時龍"。本書卷一下《光武帝紀下》載："其王者受命，信有符乎？不然，何以能乘時龍而御天哉！"　鳳蓋：帝王儀仗所用的傘形飾物。　颯灑：舞動。《文選》作"棽麗"。　和鸞：古代裝飾於帝王車上的鈴。掛在軾（車廂前供手扶的橫木）上稱"和"，掛在衡（車轅前端的橫木）上稱"鸞"。馬走時鸞鳴，和與之相應，故稱鳴和鸞。　玲瓏：車鈴的聲音如同玉相撞擊。　天官：天子的官吏。指大小官吏。　景從：如影隨形。景，同"影"。慕聖王之道而從之。　祲威盛容：天子的車隊聲威和儀容十分莊重宏大。祲，盛大。祲，《文選》作"寖"。沈欽韓《後漢書疏證》認爲當據改，表示寖兵威而盛禮容。

[10]【李賢注】山靈，山神也。屬，連也，音燭。方，四方也。雨師，畢星也。風伯，箕星也。韓子師曠謂晉平公曰："黃帝合鬼神於大山（大，紹興本、大德本作'太'，殿本作'泰'），風伯進掃，雨師灑道。"蔡邕《獨斷》曰："天子大駕，備千乘萬騎。"元戎，戎車也。《詩·小雅》曰："元戎十乘，以先啓行。"毛萇注曰："元，大也。夏后氏曰鉤車，先正也；殷曰寅車，先疾也；周曰元戎，先良也。"《說文》曰："鋋，小矛也。"音市延反。彗，掃也，音似銳反。【今注】護野：保護山野。　屬御方神：以四方之神作爲帝王出行侍從車的駕御者。屬御，屬車之御者。方神，四方之神。　雨師泛灑：司雨之神清灑道路。雨師，屏

翳。一曰屏號。一說雨師即畢星。《詩·小雅·漸漸之石》云："月離於畢，俾滂沱矣。" 風伯清塵：司風之神拂掃塵土。風伯，飛廉。又作蜚廉。一說風伯即箕星。《七緯附論語讖·春秋緯》："星有好風，月離於箕，風揚沙。"《淮南子》卷一《原道訓》作"令雨師灑道，使風伯埽塵"。 千乘雷起：一千輛車行駛發出的聲音如同雷鳴。乘，古代稱兵車，四馬一車爲一乘。 萬騎紛紜：騎兵盛多而雜亂。 元戎竟野：兵車遍及山野。元戎，大的兵車。《詩·小雅·六月》："元戎十乘，以先啓行。" 戈鋋（chán）彗雲：長的和短的兵器蔽拂雲天。戈，青銅兵器，長柄六尺六寸，其刃橫出，可以橫擊和鉤殺，盛行於商代至戰國時期。鋋，短柄鐵矛。也可以投擲。彗，拂掃。 羽旄掃霓：以鳥的羽毛製作的旗幟掠過天空。旄，旗幟。掃，掠過。霓，即副虹，彩色順序與虹相反。此指天空。霓，大德本、殿本作"電"。

[11]【李賢注】焱焱，炎炎。竝戈矛車馬之光也。《説文》曰"焱，火華也"。音以贍反（贍，大德本誤作"瞻"）。震讀曰真。【今注】焱焱（yàn）炎炎：戈矛車馬光采閃耀的樣子。焱，火花，火焰。炎，火光，通"焰"。 揚光飛文：指光芒閃耀，顏色多樣。《文選》呂延濟注："焱焱炎炎，旌旗貌。飛揚光彩，成其文章。" 吐爛生風：吐出的火焰形成大風。爛，殿本作"爤"。吹野燎山：光采如同在野外縱火燒草。《文選》作"欻野歆山"。日月爲之奪明：日月因此失去光輝。 搖震：搖動震蕩。

[12]【李賢注】中圃，圃中也。《續漢志》曰："大將軍營五部，部校尉一人。部下有曲，曲下有屯長一人。"駢猶陳列也。杜預注《左傳》曰："百人爲隊。"鄭玄《周禮注》云："天子六軍，三居一偏。"故此言勒三軍也。《周禮》曰："群吏聽誓于前，斬牲以徇陳，曰不用命者斬之。"鄭玄注云："群吏，將帥也。"【今注】中圃：苑圃之中。 陳師案屯：軍隊陳列駐扎。 駢部曲：陳列軍隊。部曲，原指漢代軍隊編制名稱。此處代指軍隊。 校隊：部隊。本書卷六〇上《馬融傳》載："校隊案部，前後有屯，甲乙相

伍，戊己爲堅。" 勒：統率。 三軍：春秋時期，周王設六軍，諸侯大國多設三軍。後代用作軍隊的總稱。 誓將帥：告誡衆官吏。

[13]【李賢注】《穀梁傳》曰："三驅之禮，一爲乾豆，二爲賓客，三爲充君之庖。"霆激（激，殿本作"發"，二字可通），電鷙，竝言疾也。游基，養田基也（田，紹興本、大德本、殿本作"由"，是）。《淮南子》曰："楚有神白猨，王自射之，則揮而嬉（揮，大德本、殿本作'博'，是），使養由基射之，始調弓矯矢，未發而猨擁木號矣（大德本脫'未'字）。"范氏，趙之御人也。孟子曰："趙簡子使王良御，終日不獲一禽，反曰：'天下賤工也。'王良曰：'吾爲范氏驅馳（氏，殿本作"我"；中華本校勘記云，趙岐本《孟子》與今本孟子同作"范我"，且下引趙岐注"范，法也"，則原注當作"范我"），終日不獲一，爲之詭遇，一朝而獲十。'"趙岐注曰："范，法也，爲法度之御，應禮之射，終日不得一（一，大德本無，殿本作'遇'，是）。詭遇，非禮射也，則能獲十。"弦不失禽，謂由基也。彎不詭遇（彎，大德本、殿本誤作"彎"），謂范氏也。【今注】舉烽伐鼓：舉起烽火並擊鼓。烽火，古代軍事報警設置，遇敵人入侵，晝則舉烽，夜則舉火，以作警戒及尋求援助。伐鼓，擊鼓。古代以擊鼓爲進攻的信號。 以命三驅：古代天子狩獵的制度。一說指出獵時放開一面，從三面驅趕野獸，以示好生之德。《易·比》："九五，顯比，王用三驅。"孔穎達《正義》："褚氏諸儒皆以'爲三面著人驅禽'，必知'三面'者，禽唯有背己、向己、趣己，故左右及於後，皆有驅之。"一說指一年三次狩獵。《漢書·五行志上》顏師古注："謂田獵三驅也。三驅之禮，一爲乾豆，二爲賓客，三爲充君之庖也。"《文選》作"申令三驅"。 輕車霆發：戰車如同雷霆一般快速。輕車，一種攻擊型的輕捷戰車。《文選》作"輶車霆激"。 驍騎電鷙：勇猛的騎兵如同閃電奔馳。 游基發射：養由基。字叔。春秋時期楚國大夫。善於射箭，能百步穿楊。《左傳》成公十六年，

"潘尪之黨與養由基蹲甲而射之，徹七劄焉"。《文選》作"由基"。

范氏施御：趙國善於駕車的人。《文選》李善注引《括地圖》曰："夏德盛，二龍降之，禹使范氏御之，以行經南方。"惠棟《後漢書補注》卷一〇云，范氏當爲夏之御人，此"趙"字疑涉下"趙簡子"而誤。　弦不失禽：謝箭不錯過禽獸。形容箭法高超。《文選》作"弦不瞡禽"。　彎不詭遇：打獵時不按規矩而射殺獵物。彎，大德本、殿本作"彎"。《文選》作"彎"。《孟子·滕文公下》："我馳驅終日不獲一，爲之詭遇，一朝而獲十。"漢趙岐注："橫而射之曰詭遇。"　飛者未及翔：飛禽來不及飛走。　走者未及去：走獸來不及逃走。

[14]【李賢注】《高唐賦》曰："舉功先得，獲車已實。"《爾雅》曰："般，樂也。"《禮記》曰："樂不可極。"踠猶屈也（踠，大德本誤作"疏"）。《方言》曰："泄，歇也。"《漢官儀》："大駕，屬車八十一乘。"《子虛賦》曰："案節未舒。"謂駐節徐行也。【今注】指顧倏忽：一指一瞥之間非常快。形容非常迅速。指，用手指；顧，用眼看。　獲車已實：載禽獸等獵物的車已經滿了。實，充滿。　樂不極般：狩獵的快樂不能過分。般，快樂，游樂。《文選》作"盤"。　殺不盡物：獵殺禽獸不能窮盡。　馬踠（wǎn）餘足：馬曲腿舉蹄，指馬仍有餘力奔馳。踠，屈曲。　士怒未泄：士兵的氣勢沒有松泄。泄，《文選》作"渫"，唐人諱"世"字而改。　屬車案節：隨從的車壓住馬彎頭慢慢前行。《史記》卷一一七《司馬相如列傳》："案節未舒，即陵狡獸。"《索隱》引司馬彪曰："案彎徐行得節，故曰案節。"

[15]【李賢注】《左傳》鄭子大叔曰（大，紹興本、大德本、殿本作"太"）："爲五牲三犧。"杜預注云："五牲，麋、鹿、麏、狼、兔也（大德本、殿本無'也'字）。三犧，祭天地宗廟之犧也。"郊，祭天也。天神曰神，地神曰祇。百靈，百神也。《詩》曰："懷柔百神。"觀，朝也。謂朝諸侯於明堂。《詩·大雅》曰："維清緝熙，文王之典。"鄭玄注云："緝熙，光明也。"《尚書》

曰："休徵。"孔安國注云："叙美行之驗。"【今注】薦三犧：進獻祭祀用的雁、鶩、雉。《左傳》昭公二十四年："爲六畜、五牲、三犧，以奉五味。"孔穎達疏引服虔云："三犧，鴈、鶩、雉也。"效五牲：呈獻麋、鹿、麕、狼、兔用作祭祀。　禮神祇：致禮於天神和地神。神祇，天神與地神。　懷百靈：招徠各種神靈。《毛詩傳》："懷，來也。"百靈，百神。　御明堂：駕臨明堂。明堂，古代天子宣明政教的地方。凡朝會、祭祀、慶賞、選士均在此舉行。御，殿本作"覲"。《文選》亦作"覲"。　臨辟雍：古代禮制建築之一，爲舉行祭祀、鄉飲、大射的地方之所。《白虎通義》卷六《辟雍》："辟者，璧也。象璧圓以法天也。雍者，雍之以水，象教化流行也。辟之言積也，積天下之道德。雍爲言壅也，壅天下之儀則。故謂之辟雍也。"　揚緝熙：宣揚皇帝的恩德。緝熙，光明。宣皇風：宣布帝王的教化。　靈臺：用於觀測天文氣象的臺。本書《祭祀中》注引："'禮，天子靈臺，所以觀天人之際，陰陽之會也。揆星度之驗，徵六氣之端，應神明之變化，覩日氣之所驗，爲萬物獲福於無方之原，招太極之清泉，以與稼穡之根。倉廩實，知禮節；衣食足，知榮辱。天子得靈臺之禮，則五車三柱，明制可行，不失其常。水泉川流，無滯寒暴暑之災，陸澤山陵，禾盡豐穰。'故《東京賦》曰：'左制辟雍，右立靈臺。'"《白虎通義·辟雍》："天子所以有靈臺者何？所以考天人之心，察陰陽之會，揆星辰之證驗，爲萬物獲福，無方之元。"光武中元元年（56）初起明堂、辟雍、靈臺，在洛陽故城南。　考休徵：推求吉祥的徵兆。

[16]【李賢注】《易·繫辭》曰："仰則觀象於天，俯則觀法於地，近取諸身，遠取諸物。"聖躬謂天子也。中夏，中國也。瞰音苦暫反。四裔，四夷也。棱，（棱，殿本作"稜"，二字可通）威也。《左傳》曰"德以柔中國，刑以威四夷"也。【今注】俯仰乎乾坤：觀察天地之象。《易·繫辭》："古者包犧氏之王天下也，仰則觀象於天，俯則觀法於地，觀鳥獸之文，與地之宜，近取諸身，遠取諸物，於是始作八卦。以通神明之德，以類萬物之情。"

參象乎聖躬：天子親知觀察天地之象，以明吉凶徵兆。聖躬，指天子。　中夏：中國。　布德：廣施恩德。　瞰四裔而抗棱：望周邊的四夷而揚威。棱，威嚴。殿本作"稜"。

[17]【李賢注】盪，滌也。河源在崑崙山。《前書》曰："威稜澹乎鄰國。"《音義》曰："澹猶動也，音徒濫反。"湑，水涯，音屑。郭璞注《爾雅》曰："涯上平坦而下水深者爲湑。"趆，躍也，音它歷反（它，殿本作"他"，二字可通）。《説文》曰："垠，界也。"音銀。【今注】西盪河源：向西平定黃河源頭的地區。當指馬援平定西羌事。盪，掃除、掃蕩。河源，黃河的源頭。在今青海省中部。　東澹海湑（chún）：向東平定海邊。湑，水邊。　北動幽崖：向北到達極遠的北方。幽崖，北方的邊界。當指東漢初烏桓降附。　南趆朱垠（yín）：向南方越過瓊州海峽至海南島。珠垠，即今海南島（參見李勃《"朱垠"即珠崖考》，《學術研究》2007 年第 7 期）。"趆"，《文選》作"爥"。

[18]【李賢注】《爾雅》曰："讋，懼也。"音之涉反。【今注】殊方別區：極遠的地方。指邊疆地區。　自孝武所不能征孝宣所不能臣：《文選》作"自孝武之所不征，孝宣之所未臣"。孝武所不能征，武帝時尚未被漢朝所征服的。孝武，即漢武帝劉徹。他在位期間，派衛青、霍去病、趙破奴、公孫賀等人征匈奴，先後攻破東甌國、南越國、閩越國、衛滿朝鮮等。《文選》李善注："孝武耀威，匈奴遠攝。"孝宣，漢宣帝劉詢。紀見《漢書》卷八。在位期間，匈奴內亂，分爲南北，呼韓邪、郅支單于遣子入侍，臣服漢朝。《文選》李善注："孝宣修德，呼韓入臣。舉前代之盛，尤不如今。"　陸讋（zhé）水慄（lì）：指東漢的聲威遠播，陸地和水邊的四方無不歸附。讋，恐懼。慄，發抖。　來賓：服從、歸順。

[19]【李賢注】綏，安也。哀牢，西南夷號。永平十二年，其國王柳貌相率內屬，以其地置永昌郡也。【今注】哀牢：秦漢時西南夷之一。在今中國雲南西南部、緬甸東北部。本書卷八六《南蠻西南夷傳》載永平十二年（69），哀牢王柳貌遣子率種人內屬，

其稱邑王者七十七人，戶五萬一千八百九十，口五十五萬三千七百一十一。明帝以其地置哀牢、博南二縣。在今雲南盈江縣、永平縣西南。　永昌：郡名。治不韋縣（今雲南保山市東北）。明帝永平十二年，漢廷設立哀牢、博南二縣，又割益州郡西部都尉所管六縣，總共八縣，合爲永昌郡。

[20]【李賢注】春王猶《左傳》云“春王正月”也（王，大德本誤作“三”）。三朝，元日也。朝音陟遙反。謂歲之朝，月之朝，日之朝。《前書》谷永曰：“今年正月朔，食於三朝之會（大德本、殿本‘食’前有‘日’字）。”《周禮》曰：“時見曰會，殷眺曰同。”賈逵注《國語》曰（殿本無“國語”二字）：“膌猶受也。”《詩》曰“因時百蠻”也。【今注】春王三朝：正月初一。春王，正月。因《春秋》書魯十二公之元年均應爲“春王正月公即位”，但也有不書“正月”二字，故以“春王”指代正月。三朝，正月一日。爲歲、月、日之始，故曰三朝。　會同漢京：諸侯在洛陽朝見天子。古代稱諸侯朝見天子曰會，衆見曰同。《周禮·大宗伯》載：“春見曰朝，夏見曰宗，秋見曰覲，冬見曰遇，時見曰會，殷見曰同。”漢京，東漢都城洛陽。　圖籍：地圖和戶籍簿等。　貢珍：進貢的珍寶。　諸夏：中原地區。　外接百蠻：迎接周邊少數民族到來。百蠻，古代對南方少數民族的統稱。也泛指其他少數民族。接，《文選》作“綏”。

[21]【李賢注】供帳，供設帷帳也。供音九用反。《前書》曰：“三輔長無供帳之勞。”戴延之記曰：“端門東有崇賢門，次外有雲龍門。”贊，引也。【今注】乃盛禮樂供帳置乎雲龍之庭：《文選》作“爾乃盛禮興樂，供帳置乎雲龍之庭”，當從“樂”字斷句。供帳，陳設供宴會用的帷帳、用具、飲食等物。指舉行宴會。雲龍，德陽殿東門名，在洛陽城北。《文選》李善注：“北宮有雲龍門。”　陳百僚而贊群后：官吏及諸侯被引導而排列在殿中。百僚，指大小官吏。群后，公卿諸侯。　究皇儀而殿帝容：殿示皇家禮儀與天子威嚴。究，極致。儀，威儀。展，瞻仰。容，儀容。

[22]【李賢注】庭實，貢獻之物也。《左傳》孟獻子曰：“臣聞聘而獻物，於是有庭實旅百。”千品，言多也。《説文》曰：“鍾，器也。”《孔叢子》曰：“堯飲千鍾。”罍，酒器也。《詩》曰：“我姑酌彼金罍。”珍，八珍也。大牢（大，大德本、殿本作“太”），牛羊豕也。饗，協韻音香。【今注】庭實千品：陳列於朝堂各種各樣的貢獻物品。《儀禮·公食大夫禮》：“庶羞陳于碑内，庭實陳于碑外。”千品，品種很多。　旨酒萬鍾：萬杯美酒。指酒多。鍾，酒杯。　金罍（léi）：古代盛酒的容器，多爲銅製。外形像壺，小口、兩耳、深腹、有蓋，表面刻有雲雷紋形爲飾。　班：賞賜，分給。同“頒”。　玉觴：玉製的酒杯。《説文》：“爵實曰觴，虛曰觶。”《詩·周南·卷耳》疏：一升曰爵；二升曰觚；三升曰觶；四升曰角；五升曰散；總名曰爵，其實曰觴。觴者，餉也。　嘉珍御：進獻珍貴的食品。珍，古代八種烹飪方式，淳熬、淳母、炮豚、炮牂、擣珍、漬、熬、肝膋。《禮記·内則》：“淳熬，煎醢，加于陸稻上，沃之以膏曰淳熬。淳母，煎醢，加于黍食上，沃之以膏曰淳母。炮，取豚若將，刲之刳之，實棗於其腹中，編萑以苴之，塗之以謹塗，炮之，塗皆乾，擘之，濯手以摩之，去其皽，爲稻粉糔溲之以爲酏，以付豚煎諸膏，膏必滅之，鉅鑊湯以小鼎薌脯於其中，使其湯毋滅鼎，三日三夜毋絶火，而後調之以醯醢。擣珍，取牛羊麋鹿麕之肉必脄，每物與牛若一捶，反側之，去其餌，孰出之，去其皽，柔其肉。漬，取牛肉必新殺者，薄切之，必絶其理；湛諸美酒，期朝而食之以醢若醯醷。爲熬，捶之，去其皽，編萑布牛肉焉，屑桂與薑以灑諸上而鹽之，乾而食之。施羊亦如之，施麋、施鹿、施麕皆如牛羊。欲濡肉則釋而煎之以醢，欲乾肉則捶而食之。糝，取牛羊豕之肉，三如一小切之，與稻米；稻米二肉一，合以爲餌煎之。肝膋，取狗肝一，幪之，以其膋濡炙之，舉燋，其膋不蓼；取稻米舉糔溲之，小切狼臅膏，以與稻米爲酏。”大牢饗：以牛、羊、豕供應。大牢，即太牢。大德本、殿本作“太牢”。古代以牛、羊、豕三牲爲太牢。饗，以盛宴款待。

[23]【李賢注】食舉爲當食舉樂也（爲，大德本、殿本作"謂"，二字可通）。蔡邕《禮樂志》曰："大予樂郊祀陵廟殿中諸食舉樂也（大，大德本誤作'天'）。"《雍》，詩篇名也。謂食訖歌《雍》詩以徹也。《論語》曰："三家者以《雍》徹。"太師，樂官也，周禮，太師掌六律、六同（同，殿本作"呂"，是），以合陰陽之聲也。鏗音苦耕反。鎗音楚庚反（鎗，殿本作"鏘"。庚，殿本作"庠"，是）。曄煜，盛貌也。煜音育。【今注】食舉雍徹：從宴會開始到結束一直在奏樂。食舉，古代帝王舉行宴會時所奏的樂曲。《雍》徹，宴會結束時奏《雍》來徹食。《雍》，《詩·周頌》篇名。　泰師：樂官之長。掌樂律。紹興本、殿本作"太師"。　金石：鐘磬等打擊樂器。　絲竹：弦樂器和管樂器。鏗鎗：鐘鼓等發出的響亮聲音。殿本作"鏗鏘"，《文選》作"鏗鎬"。　曄（yè）煜（yù）：形容音樂聲音繁盛。曄，《文選》作"燁"。

[24]【李賢注】《左傳》晏子曰："五聲六律。"杜預注云："五聲，宮、商、角、徵、羽。六律，黃鍾、大蔟（大，紹興本、殿本作'太'）、姑洗、蕤賓、夷則、無射。"《尚書》曰："九功惟序，九序惟歌。"九功謂金、木、水、火、土、穀、正德、利用、厚生也。佾，舞行也。《穀梁傳》曰："天子八佾。"韶，舜樂名。武，武王樂名。泰古（泰，殿本作"太"），遠古也。【今注】抗五聲：音樂聲音高亢。抗，高聲。五聲，五音，即宮、商、角、徵、羽。　極六律：窮盡各種音律。六律，指黃鐘、太蔟、姑洗、蕤賓、夷則、無射。　歌九功：歌頌九種功德。九功，金、木、水、火、土、穀、正德、利用、厚生。《尚書·虞書·大禹謨》："禹曰：'於！帝念哉！德惟善政，政在養民。火、水、金、木、土、穀，惟修；正德、利用、厚生，惟和；九功惟敘，九敘惟歌。戒之用休，董之用威，勸之以九歌，俾勿壞。'"　八佾（yì）：古代一種樂舞，縱橫各八人，共六十四人。本書卷二《明帝紀》李賢注引《左氏傳》曰："天子八佾，諸侯六，大夫四，士二。

夫舞，所以節八音而行八風，故自八以下。" 韶：樂曲名。相傳為帝舜所作。《漢書·禮樂志》載："招，繼堯也。"師古注："韶之言紹，故曰繼堯也。" 武：周武王樂曲名。《漢書·禮樂志》載："武王作《武》，周公作《勺》。《勺》，言能勺先祖之道也。《武》，言以功定天下也。" 太古畢：遠古時的音樂已經齊備。

[25]【李賢注】間，迭也。音古莧反。《詩·國風》曰"漢廣"，德廣所及也。鄭玄注《周禮》云："四夷之樂，東方曰靺，南方曰任，西方曰株離，北方曰禁。""禁"，《字書》作"佅"，音渠禁反。佅音摩葛反。《周禮》"佅"作"禁"，"靺"作"靺"，"兜"作"株"也。【今注】四夷間奏：周邊朝貢的少數民族接替奏樂。四夷，古代對東夷、西戎、南蠻、北狄的統稱。間，更迭，交替。 德廣所及：漢朝的恩德所及之處。 佅（jìn）佅（mài）兜離：指少數民族所奏的音樂。佅，《文選》作"僸"。佅，兜離，即株離。兜，株，一聲之轉。《文選》李善注引《孝經鈎命決》："東夷之樂曰佅，南夷之樂曰任，西夷之樂曰株離，北夷之樂曰僸。" 罔不具集：無不齊備。

[26]【李賢注】萬樂、百禮，盛言之也。暨，至也。《易》曰："天地絪緼，萬物化醇。"《禮統》曰："天地者，元氣之所生，萬物之祖。"《尚書大傳》曰："天子將入，撞蕤賓之鍾，左五鍾皆應。"撞音直江反。【今注】皇歡浹：皇帝歡樂融洽。 烟（yīn）煴（yūn）：陰陽二氣和合。烟，同"絪"。 調元氣：調和天地萬物的本原之氣。 撞鍾告罷：敲鐘以宣告退席。

於是聖上親萬方之歡娛，[1]久沐浴乎膏澤，[2]懼其侈心之將萌，[3]而怠於東作也，[4]乃申舊章，下明詔，命有司，班憲度，昭節儉，示大素。[5]去後宮之麗飾，[6]損乘輿之服御，[7]除工商之淫業，興農桑之上務。[8]遂令海內棄末而反本，背僞而歸真，女脩織紝，男務耕耘，器用陶匏，服尚素玄，恥纖靡而不服，賤奇麗而不珍，捐金於山，沈珠於淵。[9]於是百姓滌瑕盪穢而鏡至清，形神寂漠，耳目不營，嗜欲之原滅，廉正之心生，莫不優游而自得，玉潤而金聲。[10]是以四海之內，學校如林，庠序盈門，獻酬交錯，俎豆莘莘，下舞上歌，蹈德詠仁。[11]登降飫宴之禮既畢，因相與嗟歎玄德，讜言弘説，咸含和而吐氣，頌曰"盛哉乎斯世"！[12]

[1]【今注】親萬方之歡娛：全國各地諸侯、官員、少數民族都歡喜快樂。萬方，全國各地。親，《文選》作"睹"，王先謙《後漢書集解》稱作"睹"是。當據改。

[2]【今注】久沐浴乎膏澤：長久地蒙受皇帝的恩澤。膏澤，恩惠。《文選》作"又沐浴於膏澤"。

[3]【今注】侈心：奢侈、放縱之心。　萌：萌發。

[4]【李賢注】《尚書》曰："平秩東作。"注云："歲起於春而始就耕。"【今注】東作：春耕。代指農事。

[5]【李賢注】《詩·大雅》曰："率由舊章。"鄭玄注云："舊典文章。"《左傳》臧哀伯曰："大路越席，大羹不致（致，殿本作'和'），昭其儉也。"《列子》曰："大素者，質之始也。"【今注】申舊章：重申古代的典章制度。舊章，指儒家經典。《尚書序》："先君孔子生於周末，覩史籍之煩文，懼覽之者不一，遂乃定禮樂、明舊章，删《詩》爲三百篇，約史記而修《春秋》，讚《易》道以黜八索，述職方以除九丘。"孔穎達《正義》云，舊章者，即《禮》《樂》《詩》《易》《春秋》。　下明詔：頒布英明的詔書。　有司：官吏。古代設官分職，事有專司，因稱官吏爲有司。　班憲度：頒布法令。班，同"頒"。　昭節儉：彰明節儉的品德。　示大素：弘揚樸素的風俗。大素，樸素。

[6]【今注】麗飾：華麗的服飾。

[7]【今注】損：減少。　乘輿：古代帝王、諸侯所乘車。天子乘輿用六馬，副車駕四馬。也作皇帝代稱。　服御：指服飾車馬器用之類。

[8]【今注】除工商之淫業興農桑之上務：《文選》作“抑工商之淫業興農桑之盛務”。淫業，對工商業的貶稱，指不正當巧飾的事業。上務，頭等大事，指農業。

[9]【李賢注】《前書》文帝詔曰：“農，天下之本也，而人或不務本而事末（本，大德本誤作‘木’）。”《音義》曰：“本，農也。末，賈也。”背僞，去彫飾也。歸真，尚質素也。杜預注《左傳》曰：“織紝（紝，殿本作‘絍’，二字可通），織繒布也。”《禮記》曰：“器用陶匏。”陶，瓦器也。匏，瓠也。陸賈《新語》曰：“聖人不用珠玉而寶其身，故舜棄黃金於嶄岩之山，捐珠玉於五胡之川（胡，大德本、殿本作‘湖’，是），以杜淫邪之欲也。”【今注】棄末而反本：捨棄工商業而回歸農業。古代以工商業爲末，以農業爲本。　女脩織紝：女子從事紡織布帛。　男務耕耘：男子從事耕田除草。泛指農業生産。　陶匏：陶制的尊、簋、俎豆和壺等器皿。泛指樸素的器皿。　服尚素玄：服飾的色彩崇尚白色和黑色。指簡樸的衣服。　恥纖靡而不服：以細巧華麗爲恥而不使用。

賤奇麗而不珍：以新奇華麗爲賤而不重視。不珍，《文選》作“弗珍”。　沈珠於淵：將珠玉等寶物沉於深淵之中。沈，同“沉”。

[10]【李賢注】瑕穢猶過惡也，《楊雄集》曰（楊，殿本作“揚”）：“滌瑕蕩穢。”《淮南子》曰：“形者生之舍，神者生之制也。”又曰：“和順以寂寞（寞，殿本作‘漠’，二字可通）。”《尚書》曰：“弗役耳目，百度惟貞。”《淮南子》曰：“吾所謂有天下者，自得而已。”《禮記》孔子曰：“君子比德於玉焉，溫潤而澤，仁也。”《孟子》曰孔子“德如金聲”也。【今注】滌瑕盪穢：去除各種缺點和醜惡。瑕，原指玉上面的斑點，引申爲缺點或過失。

穢，醜惡、醜陋。　　鏡至清：以天地自然天道爲借鑒。至清，指天庭，極其清虛的境界。　　形神寂漠：身體和精神都清静、恬淡。耳目不營：眼睛和耳朵不謀求聲色等娛樂。《文選》作“耳目弗營”。　　嗜欲之源：指耳、目、口、鼻等感官所産生的貪欲。　　優游而自得：優閑自得。　　玉潤而金聲：仁愛道德像玉一樣使人感到潤澤，並像鍾聲一樣可以流傳久遠。《孟子·萬章下》：“孔子之謂集大成。集大成者也，金聲而玉振之也。金聲也者，始條理也；玉振之也者，終條理也。”

[11]【李賢注】《前書》平帝立舉學官（中華本校勘記據刊誤認爲，當删“舉”字）。郡國曰“學”，縣道邑及侯國曰“校”，鄉曰“庠”，聚曰“序”。《詩》曰：“獻酬交錯。”莘莘，衆多也。音所巾反（巾，殿本作“申”，是）。《禮記》曰：“歌者在上，貴人聲也。”又“嗟歎之不足，故手之舞之，足之蹈之”。【今注】庠序：上古時期的學校。古代設立在京城，用以培養人才、傳授儒家經典的最高學府。虞時的庠、夏朝的序、殷代的瞽宗、西周的辟雍，均爲古代大學。亦稱“國學”“國子學”。平帝元始三年（3），立學官，郡國曰學，縣道邑、侯國曰校。鄉曰庠，聚曰序。　　獻酬：古時特指主人向賓客敬酒爲獻，主人自飲然後敬客爲酬。《説文》：“凡主人酌賓曰獻，賓還酌主人曰醋，主人又自飲以酌賓曰酬。”　　俎豆莘（shēn）莘：形容盛放祭品的器物衆多。俎，古代祭祀時放祭品的器物，四脚方形，爲青銅或木製塗漆。豆，似高足盤，多陶製，也有青銅製或木製塗漆的。莘莘，衆多。　　下舞上歌：舞樂在堂下，歌者在堂上。《禮記·郊特牲》曰：“歌者在上，匏竹在下，貴人聲也。”孔穎達疏：“歌是人聲，人聲可貴，故升之在堂。匏竹可賤，故在下。然瑟亦升堂者，瑟工隨歌工故也。”蹈德詠仁：以歌詠和舞蹈來頌揚仁德。《詩·國風·關雎》序曰：“情動於中而形於言，言之不足，故嗟歎之；嗟歎之不足，故詠歌之；詠歌之不足，不知手之舞之，足之蹈之也。”

[12]【李賢注】《詩》曰：“飲酒之飫。”毛萇注云：“不脱屨

升堂謂之飫。"飫，私也。《尚書》曰："玄德升聞。"《字林》曰："讜，美言也。音黨。"【今注】登降飫（yù）宴：登堂入室的飫宴之禮。飫，飲酒時不脫履升堂。《詩·小雅·常棣》："儐爾籩豆，飲酒之飫。"毛亨《傳》："飫，私也。不脫履升堂謂之飫。"宴，飲酒時下跣而上坐者。《韓詩章句》："飲酒之禮，下跣而上坐者謂之宴。" 相與嗟歎玄德：一起贊美皇帝（指明帝）的聖德。相與，共同。嗟歎，贊歎。玄德，幽深難知的品德。 讜（dǎng）言弘說：正直且弘大的言語。 含和而吐氣：其中蘊藏着祥和之氣，使人心情舒暢。

今論者但知誦虞夏之《書》，詠殷周之《詩》，講義文之《易》，論孔氏之《春秋》，罕能精古今之清濁，究漢德之所由。[1]唯子頗識舊典，又徒馳騁乎末流。溫故知新已難，而知德者鮮矣![2]且夫辟界西戎，險阻四塞，脩其防御，孰與處乎土中，平夷洞達，萬方輻湊?[3]秦領九嵕，[4]涇渭之川，[5]曷若四瀆五岳，帶河泝洛，圖書之淵?[6]建章甘泉，館御列仙，孰與靈臺明堂，統和天人?[7]太液昆明，鳥獸之囿，曷若辟雍海流，道德之富?[8]游俠踰侈，犯義侵禮，孰與同履法度，翼翼濟濟也?[9]子徒習秦阿房之造天，而不知京洛之有制也；識函谷之可關，而不知王者之無外也。"[10]

[1]【李賢注】伏羲畫八卦，文王作卦辭，孔子作《春秋》。清濁猶善惡也。【今注】虞夏之書：指《尚書·虞夏書》。包括《堯典》《皋陶謨》《禹貢》《甘誓》。《史記》卷一《五帝本紀》載："學者多稱五帝，尚矣，然《尚書》獨載堯以來，而百家言黃

帝，其文不雅馴，薦紳先生難言之。"（參見金景芳、呂紹綱《〈尚書·虞夏書〉新解》，遼寧古籍出版社 1995 年版）。　殷周之詩：即《詩經》。詩歌總集。相傳原有三千餘篇，由孔子刪定爲三百零五篇。按音樂特點分爲風、雅、頌三類。所載詩最早爲西周初年，最晚爲春秋中期。《詩經》中有《商頌》《周頌》。《史記·平準書》曰："故《書》道唐虞之際，《詩》述殷周之世。"　義文之易：即《周易》。傳説伏羲作八卦，文王、周公作六十四爻，孔子作十翼。

　　孔氏之春秋：即《春秋》。魯國編年體史書。傳説爲孔子編次，記載列國之間朝聘、盟會、戰爭等事，起魯隱公元年（前 722）至魯哀公十四年（前 481）。　罕能精古今之清濁：很少有明白古今人的善惡。　究漢德之所由：探究漢德的由來。漢德，兩漢經師多認爲劉氏爲堯後，同爲"火德"。《春秋左氏傳》昭公二十九年《傳》稱："有陶唐氏既衰，其後有劉累。"

　　[2]【李賢注】末流猶下流也。謂諸子也。《前書》曰："不入於道德，放縱於末流。"《論語》孔子曰："溫故知新，可以爲師矣。"又曰："由，知德者鮮矣。"【今注】舊典：指儒家經典《易》《書》《詩》《禮》《春秋》《樂》。　馳騁：騎馬奔馳。指涉獵。

　　[3]【李賢注】辟，遠也，音匹亦反。《戰國策》蘇秦説孟嘗君曰："秦，四塞之國也。"高誘注云："四面有山關之固，故曰四塞之國也。"防禦謂關禁也。輻湊，如輻之湊於轂也。《前書》武帝詔吾丘壽王曰"子在朕前之時，知略輻湊"也。【今注】辟界西戎：秦先祖非子善養馬，被周孝王封於秦（今甘肅天水市清水縣），與西戎接壤。公元前 821 年，秦莊公被周宣王封爲西陲大夫。前 770 年，秦襄公護送周平王東遷，獲封爲諸侯。在今甘肅河東地區到陝西一帶。秦繆公三十七年（前 623），秦用由餘謀伐戎王，益國十二，開地千里，遂霸西戎。西戎，古時西北少數民族的總稱，原分布在黃河上游和今甘肅西北部，後逐漸東遷。　險阻四塞：《史記》卷六《秦始皇本紀》云："秦地被山帶河以爲固，四塞之國也。"《史記》卷六九《蘇秦列傳》載，蘇秦説惠王曰："秦四塞之

國，被山帶渭，東有關河，西有漢中，南有巴蜀，北有代馬，此天府也。"《正義》："東有黃河，有函谷、蒲津、龍門、合河等關；南山及武關、嶢關；西有大隴山及隴山關、大震、烏蘭等關；北有黃河南塞：是四塞之國，被山帶渭以爲界。"　脩其防御：修築關隥。　處乎土中：處於中原地區。　平夷洞達：地勢平坦、道路通達。　萬方輻湊：形容四面八方的人聚集，像車輻湊集於轂上。

[4]【今注】秦領：秦嶺。位於今陝西中南部、渭河與漢江之間的山地，東以灞河與丹江河谷爲界，西止於嘉陵江。又因位於關中以南，故名"南山"。　九嵕（zōng）：山名。位於今陝西咸陽市禮泉縣東北。由九座山峰聚集而成，故名。

[5]【今注】涇：水名。渭河支流。在今陝西中部。　渭：水名。源出今甘肅渭源縣鳥鼠山，向東穿過陝西關中平原，在潼關注入黃河。

[6]【李賢注】四瀆，江、河、淮、濟也。《河圖》曰："天有四表，以布精魄，地有四瀆，以出圖書。"《爾雅》曰："太山爲東岳（太，大德本、殿本作'泰'），衡山爲南岳，華山爲西岳，恒山爲北岳，嵩山爲中岳（大德本、殿本脫此五字）。"圖書之泉謂河洛也（泉，殿本作"淵"，二字可通），《易·繫辭》曰"河出圖，洛出書"也。【今注】四瀆（dú）：江、河、淮、濟。均獨自流入大海。《爾雅·釋水》："江河淮濟爲四瀆。四瀆者，發源注海者也。"　五岳：五大名山的總稱。即東嶽泰山、南嶽衡山、西嶽華山、北嶽恒山、中嶽嵩山。　帶河泝洛：指以洛陽爲中心、黃河與洛水交匯處的廣大地區。帶，靠近。泝，同"溯"。洛陽處於洛河下游，故稱逆河而上。　案，泉，殿本作"淵"，二字可通。

[7]【李賢注】館御謂設臺以進御神仙也。《禮含文嘉》曰"禮，天子靈臺，以考觀天人之際，法陰陽之會"也。【今注】建章：宮名。故址在今陝西西安市漢長安故城西。《漢書》卷二五下《郊祀志下》載，太初元年（前104）二月，因柏梁臺火災，"於是作建章宮，度爲千門萬戶前殿度高未央。其東則鳳闕，高二十餘

丈。其西則商中，數十里虎圈。其北治大池，漸臺高二十餘丈，名曰泰液，池中有蓬萊、方丈、瀛州、壺梁，象海中神山龜魚之屬。其南有玉堂璧門大鳥之屬。立神明臺、井幹樓，高五十丈，輦道相屬焉。"《三輔黃圖》卷二《漢宮》載，未央宮有宣室、溫室、清涼，皆在未央宮殿北。宣明、廣明，皆在未央殿東。昆德、玉堂，皆在未央殿西。《漢書》卷六《武帝紀》師古注引文穎曰："越巫名勇，謂帝曰越國有火災即復大起宮室以厭勝之，故帝作建章宮。"師古曰："在未央宮西，今長安故城西俗所呼貞女樓者，即建章宮之闕也。"　甘泉：宮名。又名"雲陽宮"。故址在今陝西淳化縣西北甘泉山。《漢書》卷一下《高帝紀下》載，漢七年（前200）二月，蕭何治未央宮，立東闕、北闕、前殿、武庫、大倉。漢高帝九年（前198）建成。《三輔黃圖》卷三載，建章宮有駘蕩宮、馺娑宮、枍詣宮、天梁宮、奇華殿、鼓簧宮、神明臺。　館御列仙：設臺以進御神仙。《漢書·郊祀志下》載："公孫卿曰：'僊人可見，上往常遽，以故不見。今陛下可爲館如緱氏城，置脯棗，神人宜可致。且僊人好樓居。'於是上令長安則作飛廉、桂館，甘泉則作益壽、延壽館，使卿持節設具而候神人。乃作通天臺，置祠具其下，將招來神僊之屬。於是甘泉更置前殿，始廣諸宮室。"　統和天人：以天統人，天人合一。

[8]【李賢注】《三輔黃圖》曰"辟雍，水四周於外，象四海"也。【今注】太液：池名。故址在今陝西西安市未央區三橋鎮高低堡子西北的西安太液池苗圃。《三輔黃圖》卷四《太液池》云："太液者，言其津潤所及廣也。"漢武帝所造，在建章宮以北，其中有蓬萊、方丈、瀛洲、壺梁，以象海中仙山龜魚。《漢書·郊祀志下》云："其北治大池，漸臺高二十餘丈，名曰泰液，池中有蓬萊、方丈、瀛州、壺梁，象海中神山龜魚之屬。"　昆明：池名。故址在今陝西西安市棗園村以南馬王村。元狩三年（前120），發謫吏穿昆明池。《漢書》卷二四下《食貨志下》載："是時粵欲與漢用船戰逐，乃大修昆明池，列館環之。治樓船，高十餘丈，旗織加其上，甚壯。"　案，這幾句指西漢長安的太液、昆明、鳥獸之

囿，不如洛陽的辟雍宣布德化流行。

[9]【李賢注】游俠，即西賓云"鄉曲豪俊，游俠之雄"。踰侈謂"列肆侈於姬、姜"等也。《爾雅》曰："翼翼，敬也。"《詩》曰："濟濟多士。"毛萇注云："濟濟，多威儀也。"【今注】游俠：古代指好交游、重承諾，輕生死、能赴人急難的人。　踰侈：過度奢華，超過禮制。　犯義侵禮：冒犯道義，侵害禮儀。同履法度：全部遵守法律。　翼翼濟濟：恭敬且莊重的樣子。指游俠奢侈過度、違背禮制，不如洛陽都遵守法律、恭敬謹慎。

[10]【李賢注】《史記》曰，秦始皇作阿房宮。造，至也。《公羊傳》曰"王者無外"也。　【今注】案，大德本、殿本無"徙"字。　阿房：阿房宮。秦著名宮殿。始建於秦始皇三十五年（前212），未完全建成。遺址北起今陝西西安市三橋鎮西北之新軍寨、後圍寨，南至王寺村、和平村北緣，縱長五千米；東以皂河爲界，西迄長安縣小蘇村、紀陽村，橫寬三千米。　造天：到達天空。形容阿房宮之高。　京洛：東漢都城洛陽。　函谷：函谷關。舊關在今河南靈寶市東北。新關在今河南新安縣城東，武帝時徙此。　王者之無外：王者以天下爲家，没有内外之别。《公羊傳》隱公元年，"王者無外，言奔，則有外之辭也"。何休注："王者以天下爲家，無絶義。"

　　主人之辭未終，西都賓矍然失容，逡巡降階，慄然意下，捧手欲辭。主人曰："復位，今將喻子五篇之詩。"[1]賓既卒業，[2]乃稱曰："美哉乎此詩！義正乎楊雄，事實乎相如，非唯主人之好學，蓋乃遭遇乎斯時也。[3]小子狂簡，不知所裁，既聞正道，請終身誦之。"其詩曰：[4]

[1]【李賢注】《説文》曰："矍，視遽之貌。"音許縛反。

《周書》曰：“臨攝以威而懍。”懍者，猶恐懼也，音徒頰反。喻，告也。【今注】矍（jué）然失容：因驚懼四顧而變了臉色。矍然，驚慌失措。矍，失容，失色。 逡（qūn）巡降階：有所顧慮而徘徊不前，登上主人的臺階。逡，降階，古代賓主相見，以西爲尊。主人迎客在東階，客人登從西階。客如表示謙遜，則登主人之階，稱爲“降階”，也稱降等。 懍（dié）然：恐懼的樣子。懍，《文選》作“揲”。 捧手：拱手。表示敬意。 今將喻子五篇之詩：《文選》作“今將授子以五篇之詩”。

[2]【今注】卒業：完成。指誦讀完全詩。

[3]【李賢注】楊雄作《長楊》《羽獵賦》，司馬相如作《子虛》《上林賦》，竝文雖藻麗，其事迂誕，不如主人之言義正事實也。【今注】案，指主人的辭賦在意義和叙事方面要高於楊雄、司馬相如的辭賦，是因主人好學，且遇到聖明之世。《文選》李善注：“揚雄、相如，辭賦之高者，故假以言焉。非唯主人好學而富乎詞藻，抑亦遭遇太平之時，禮文可述也。”楊雄，大德本、殿本作“揚雄”。

[4]【李賢注】《論語》孔子曰：“吾黨之小子狂簡，斐然成章，不知所以裁之。”又曰：“不忮不求，何用不臧，子路終身誦之。”【今注】狂簡：志向高遠而處事疏闊。 裁：節制。 正道：正確的道理。

明堂詩：於昭明堂，明堂孔陽；聖皇宗祀，穆穆煌煌。[1]上帝宴饗，[2]五位時序；誰其配之，世祖光武。[3]普天率土，各以其職；猗與緝熙，允懷多福。[4]

[1]【李賢注】於音烏，歎美之辭也。《詩·周頌》曰：“於昭于天。”孔，甚也。陽，明也。《國風》曰：“我朱孔陽。”聖皇宗祀謂祭光武於明堂也。《詩》曰：“穆穆煌煌，宜君宜王。”穆穆

猶敬也。煌煌猶美也。【今注】於（wū）昭明堂：明堂是多麼光明。於，歎美之辭。昭，光明。　孔陽：非常明亮。孔，很、非常。　穆穆煌煌：形容嚴肅恭敬，光明磊落。

[2]【今注】上帝宴饗：天帝享受祭祀。宴饗，祭祀時以酒食獻祭鬼神。

[3]【李賢注】《前書》曰："天神貴者太一（天，大德本誤作'大'），太一佐曰五帝。"五位，五帝也。《河圖》曰："蒼帝靈威仰（靈威，大德本、殿本誤作'威靈'），赤帝赤熛怒，黃帝含樞紐，白帝白招矩，黑帝叶光紀。"楊雄《河東賦》曰（楊，殿本作"揚"）："靈祇既饗，五位時叙（叙，殿本作'序'，二字可通）。"謂各依其方而祭之。【今注】五位：五方之神。　時序：各居其位次。時，同"是"。　世祖光武：光武帝劉秀。公元25年至57年在位。廟號世祖，《禮》："祖有功而宗有德。"光武中興，故廟稱世祖。諡號光武皇帝，《諡法》："能紹前業曰光，克定禍亂曰武。"紀見本書卷一。指祇有光武帝能配享五帝，接受祭祀。

[4]【李賢注】《詩·小雅》曰："溥天之下，莫非王土。率土之賓（賓，大德本、殿本作'濱'，是），莫非王臣。"溥亦普也。《孝經》曰："四海之內，各以其職來助祭。"《詩·商頌》曰："猗歟那歟（那歟，殿本作'郁歟'，殿本作'那與'）。"猗，美也。允，信也。懷，來也。《詩·大雅》曰："聿懷多福。"【今注】普天：整個天下。指全國各地。《詩·小雅·北山》曰："溥天之下，莫非王土。率土之濱，莫非王臣。"　率土之濱：四海疆域之內。濱，水邊。　各以其職：天下各地的官員各以其職位來參與祭祀。　猗與緝熙：贊美光明。與，《文選》作"歟"。　允懷多福：相信可以帶來許多福氣。

　　辟雍詩：迺流辟雍，辟雍湯湯；聖皇莅止，造舟爲梁。[1]皤皤國老，迺父迺兄；抑抑威儀，孝友光明。[2]於赫太上，示我漢行；鴻化惟神，永觀厥成。[3]

[1]【李賢注】湯湯，水流貌。莅，臨也。《詩·小雅》曰："方叔莅止。"《大雅》曰："造舟爲梁。"毛萇注云："天子造舟。"造，至也，謂連舟爲浮梁也。【今注】迺流辟雍：辟雍四周以水環繞。辟雍，本爲周代大學名。其址圓形，四周圍以水流。雍之以水，象徵教化流行。又作"辟廱"。東漢在辟雍舉行鄉飲、大射或祭祀。　湯（shāng）湯：水勢很大很急的樣子。　莅（lì）止：來臨、到達。　造舟爲梁：連接許多船建成浮橋。

[2]【李賢注】《説文》曰："皤皤，老人貌也。"音步何反。《孝經援神契》曰："天子尊事三老，兄事五更。"抑抑，美也。《詩》曰："威儀抑抑。"《爾雅》曰："善父母爲孝，善兄弟爲友。"【今注】皤（pó）皤：頭髮斑白的樣子。　國老：致仕的卿、大夫、士。　抑抑威儀：儀態謙虛謹慎的樣子。《詩·小雅·賓之初筵》："其未醉止，威儀抑抑。"　孝友：孝順父母，友愛兄弟。

[3]【李賢注】於赫，歎美也。太上謂太古立德賢聖之人。竝著養老之禮，今我漢家遵行之也。鴻，大也。《文子》曰："執玄德於心，化馳如神。"《詩·周頌》曰："我客戾止，永觀厥成。"《爾雅》曰："觀，示也。"【今注】於（wū）赫：歎美之詞。
示我漢行：向漢朝展示應行的孝友正道。　鴻化惟神：漢朝的教化普及猶如神助。鴻，《文選》作"洪"。　永觀厥成：永遠觀其成功，指深感於和樂，遂入善道，終無愆過。

靈臺詩：迺經靈臺，靈臺既崇；帝勤時登，爰考休徵。[1]三光宣精，五行布序；習習祥風，祁祁甘雨。[2]百穀溱溱，庶卉蕃蕪；屢惟豐年，於皇樂胥。[3]

[1]【李賢注】《詩·大雅》曰："經始靈臺。"崇，高也。時登，以時登之。休，美也。徵，驗也。【今注】廼經靈臺：於是經營靈臺。靈臺，東漢三雍之一。光武帝建武中元元年（56），初起明堂、辟雍、靈臺。本書卷一下《光武帝紀下》李賢注引《漢宮閣疏》曰："靈臺高三丈，十二門。天子曰靈臺，諸侯曰觀臺。"本書《百官二》云："明堂及靈臺丞一人，二百石。本注曰：二丞，掌守明堂、靈臺。靈臺掌候日月星氣，皆屬太史。"　時登：按時節登靈臺。據本書所載，明帝永平二年（59）、三年，章帝建初三年（78）的春正月，皇帝都宗祀明堂。禮畢，登靈臺，望雲物。爰考休徵：於是考察吉祥的徵兆。

[2]【李賢注】三光，日、月、星也。宣，布也。精，明也。五行，水、火、金、木、土（土，大德本誤作"上"）。布序謂各順其性，無謬沴也。習習，和也。《詩·小雅》曰："習習谷風。"《禮斗威儀》曰："君政頌平，則祥風至。"宋均注曰："即景風也。"祁祁，徐也。《詩·小雅》曰："興雨祁祁。"《尚書考靈燿》曰"熒惑順行，甘雨時"也。【今注】三光宣精：日、月、星散播光芒。精，日月之光。《呂氏春秋·圜道》"精行四時"。高誘注："精，日月之光明也。"　五行布序：金、木、水、火、土布其次序。　習習祥風：微風溫暖和煦的樣子。祥風，古代所指八風之一。即夏至後和暖的風。《文選》李善注引宋均曰："即景風也。其來長養萬物。"《淮南子·天文訓》說八風，指條風、明庶風、清明風、景風、涼風、閶闔風、不周風、廣莫風，每種風各主四十五日。　祁祁甘雨：及時的雨舒緩閑靜的樣子。

[3]【李賢注】百，言非一也，《尚書·洪範》曰："百穀用成。"溱溱，盛貌。《尚書》曰："庶草蕃蕪。"《爾雅》曰："蕃蕪，豐也。"《詩·周頌》曰："綏萬邦，屢豐年。"又曰："於皇時周。"於音烏。《詩·小雅》曰："君子樂胥，受天之祜（天，紹興本誤作'大'。祜，殿本作'祐'，是）。"注云："胥，有才智之名。"【今注】案，百穀溱溱庶卉蕃蕪，《文選》作"百穀蓁蓁，

庶草蕃廡”。 屢惟豐年：接連是豐收的年景。 於（wū）皇樂
胥：多麼令人贊歎和歡樂。於皇，歎美之辭。樂胥，喜樂。

寶鼎詩：嶽脩貢兮川效珍，吐金景兮歊浮雲。
寶鼎見兮色紛緼，煥其炳兮被龍文。[1]登祖廟兮享
聖神，昭靈德兮彌億年。[2]

[1]【李賢注】謂永平六年王雒山得寶鼎，廬江太守獻之。
景，光也。《説文》曰：“歊，氣出貌。”音火驕反。《史記》曰：
“秦武王與孟悦舉龍文之鼎。”【今注】嶽脩貢兮川效珍：永平六年
（63）二月，王雒山出寶鼎，廬江太守獻之。十一年七月，漊湖出
黃金，廬江太守以獻。故有此説。脩貢，獻納貢品。效珍，獻珍
寶。 吐金景兮歊（xiāo）浮雲：發出金色的光芒，升騰起漂浮的
雲霧。景，日光。歊，氣上升的樣子。 紛緼：色彩繁多而斑斕的
樣子。 煥其炳兮被龍文：刻有龍紋的寶鼎光采明亮。煥、炳均指
光明。龍文，鼎上刻的龍形紋飾。

[2]【李賢注】時明帝詔曰：“其以祠祭之日，陳鼎於廟，以
備器用。”彌，終也。萬萬曰億。《尚書》曰：“公其以予萬億年敬
天之休。”【今注】登祖廟兮享聖神：進宗廟向歷代祖先進獻祭拜。
祖廟，東漢皇帝的先祖之廟。建武二年（26），起高廟，建社稷於
洛陽，立郊兆於城南，始正火德，色尚赤。李賢注：“《漢禮制度》
曰：‘人君之居，前有朝，後有寢。終則制廟以象朝，後制寢以象
寢。光武都洛陽，乃合高祖以下至平帝爲一廟，藏十一帝主於其
中。元帝次當第八，光武第九，故立元帝爲祖廟，後遵而不改。’
《續漢志》曰：‘立社稷於洛陽，在宗廟之右，皆方壇，四面及中各
依方色，無屋，有牆門而已。’”本書《祭祀下》載：“光武帝建
武二年正月，立高廟于雒陽。四時祫祀，高帝爲太祖，文帝爲太
宗，武帝爲世宗，如舊。餘帝四時春以正月，夏以四月，秋以七
月，冬以十月及臘，一歲五祀。三年正月，立親廟雒陽，祀父南頓

君以上至春陵節侯。”“光武皇帝崩，明帝即位，以光武帝撥亂中興，更爲起廟，尊號曰世祖廟。”明帝號曰顯宗廟，章帝號曰肅宗廟，皆四時合祭於世祖廟。　昭靈德兮彌億年：弘揚神靈的恩德長達億年。指使祖先的恩德永遠賜福於後代。

　　　白雉詩：啓靈篇兮披瑞圖，獲白雉兮效素烏。[1]發皓羽兮奮翹英，容絜朗兮於淳精。[2]章皇德兮侔周成，永延長兮膺天慶。[3]

　　[1]【李賢注】靈篇謂河洛之書也。固集此題篇云“白雉素烏歌”，故兼言“效素烏”。【今注】啓靈篇兮披瑞圖：翻看河圖、洛書等有關符命的圖籍。　獲白雉兮效素烏：光武帝建武十三年（37）九月，日南徼外蠻夷獻白雉。永平十一年（68），白雉出。元和元年（84）春正月，日南徼外蠻夷獻白雉。白雉，白色的雉雞。古代認爲是祥瑞。素烏，白色的烏鴉。本書卷三《章帝紀》載，二年五月，詔曰：“乃者鳳皇、黃龍、鸞鳥比集七郡，或一郡再見，及白烏、神雀、甘露屢臻。”《文選》此二句後有“嘉祥阜兮集皇都”。

　　[2]【李賢注】皓，白也。翹，尾也。《春秋元命包》曰：“烏者陽之精。”【今注】發皓羽兮奮翹英：展開白色的翅膀，振動美麗的尾羽。奮，振動。本意指鳥類振羽展翅。翹，鳥尾上的長羽。　容絜朗兮於淳精：白雉、素烏振動它們的白色翅膀，顏色潔白明朗，沒有其他雜色。絜朗，潔淨明亮。淳精，純正沒有雜色。

　　[3]【李賢注】章，明也。侔，等也。《孝經援神契》曰：“周成王時，越裳獻白雉。”慶讀曰卿。【今注】章皇德兮侔周成：彰顯皇帝的恩德與周成王一樣。《尚書大傳》曰：“周成王時，越裳氏重九譯而貢白雉。”章，彰明。侔，相等。周成，周成王，姬誦，周武王子。即位時年幼，由周公攝政，平定武庚、管叔、蔡叔之亂。營建洛邑。　永延長兮膺天慶：綿延久長接受上天的賜福。

膺，接受。

及肅宗雅好文章，[1]固愈得幸，[2]數入讀書禁中，[3]或連日繼夜。每行巡狩，輒獻上賦頌，朝廷有大議，使難問公卿，辯論於前，賞賜恩寵甚渥。[4]固自以二世才術，位不過郎，[5]感東方朔、楊雄自論，以不遭蘇、張、范、蔡之時，作賓戲以自通焉。[6]後遷玄武司馬。[7]天子會諸儒講論五經，作《白虎通德論》，令固撰集其事。[8]

[1]【今注】肅宗：東漢章帝劉炟，公元 75 年至 88 年在位。諡號為孝章皇帝，廟號肅宗。紀見本書卷三。

[2]【今注】得幸：《北堂書鈔》卷六三引華嶠《後漢書》載，自為郎中，遂見親近，讀書禁中，或連日繼夜。

[3]【今注】禁中：皇帝生活起居和日常辦公的地方，因門戶有禁，非侍御者不得入，故稱禁中。又作“省中”。

[4]【今注】渥：豐厚。

[5]【李賢注】二代謂彪及固（二，大德本誤作“一”）。【今注】郎：官名。掌守宮門，備諮詢，出充車騎。東漢於光祿勳下設五官、左、右中郎將署，主管諸中郎、侍郎、郎中，實為儲備官吏人才的機構，其郎官多達二千餘人。

[6]【李賢注】東方朔《答客難》曰：“使蘇秦、張儀與僕竝生，曾不得掌故，安敢望侍郎乎？”楊雄《解嘲》曰（楊，大德本、殿本作“揚”）：“范雎，魏之亡命也。蔡澤，山東之匹夫也。有談范、蔡於許、史之間，則狂矣（狂，大德本誤作‘在’）。”固所作賓戲，事見《前書》。【今注】東方朔：字曼倩，平原厭次（今山東惠民縣）人。傳見《史記》卷一二六、《漢書》卷六五。

楊雄：字子雲，蜀郡成都（今四川成都市武侯區）人。又作

"揚雄"。少而好學，不爲章句，通訓詁而已。成帝時，爲待詔。後爲郎，給事黃門。王莽時，校書天祿閣上。撰《反離騷》《甘泉賦》《河東賦》《長楊賦》《校獵賦》等。續《倉頡篇》作《訓纂篇》。《漢書·藝文志》有揚雄賦十二篇。傳見《漢書》卷八七。大德本、殿本作"揚雄"。　蘇：蘇秦，東周洛陽（今河南洛陽市）人。師從鬼谷子。以縱橫之術游説秦惠王，不被采用。後游説燕、趙、楚、韓、魏、齊六國，合縱抗秦，出任縱約長，佩六國相印。居於趙，封武安君。後合縱瓦解，入齊爲客卿，後與齊大夫爭寵，被刺身亡。一説被車裂而死。傳見《史記》卷六九。　張：張儀。戰國時魏人。與蘇秦同爲鬼谷弟子。秦惠九年入秦，任客卿。公元前 328 年任秦相。用連橫之策游説六國，使背棄合縱，共同事秦。先後游説魏、楚、韓等參與連橫。後歸秦，被封武信君。秦武王即位後，入魏爲相，一年後病死。傳見《史記》卷七〇。　范：范雎，字叔。戰國時魏國人。初爲魏中大夫須賈家臣，因事受賈所誣，被魏相魏齊令人笞擊折脅。後化名張禄，在鄭安平幫助下，通過秦國使者王稽潛入秦國。游説秦昭王，罷逐專權的秦相魏冉。公元前 266 年任秦相，封於應，號應侯。執政時，實行遠交近攻政策，蠶食韓、魏、趙國土。長平之戰後，忌功讒毀白起，使秦王逼其自殺。推薦鄭安平任將，王稽爲河東守。後鄭、王二人獲罪，范雎謝病請歸相印，不久即死。傳見《史記》卷七九。　蔡：蔡澤。戰國時燕國人。初，游説諸侯，不被任用。前 255 年，他得知秦相范雎因所薦鄭安平、王稽獲罪内心不安，遂入秦勸説范雎辭退，被任爲秦相，出謀攻滅西周。數月後辭去相位，被封綱成君。居秦十餘年，至秦王政時，爲秦出使燕國。傳見《史記》卷七九。

[7]【李賢注】《續漢志》曰："宫掖門，每門司馬一人，秩比千石。玄武司馬，主玄武門。"【今注】玄武司馬：官名。掌守玄武門。秩比千石。領員吏二人，衛士三十八人。

[8]【李賢注】章帝建初四年，詔諸王諸儒會白虎觀講議五經同異。【今注】白虎通德論：書名。唐宋以前諸書引此書，均稱

《白虎通》，"白虎通德論"之名始於宋代《崇文總目》，此處所謂"白虎通德論"，爲《白虎通》與《功德論》誤連而脱"功"字。孫詒讓認爲《白虎議奏》中有專論一經與雜論五經的區別，而《白虎通義》是雜論五經部分。《白虎通義》由班固所撰，另有《德論》一書，後人合二爲一。《隋書·經籍志》著録《白虎通》六卷，不著撰人。《唐書·藝文志》同爲六卷，始題"班固"之名。《崇文總目》載《白虎通德論》十卷，共十四篇。陳振孫《直齋書録解題》亦作十卷，共四十四篇。至元大德九年（1305）無錫州學刻《白虎通德論》，共十卷，四十四篇，爲後世《白虎通》的祖本。（參見劉青松《白虎通義理聲訓研究》，商務印書館2018年版，第26—27頁）案，建初四年（79），章帝效法西漢宣帝石渠閣故事，詔諸王、諸儒趙博、李育等集合於白虎觀講論五經異同，由班固纂成《白虎通義》。本書卷七九上《儒林傳上》載："建初中，大會諸儒於白虎觀，考詳同異，連月乃罷。肅宗親臨稱制，如石渠故事，顧命由臣，著爲通義"（李建雄：《白虎觀會議次數及成果考》，《洛陽師範學院學報》2015年第3期）。

時北單于遣使貢獻，[1]求欲和親，詔問群僚。議者或以爲"匈奴變詐之國，無内向之心，徒以畏漢威靈，逼憚南虜，[2]故希望報命，[3]以安其離叛。今若遣使，恐失南虜親附之歡，而成北狄猜詐之計，不可"。固議曰："竊自惟思，漢興已來，曠世歷年，兵纏夷狄，尤事匈奴。綏御之方，[4]其塗不一，或脩文以和之，或用武以征之，或卑下以就之，[5]或臣服而致之。[6]雖屈申無常，所因時異，然未有拒絶弃放，不與交接者也。故自建武之世，復脩舊典，數出重使，[7]前後相繼，[8]至於其末，[9]始乃暫絶。永平八年，復議通之。而廷爭連日，異同紛回，多執其難，少言其易。先帝聖德遠覽，瞻前顧後，遂復出使，事同前世。[10]以此而推，未有一世闕而不修者也。今烏桓就闕，[11]稽首譯官，康居、月氏，[12]自遠而至，匈奴離析，名王來降，[13]三方歸服，不以兵威，此誠國家通於神明自然之徵也。臣愚以爲宜依故事，復遣使者，上可繼五鳳、甘露致遠人之會，[14]下不失建武、永平羈縻之義。[15]虜使再來，然後一往，既明中國主在忠信，且知聖朝禮義有常，豈同逆詐示猜，[16]孤其善意乎？[17]絕之未知其利，通之不聞其害。設後北虜稍彊，能爲風塵，[18]方復求爲交通，將何所及？不若因今施惠，爲策近長。"

[1]【今注】北單于：北匈奴單于。東漢光武帝建武二十四年（48）春，匈奴八部大人共議立比爲呼韓邪單于，以其大父曾經依靠漢朝得以安定，故欲襲其封號。於是至五原塞，表示願永爲漢朝蕃蔽，共同抵御北匈奴。光武帝用五官中郎將耿國的建議，許之。其冬，比自立爲呼韓邪單于。《東觀記》曰："十二月癸丑，匈奴始分爲南北單于。"南匈奴移居在河套一帶，北匈奴在漠北一帶。本書卷八九載，伊屠於閭鞮單于宣，元和二年立。這一年，單于遣兵千餘人獵至涿邪山，與北匈奴溫禺犢王遇，因與之交戰，獲其首級而還。冬，孟雲上言："北虜以前既和親，而南部復往鈔掠，北單于謂漢欺之，謀欲犯塞，謂宜還南所掠生口，以慰安其意。"肅宗從太僕袁安議，許之。

[2]【李賢注】南匈奴也。

[3]【今注】報命：爲答謝來訪，派人前往回問。又稱報聘。

[4]【今注】綏御：安撫統治。御，治理。

[5]【李賢注】文帝與匈奴通關市，妻以漢女，增厚其賂也。【今注】用武以征之：武帝時派衞青、霍去病等擊敗匈奴。

[6]【李賢注】宣帝時，匈奴稽首臣服，遣子入侍。【今注】

案，西漢宣帝神爵二年（前 60）九月，匈奴單于遣名王奉獻，賀正月，始和親。

[7]【今注】重使：負有全權重任的使臣。

[8]【李賢注】建武二年，日逐王遣使詣漁陽請和親（曹金華《後漢書稽疑》認爲："二年"前脫"二十"二字，"日逐王"當作"單于蒲奴"），使中郎將李茂報命。二十六年，遣中郎將段郴授南單于印綬。【今注】案，本書卷八九《南匈奴傳》載，建武六年，始令歸德侯劉颯使匈奴。二十六年，遣中郎將段郴、副校尉王郁使南單于，至其龍庭。"於是復詔單于徙居西河美稷，因使中郎將段郴及副校尉王鬱留西河擁護之，爲設官府、從事、掾史。令西河長史歲將騎二千，弛刑五百人，助中郎將衞護單于，冬屯夏罷。自後以爲常，及悉復緣邊八郡。"

[9]【今注】其末：光武末年。

[10]【李賢注】先帝謂明帝也。永平八年，遣越騎司馬鄭衆報使北匈奴。【今注】案，東漢明帝永平八年（65），遣越騎司馬鄭衆赴北匈奴報命，而南部須卜骨都侯等知漢朝與北匈奴通使，因生嫌隙抱怨，欲背叛漢朝，欲趁機在漢朝使者赴北匈奴的路上派兵迎之。鄭衆出塞，感覺有異常，於是派人守候，抓獲南匈奴使者。鄭衆上書皇帝，更置大將，以防南北匈奴勾結。由是漢朝始置度遼營，以中郎將吳棠行度遼將軍事，副校尉來苗、左校尉閻章、右校尉張國將黎陽虎牙營士屯五原曼柏。

[11]【今注】烏桓：古族名。東胡的一支。秦末爲匈奴所敗，退居烏桓山。武帝後歸漢，分布於上谷、漁陽、右北平、遼西、遼東五郡塞外。東漢初入居塞內，置護烏桓校尉管理，駐寧城（今河北張家口市萬全區）。

[12]【今注】康居：漢西域國名。在今哈薩克斯坦巴爾喀什湖和咸海之間。王都卑闐城（今烏茲別克斯坦塔什干一帶）。 月氏：古族名。秦漢之際，游牧於敦煌、祁連間（今甘肅蘭州以西直至敦煌的河西走廊一帶）。漢文帝時，因避匈奴，西遷至今新疆西

部伊犂河流域及其以西，稱"大月氏"。一部分進入南山（今祁連山），與羌人雜居，稱"小月氏"。

［13］【今注】名王：匈奴諸王中較爲尊貴者。神爵二年，匈奴單于遣名王奉獻，賀正月，始和親。師古曰："名王者，謂有大名，以別諸小王也。"

［14］【李賢注】宣帝五鳳三年（五，大德本誤作"王"。三，大德本誤作"二"），單于名王將衆五萬餘人來降，稱臣朝賀。甘露元年，匈奴呼韓邪遣子右賢王入侍（殿本脱"子"字）。

［15］【今注】案，建武，指建武六年，始令歸德侯劉颯使匈奴，匈奴亦遣使來獻，漢復令中郎將韓統報命，賂遺金幣，以通舊好。二十六年，遣中郎將段郴、副校尉王鬱使南單于，立其庭，去五原西部塞八十里。二十七年，北單于遂遣使詣武威求和親，天子召公卿廷議，不決。皇太子言曰："南單于新附，北虜懼於見伐，故傾耳而聽，爭欲歸義耳。今未能出兵，而反交通北虜，臣恐南單于將有二心，北虜降者且不復來矣。"帝然之，告武威太守勿受其使。二十九年，賜南單于羊數萬頭。三十一年，北匈奴復遣使如前，乃璽書報答，賜以彩繒，不遣使者。單于比立九年薨，中郎將段郴將兵赴吊，祭以酒米，分兵衛護之。比弟左賢王莫立，帝遣使者賫璽書鎮慰，拜授璽綬，遺冠幘，絳單衣三襲，童子佩刀、緄帶各一，又賜繒彩四千匹，令賞賜諸王、骨都侯已下。其後單于薨，吊祭慰賜，以此爲常。　案，永平，指永平六年胡邪尸逐侯鞮單于長立。時北匈奴猶盛，數寇邊，朝廷以爲憂。會北單于欲合市，遣使求和親，顯宗冀其交通，不復爲寇。乃許之。　羈縻：籠絡控制。

［16］【今注】案，同，殿本作"可"，王先謙《後漢書集解》以作"可"是。當據改。　逆詐示猜：事先懷疑別人的欺詐和虛僞。逆，預先。示，顯現。

［17］【今注】孤：辜負。古同"辜"。

［18］【李賢注】相侵擾則風塵起。

固又作《典引》篇，述叙漢德。[1]以爲相如封禪，靡而不典，[2]楊雄美新，典而不實，[3]蓋自謂得其致焉。[4]其辭曰：

[1]【李賢注】典謂《堯典》，引猶續也。漢承堯後，故述漢德以續《堯典》。【今注】案，班固有感於《堯典》頌堯之德，而作《典引》以叙漢德。《漢書》卷一下《高祖紀下》："漢承堯運，德祚已盛，斷蛇著符，旗幟上赤，協于火德，自然之應，得天統矣。"《文選》卷四八李善注引蔡邕曰："《典引》者，篇名也。典者，常也，法也。引者，伸也，長也。《尚書》疏堯之常法，謂之《堯典》。漢紹其緒，伸而長之也。"

[2]【李賢注】文雖靡麗，而體無古典。【今注】案，《漢書》卷五七載，其遺劄書言封禪事，所忠奏焉，天子異之。

[3]【李賢注】體雖典則，而其事虛僞，謂王莽事不實。【今注】楊雄美新：王莽篡漢自立，國號新。揚雄仿司馬相如《封禪文》，上封事給王莽，指斥秦朝，美化新朝，故名《劇秦美新》。文中抨擊秦始皇焚書、統一度量衡等措施，對王莽則歌功頌德。文見《文選》卷四八。楊，大德本、殿本作"揚"。　典而不實：典雅而不平實。不，《文選》作"亡"。

[4]【今注】致：極，盡。《文心雕龍》云："《典引》所叙，雅有懿乎，歷鑒前作，能執厥中，其致義會文，斐然餘巧。"

太極之原，兩儀始分，烟烟熅熅，有沈而奧，有浮而清。[1]沈浮交錯，庶類混成。[2]肇命人主，五德初始，同于草昧，玄混之中。[3]蹐繩越契，寂寥而亡詔者，系不得而綴也。[4]厥有氏號，紹天闡繹者，[5]莫不開元於大昊皇初之首，上哉夐乎，其書猶可得而脩也。[6]亞斯之世，通變神化，函光而未曜。[7]

[1]【李賢注】《易·繫詞》曰（詞，殿本作“辭”，二字可通）：“易有太極，是生兩儀。”又曰：“天地絪緼，萬物化醇。”蔡邕曰：“烟緼（烟，殿本作‘絪’，是），陰陽和一相扶貌也。”奧，濁也。《易乾鑿度》曰：“清輕者爲天，濁沈者爲地。”【今注】案，太極之原，原，《文選》作“元”。 烟烟煴煴：陰陽二氣和合貌。 有沈而奧（yù）有浮而清：指大地和天空。大地沉而濁，氣體浮而清。奧，濁。案，《易·繫辭上》云：“易有太極，是生兩儀，兩儀生四象，四象生八卦。”《易·繫辭下》作“天地絪緼，萬物化醇”。指陰陽二氣氤氳，共相和會，感應變化，而有精醇之生，萬物自化。兩儀始分之時，其氣和同，沈而濁者爲地，浮而清者爲天。

[2]【李賢注】庶類，萬物也。混猶同也。老子曰：“有物混成，先天地生。”【今注】案，此二句指天地交錯而生世間萬物。《周易序卦》云：“有天地，然後萬物生焉。”

[3]【李賢注】人主謂天子也。《尚書》曰，成湯簡代夏作人主（人，大德本、殿本作“民”，是）。五德，五行也。初始謂伏犧始以木德王也（犧，紹興本、大德本作“犠”，是；殿本作“義”）。木生火，故神農以火德。五行相生，周而復始。草昧謂草創暗昧也。《易》曰：“天地草昧（王先謙《後漢書集解》云，《易》作‘天造草昧’，注作‘天地’，誤）。”幽玄混沌之中，謂三皇初起之時也。【今注】案，五德即木、火、土、金、水五行之德，自伏義以下歷代帝王各據其一行，始於木，終於水，相生相克，周而復始。《竹書紀年》：“太昊伏羲氏，以木德王，爲風姓。”同于草昧：如同世界未開化時的原始狀態。于，大德本、殿本作“乎”。 玄混之中：指天地未分時的蒙昧混沌狀態。

[4]【李賢注】《易·繫辭》曰：“上古結繩而化，後代聖人易之以書契。”踰、越，竝過也。諂，諊也。言過繩契以上既無文

字，故寂寥而無文誥。系謂《易·繫辭》也，故易繫而不得綴連也。【今注】繩：結繩記事。結繩指大事大結其繩，小事小結其繩。

契：以書刻於木片邊緣以記事。刻木謂之書契，各持其一，以相契合。但來知德《周易集注》認爲，結繩，以繩結兩頭，中割斷之，各持其一，以爲他日之對照查驗。結繩而治，並非指君王結繩而治，而是當百姓結繩記事時，爲君者於此時而進行治理。契，即約定，指通過文字記事以治理考察百官和萬民，以達到百官和萬民不敢欺騙。　綴：撰述記載。組織文字以成篇章。

[5]【李賢注】氏號謂太昊號庖羲氏（羲，殿本作"犧"，二字可通），炎帝號神農氏，黃帝號軒轅氏之類。紹，繼也。謂王者繼天而作。闡，開也。繹，陳也。【今注】氏號：姓氏與稱號、謚號。如黃帝有熊氏號軒轅，唐堯伊耆氏號放勳，虞舜姚氏號重華，夏禹姒氏號文命，以及商朝子姓、周姬姓，皆爲氏。《六臣》李善注引蔡邕説，"所依爲氏也，號，功之表也，號太昊曰伏羲，炎帝曰神農，黃帝曰軒轅，少昊曰金天，顓頊曰高陽，帝嚳曰高辛，堯曰陶唐，舜曰有虞"。　紹天闡繹：繼承天地之道，開導人事。繹，當作"繂"，古通"載"，事情。胡紹煐《文選箋證》卷三〇《典引》："姜氏皋曰：'闡繹，注作"開道人事"（"繹"字古無事訓，或爲"繂"字之譌）。《廣韻》引《字林》"繂，事也"。《漢書·揚雄傳》："上天之繂"，師古曰"繂，事也。讀與載同"。'紹煐按魏邯鄲上受命，述曰'伊上天闡載'，意同，亦作'載'，此爲字譌無疑。"

[6]【李賢注】《易》曰："帝出於震。"始以木德王天下，故曰皇初之首。又曰："古者庖犧氏之王天下也，仰則觀象于天，俯則觀法于地。"是其書可得而脩也。【今注】大昊：帝號。即伏羲氏。《太平御覽》卷七八《皇王部·太昊庖犧氏》引《皇王世紀》曰："太昊帝庖犧氏，風姓也。蛇身人首，有聖德。"也作"太皞"。相傳始作八卦，教民結網，從事漁獵畜牧。爲神話中人類始祖，與女媧氏兄妹爲婚，制嫁娶，正姓氏。大德本、殿本作"太

昊"。　上哉夐乎：上古十分久遠。夐，遥遠。　脩：修治、研習。胡紹瑛《文選箋證》卷三〇云，"脩"字當爲"循"，即陳述。指太昊作八卦，以通神明之德，以類萬物之情。故其書可得而述，並非修治。

[7]【李賢注】亞斯之代謂少昊、顓頊、高辛等。雖通變神化，而《易·繫》不載其事，故曰"函光未曜"。【今注】案，亞斯之世，世，《六臣注文選》卷四八作"代"。

　　若夫上稽乾則，降承龍翼，而炳諸典謨，以冠德卓蹤者，莫崇乎陶唐。[1]陶唐舍胤而禪有虞，虞亦命夏后，稷契熙載，越成湯武。[2]股肱既周，天乃歸功元首，將授漢劉。[3]俾其承三季之荒末，值亢龍之災孽，懸象暗而恒文乖，彝倫斁而舊章缺。[4]故先命玄聖，使綴學立制，宏亮洪業，表相祖宗，贊揚迪哲，備哉燦爛，真神明之式也。[5]雖前皋、夔、衡、旦密勿之輔，比兹褊矣。[6]是以高、光二聖，[7]辰居其域，時至氣動，乃龍見淵躍。[8]拊翼而未舉，則威靈紛紜，海内雲蒸，雷動電熛，胡繾莽分，不茮其誅。[9]然後欽若上下，恭揖群后，正位度宗，有于德不台淵穆之讓，靡號師矢敦奮撝之容。[10]蓋以膺當天之正統，受克讓之歸運，蓄炎上之烈精，蘊孔佐之弘陳云爾。[11]

　　[1]【李賢注】稽，考；乾，天也。《論語》孔子曰："唯天爲大，唯堯則之。"龍翼謂稷、契等爲堯之羽翼。《易·乾》上九曰："用九，見群龍無首，吉。"鄭玄注云："六爻皆體龍，群龍象也，謂禹與稷、契、咎陶之屬竝在于朝。"炳，明也。典、謨謂堯

典、皋陶謨也。爲道德之冠首，蹤迹之卓異者，莫高於陶唐（高，大德本、殿本作"異"）。《爾雅》曰："崇，高也。"【今注】上稽乾則：在上以天道爲準則。 降承龍翼：在下繼承稷、契等。龍翼，帝王的輔佐。 典謨：古代聖賢所遺留的訓誡。典以記國之大事，謨以載謀略之言。對《尚書》中《堯典》《舜典》和《大禹謨》《皋陶謨》等篇的並稱。 冠德卓蹤：道德和行爲最崇高。蹤，《文選》作"絕"。 陶唐：堯，上古人物。姓伊祁氏，名放勳，號陶唐。高唐氏部落首領，又稱唐堯。在位命羲和定曆法，設諫言之鼓，置四岳（四方諸侯），命鯀治水患。後禪讓於舜。

[2]【李賢注】舍胤謂堯捨其胤子丹朱而禪于舜，舜亦捨其子商均而禪禹。《書》曰："熙帝之載。"孔安國注云："熙，廣也。載，事也。"言稷契竝能廣立功事於堯舜之朝（言，大德本誤作"立"）。越，於也。於是成其子孫湯、武之業，竝得爲天子也。湯，契之後。武王，后稷之後。【今注】有虞：舜，上古人物。嬀姓，名重華。有虞氏部落首領，又稱虞舜。有德行。在位時放逐四凶（鯀、共工、歡兜和三苗），命禹治水、后稷掌農業、契行教化、益管山林、皋陶治法律。後死於蒼梧之野（今湖南寧遠縣南蒼梧山）。 虞亦命夏后：《文選》"虞"前有"有"字。夏后，姒姓，名文命。堯任命爲司空，封夏伯，因稱伯禹。繼父鯀之治水。後受舜禪讓，號有夏氏，始稱王，號夏后氏。謚曰禹，也稱神禹，又作大禹。在位十年，東巡狩至會稽而卒。 稷：后稷。周之始祖。名弃。其母有邰氏女，曰姜原。姜原爲帝嚳元妃。姜原在郊外，見巨人足迹，踐之而有孕，生弃。舜封弃於邰，號曰后稷，擅長播種百穀。別姓姬氏。 契：商之始祖。殷契，母曰簡狄，有娀氏之女，爲帝嚳次妃。三人行浴，見玄鳥墮其卵，簡狄取吞之，因孕生契。契長而佐禹治水有功。帝舜乃命契曰："百姓不親，五品不訓，汝爲司徒而敬敷五教，五教在寬。"封於商，賜姓子氏。 熙載：弘揚功業。語本《尚書·舜典》："舜曰：'諮，四岳，有能奮庸熙帝之載。'"孔傳："載，事也。訪群臣有能起發其功，廣堯之事者。"

越成：開始出現。《尚書·立政》云："亦越成湯陟丕釐上帝之耿命。" 湯：商湯，名履，契之後裔，殷商開國之君。世稱商湯或湯。建都於亳，任用伊尹。殷人尊湯，故曰天乙。 武：周武王姬發，文王之子。武王伐紂，聯合八百諸侯，在牧野（今河南淇縣西南）會戰，大敗商軍，滅商。建立周王朝，分封諸侯，定都鎬（今陝西西安市長安區西北灃河東岸西周遺址一帶）。

[3]【李賢注】股肱謂稷、契也。既周謂其子孫竝周徧得爲天子。元首，堯也。言天更歸功於堯，又將授漢以帝位。【今注】股肱既周：堯的四臣的子孫後來都成爲天子。周，普遍。 歸功元首：將功勞歸於堯。《文選》注引蔡邕説，天有五行之序，堯與四臣各據其中一行，而堯爲正，四臣之子已都成爲天子，故歸功於元首之子孫。元首，指唐堯。而授漢劉。即以劉氏爲堯之後代。 將授漢劉：兩漢經師多認爲劉氏爲堯後，同爲"火德"。《左傳》文公十三年，"其處者爲劉氏"。正義曰："昭二十九年傳稱陶唐氏既衰，其後曰劉累，能飲食龍。夏王孔甲賜氏曰御龍。襄二十四年傳范宣子云：'匄之祖，自虞以上爲陶唐氏，在夏爲御龍氏，在商爲豕韋氏，在周爲唐杜氏，晉主夏盟爲范氏。'《晉語》云：'昔隰叔子違周難於晉，生子輿爲司空。世及武子，佐文、襄，輔成、景。是以受隨、范。'賈逵云：'隰叔，杜伯之子。周宣王殺杜伯，其子逃奔晉。子輿，士蒍也。武子，蒍之孫，即士會也。'又《世本》'士蒍生士伯缺，缺生士會，會生士燮'。會是蒍之孫，是爲堯後也。會子在秦不被賜族，故自復累之姓爲劉氏。秦滅魏，劉氏徙大梁。漢高祖之祖爲豐公，又徙沛，故高祖爲沛人。"以是明之漢爲堯後。漢劉，高祖劉邦始於沛公，起兵入關，後爲漢王，以即尊位，故稱漢。案，《文選》注，堯位不授其子禪舜，舜亦不授其子而讓禹，稷契佐治，能廣堯事，夏氏之後遠成湯之業，湯復遠成武王之祚，夏殷周悉有至德，股肱備也。則堯之道廣，知舜禹賢聖之資，以至於此，而天乃歸功於堯，將授漢命，以爲天子。

[4]【李賢注】俾，使也。三季，三王之季也（王，大德本誤作"玉"）。《易·乾文言》曰："亢龍有悔，窮之災也。"孳亦

災也。《易》曰：“懸象著明，莫大於日月。”乖謂失於常度也。倫，理也。斁，敗也。《尚書》曰：“彝倫攸斁。”舊章缺謂秦燔詩書。【今注】三季之荒末：夏、商、周三代的末世是荒亂之末。指夏桀、商紂、周幽王。　亢龍之災孽：指位窮而災，災則悔，並非大災禍。《周易·乾卦·文言》云：“亢龍有悔，窮之災也。”災孽，災禍。　懸象暗而恒文乖：日月暗淡，星辰軌道錯亂。懸象，天象。多指日月星辰。恒文，星辰。亦作“星文”。《周易·繫辭上》云：“是故法象莫大乎天地，變通莫大乎四時，縣象著明莫大乎日月，崇高莫大乎富貴。”縣象著明莫大乎日月，指日月中時遍照天下，無幽不燭。　彝倫斁而舊章缺：倫常敗壞而經典缺失。彝倫，常理，法理。君臣父子兄弟夫婦的倫理。舊章，古代的篇章，指《禮》《樂》《詩》《易》《春秋》。《春秋穀梁傳序》云：“周德既衰，彝倫失序，居上者無所懲艾，處下者信意愛憎，致令九有之存，唯祭與號，八表之俗，或狄或戎。”

[5]【李賢注】玄聖謂孔丘也。《春秋演孔圖》曰：“孔子母徵在夢感黑帝而生，故曰玄聖。”《莊子》曰：“恬澹玄聖，素王之道。”綴學立制謂爲漢家法制也。宏、洪，竝大也。亮，信也。表，明也。相，助也。迪，蹈也。哲，智也。言贊揚蹈履哲智之君，謂高祖等也。《尚書》曰：“茲四人迪哲。”燦爛，盛明也。式，法也。【今注】綴學立制：編纂典籍，訂立制度。綴學，叙述編輯前人的文章和學問。《大戴禮記解詁》卷一一《小辨》載：“子曰：‘唯社稷之主，實知忠信。若丘也，綴學之徒，安知忠信。’”《漢書》卷三六《楚元王傳》載：“往者綴學之士不思廢絕之闕，苟因陋就寡，分文析字，煩言碎辭，學者罷老且不能究其一藝。”　宏亮洪業：弘揚大業。　表相祖宗：顯揚而佐助歷代帝王。《文選》蔡邕注：“始受命爲祖，繼中爲宗，皆不毁廟之稱也。”周制，天子七廟，因有功德而有“祖”“宗”之號的，其廟世世不毁。　贊揚迪哲：稱贊蹈行聖明的君子。　備哉燦爛：古代的典章制度齊備且卓越。　神明之式：聖明的法則。式，法。

　　[6]【李賢注】皋，皋陶也。夔，舜之典樂者。衡謂阿衡，即伊尹也。旦，周公也。密勿猶黽勉也。茲謂孔子，言皋、夔等比之爲禍小矣。【今注】皋：皋陶。或作“咎繇”。偃姓。舜命作掌刑法之官。案，大德本、殿本“皋”前有“聖”字。《文選》無“前聖”二字。　夔：堯時舉用爲樂正。舜時命夔爲典樂。　衡：商初大臣，名伊，一説名摯。尹爲官名。與湯言素王及九主之事。湯舉任以國政。作《女鳩》《女房》《咸有一德》。湯崩後，輔佐外丙、仲壬。立太甲，後放太甲於桐。又作《伊訓》《肆命》《徂後》《太甲訓》等。輔助湯攻滅夏桀，被尊爲“阿衡（宰相）”。　旦：周公。姓姬，名旦。周武王弟。以周地爲采邑，故謂周公。輔佐武王伐紂滅商。周初被封於魯，留在朝中輔政。成王年幼，行攝政。平定管叔、蔡叔、霍叔聯合武庚的叛亂。分封諸侯，興建洛邑，制禮作樂。成王年長後，返政於成王。　密勿之輔：勤勉努力的輔佐。　比茲褊矣：像皋陶、夔、伊尹、周公旦這些前代帝王的輔佐，比起孔子也顯得能力不足。

　　[7]【今注】高光二聖：指西漢高祖劉邦、東漢光武帝劉秀。

　　[8]【李賢注】《論語》孔子曰：“譬如北辰，居其所而衆星共之（共，大德本、殿本作‘拱’，二字可通）。”時至氣動謂高祖聚形雲於碭山，光武發佳氣於白水。《易・乾卦》九二曰：“見龍在田。”九四曰：“或躍在淵。”竝喻漢初起。【今注】辰居其域：北辰所居的地方。北辰指北極星。《文選》蔡邕注：“言高祖、光武如北辰居其所，而衆星拱之。”辰，《文選》作“宸”。　時至氣動：天命到來則帝王開始創業，會有各種祥瑞異象。《文選五臣注》：“向曰：天命既至，則候時而動。其出也，如龍潛而見天下文明而人利見之，似龍躍於淵，自試欲飛之意也。《易・乾卦》九四云：或躍在淵，自試也。”《漢書》卷一上《高帝紀上》載，“高祖隱於芒、碭山澤間，呂后與人俱求，常得之。高祖怪，問之，呂后曰：‘季所居上常有雲氣，故從往常得季。’”《文選》張衡《東京賦》：“我世祖忿之，乃龍飛白水。”

[9]【李賢注】拊翼，以雞爲喻，言知將旦則鼓其翼而鳴。《前書》曰：“張、陳之交，拊翼俱起。”以喻高祖、光武也。紛紜，盛貌也。如雲之蒸，言天下英傑爲漢者多也（也，大德本、殿本作“矣”）。熛，光也。胡縊謂胡亥縊死也。莽分謂公賓就斬莽也。莅，臨也。言天下先爲漢誅之，高祖、光武不親臨也。【今注】雷動電熛：雷聲震動、電光飛閃。熛，閃光。　胡：胡亥。秦始皇少子。與趙高、李斯矯詔賜長子扶蘇死，即帝位，即秦二世。公元前209年至前207年在位。期間任用趙高，刑政苛暴，致爆發陳勝、吳廣起義。三年八月，被趙高迫令自殺。　莽分：王莽的屍體被瓜分。《漢書》卷九九下《王莽傳下》載：“校尉東海公賓就，故大行治禮，見吳問綬主所在，曰：‘室中西北陬間。’就識，斬莽首。軍人分裂莽身，支節肌骨臠分，爭相殺者數十人。”

[10]【李賢注】《尚書》曰：“欽若昊天。”欽，敬也。若，順也。上下謂天地也，《書》曰“格于上下”。群后，諸侯也。《易》曰：“君子正位凝命”也。《尚書》曰：“延入翼室恤度宗。”度，居也。宗，尊也。《前書》曰：“舜讓于德不台。”《音義》曰：“台讀曰嗣。”言二祖初即位居尊之時（二，大德本、殿本誤作“高”），並謙言於德不能嗣成帝功（謙，大德本、殿本誤作“讓”），有此淵深穆敬之謙。高祖初即位，曰：“寡人聞帝者賢者有也，虛言無實之名，非所取也。”光武即位，固辭至於再三。靡，無也。矢，陳也。敦猶迫逼也。《詩》云：“矢於牧野。”又曰：“敷敦淮濆。”言漢取天下，無號令陳師，敦迫奮武搞旌之容。《詩》曰：“奮伐荆楚。”《尚書》曰：“王秉白旄以麾。”搞亦麾也。言竝天人所推，不尚威力。【今注】欽若上下：敬順天地。恭揖群后：尊敬公卿諸侯。　正位度宗：就天子位。指高祖劉邦、光武帝劉秀二主，既除亂諸侯，衆人推而尊之，然後敬順天地，恭揖諸侯，正位居尊。　有于德不台淵穆之讓：於德不堪，不能嗣成帝位，故而辭讓。今文《尚書·舜典》作“舜讓于德，弗嗣”。淵穆，極其美好。此句贊美劉邦、劉秀的謙讓之德。劉邦尊讓項羽爲

西楚霸王；劉秀起兵反莽，光武元年（25），諸將多次勸上尊號，即帝位，劉秀固辭。

[11]【李賢注】正統謂漢承周，爲大德（大，紹興本、大德本、殿本作“火”，當爲“火”）。《尚書·堯典》曰：“允恭克讓。”謂漢承堯克讓之後。歸運謂堯歸運於漢也。炎上謂火德，烈精言盛也。蘊，藏也。孔佐謂孔丘制作《春秋》及緯書以佐漢也，即《春秋演孔圖》曰“卯金刀，名爲劉，中國東南出荊州，赤帝後，次代周”是也，謂大陳漢之期運也。【今注】烈精：光明。蘊孔佐之弘陳：漢德之盛如火，上有光明，孔子制作詩書禮樂及緯書，以佐助漢朝，早已講述了漢朝的期運，這如同在輔佐漢室。宏陳，大道。陳，道路。堂途謂之陳。

　　　洋洋乎若德，帝者之上儀，誥誓所不及已。[1]鋪觀二代洪纖之度，其賾可深也。[2]竝開迹於一匱，同受侯甸之所服，奕世勤民，以伯方統牧。[3]乘其命賜彤弧黄戚之威，用討韋、顧、黎、崇之不格。[4]至乎三五華夏，京遷鎬亳，遂自北面，虎離其師，革滅天邑。[5]是故義士偉而不敦，《武》稱未盡，《護》有慙德，不其然與？[6]然猶於穆猗那，翕純曒繹，以崇嚴祖考，殷薦宗祀配帝，發祥流慶，對越天地者，焉奕乎千載。豈不克自神明哉！[7]誕略有常，審言行於篇籍，光藻朗而不渝耳。[8]

[1]【李賢注】洋洋，美也。若，如也。儀，法也。謂如此美德，可謂五帝之上法也。《穀梁傳》曰：“誥誓不及五帝，盟詛不及三王，交質不及二伯（二，殿本作‘五’，是）。”上下不相信服，方有誥誓。五帝之時，上下和睦，故誓不及。【今注】洋洋

乎若德帝者之上儀：美善的道德，是五帝的上等威儀。　誥誓：古代訓誡勉勵民眾和將士的文辭，如《尚書》中《湯誓》《牧誓》《大誥》《康誥》《酒誥》《召誥》《洛誥》《費誓》《秦誓》《湯誥》《仲虺之誥》。

　　[2]【李賢注】鋪，遍也。二代，殷、周也。洪纖猶大小也。度，法度也。賾，幽深也。言遍觀殷周大小之法，其幽深可探知之。【今注】鋪觀二代洪纖之度其賾可深也：遍觀殷周二代的各種大小制度，其奧秘可以探究。鋪觀，遍觀。洪纖，洪大纖細。深，紹興本、大德本、殿本作“探”。

　　[3]【李賢注】孔子曰：“譬如平地，雖覆一匱。”鄭玄注云：“匱，盛土籠也。”侯服、甸服謂諸侯也。湯爲桀之諸侯，文王爲紂之諸侯。弈猶重也（弈，大德本作“奕”）。自契至湯十四代，后稷至文王十五代，竝積勤勞於人也。伯方猶方伯也。謂湯爲夏伯，文王爲殷伯，竝統領州牧。【今注】開迹於一匱：形容殷周初立時勢力較小。匱，運裝土的畚，用竹編織而成。《文選》卷四八作“簣”。《漢書》卷九九上《王莽傳上》師古曰：“《論語》云孔子曰：‘譬如爲山，未成一匱，止，吾止也。譬如平地，雖覆一匱，進，吾往也。’匱者，織草爲器，所以盛土也。言人修行道德，有若爲山，雖於平地，始覆一匱之土而作不止，可以得成，故吾欲往觀之。今此議者謂莽修行政化，致於太平，本由一匱也。”　侯甸之所服：古代王畿以外區域。五服，以五百里爲一個區劃，由近及遠分爲侯服、甸服、綏服、要服、荒服，合稱五服。服，服事天子。　奕世：累世，世代。　伯方：即方伯。殷周時期一方諸侯之長。《文選》作“方伯”　統牧：統領州牧。州牧，古代分天下爲九州，爲一州之長。《尚書·周官》：“唐虞稽古，建官惟百，內有百揆四岳，外有州牧侯伯。”蔡沈集傳：“州牧，各總其州者。”此數句指殷周兩代最初時皆勢力微小，後發展於一個小地方，並受夏殷侯甸之服，勤勞治人，或爲方伯，或爲統牧。

　　[4]【李賢注】《周禮》九命作伯。彤弧，赤弓。黃戚，黃金

飾斧也。《禮記》曰："諸侯賜弓矢然後專征伐，賜斧鉞然後殺。"韋，顧，竝國名，湯滅之。《詩·殷頌》曰："韋顧既伐。"黎，崇，亦國名。《史記》："文王伐崇。"《尚書》曰："西伯戡黎（殿本'伯'後有'既'字，誤）。"格，來也。　【今注】彤弧：即"彤弓"。朱漆弓。古代天子用以賜有功的諸侯或大臣，使專征伐。彤弓，一彤有矢百枝。彤，赤。諸侯有大功賜弓矢，然後專征伐。彤弓以講德習射，藏示子孫。《史記》卷三九《晉世家》載，晉文公五年"五月丁未，獻楚俘於周，駟介百乘，徒兵千。天子使王子虎命晉侯爲伯，賜大輅，彤弓矢百，玈弓矢千，秬鬯一卣，珪瓚，虎賁三百人。晉侯三辭，然後稽首受之"。　黃戚：黃鉞，以黃金飾斧鉞。黃鉞用以殺戮，殺戮用右手，用左手杖鉞，示無事於誅；右手把旄，示有事於教。案，彤弧、黃戚代表生殺予奪的權力。《文選》作"黃鉞"。《尚書·牧誓》："王左杖黃鉞，右秉白旄以麾。"　韋：夏、商方國。相傳爲豕韋國。祝融之後，彭姓，夏少康時封。在今河南滑縣東南。《史記·夏本紀》載："陶唐既衰，其後有劉累，受豕韋之後。"　顧：夏代方國。在今山東鄄城縣東北。滅於商湯。　黎：商代方國。在今山西長治市西北。後爲周文王所併。　崇：商代方國。在今陝西西安市西北灃水西岸。文王伐崇侯虎，而作豐邑。　案，不格，《文選》作"不恪"。

[5]【李賢注】三五，未詳。京師，京都也（中華本校勘記據《刊誤》認爲，當刪"師"字）。武王都鎬，湯都亳。《詩》云："宅是鎬京，武王成之。"《尚書》曰："湯始居亳，從先王居。"自，從也。北面謂臣也。湯、武竝以臣伐君。《史記》曰："如虎如羆，如豺如離，於商郊。"《音義》曰："離與螭同。"革，改也。《易》曰："湯武革命。"天邑，天子所都也。《尚書》曰："肆予敢求爾于天邑商。"【今注】三五華夏：惠棟《後漢書補注》卷一〇："謂李善曰參五，猶參五分之，指殷、周參五而分華夏之地，然後乃始京遷於鎬、亳。"《論語》曰："參分天下有其二，以服事殷。"《文選》卷四八作"參五"。　鎬：西周都城。在今西安

市長安區斗門街道以北灃河東岸。《帝王世紀》：“武王自豐居鎬，諸侯宗之，是爲宗周。” 亳：商湯都城。在今河南商丘市東南。又作“薄”。有西亳説、南亳説、北亳説、杜亳説、垣亳説及鄭亳説。西亳説認爲亳都位於河南偃師市，北亳説在今山東曹縣南，而鄭亳説則認爲亳都位於鄭州的商城遺址（參見王大良《商湯都亳研究綜述》，《中國史研究動態》1990 年第 1 期；劉瓊《商湯都亳研究綜述》，《南方文物》2010 年第 4 期）。 遂自北面：以在臣下的地位。 虎螭其師：其軍隊如虎如螭也。《文選》作“虎螭其師”。《史記》卷四《周本紀》載武王曰：“勉哉夫子！尚桓桓，如虎如羆，如豺如離，于商郊，不禦克犇，以役西土，勉哉夫子！”徐廣曰：“此訓與‘螭’同。” 革滅天邑：用虎螭之師攻桀紂，從而升天子之位。天邑，帝王之都。

[6]【李賢注】《左傳》曰：“武王克商，遷九鼎於洛邑，義士猶曰薄德。”杜預注曰：“伯夷之屬也。”《史記》曰，伯夷、叔齊逢武王伐紂，扣馬諫曰：“以臣弑君，可謂仁乎？”偉猶異也。敦，厚也。武，周武王樂也。《論語》孔子曰：“謂《武》盡美矣，未盡善也。”護，湯樂也。《左傳》，延陵季子聘魯，觀樂，見舞《大護》者，曰：“聖人之弘也，而猶有慙德。”【今注】義士偉而不敦：像伯夷那樣的義士並不贊成武王伐紂。偉而不敦，以臣伐君，卓越而不敦厚。偉，《文選》作“華”。 武稱未盡護有慙德：武王之樂《大武》未盡善，商湯之樂《韶護》有謙遜之德。《武》，《大武》，爲歌頌武王伐紂滅商的音樂。《護》，商湯的樂名。《左傳》襄公二十九年：“見舞《大武》者，曰：‘美哉！周之盛也，其若此乎！’見舞《韶濩》者，曰：‘聖人之弘也，而猶有慙德，聖人之難也。’”正義曰：“《周禮》謂之《大濩》。鄭玄云：‘《大濩》，湯樂也。湯以寬治民，而除其邪，言其德能使天下得其所也。’然則以其防濩下民，故稱‘濩’也。此言《韶濩》，不解‘韶’之義。韶亦紹也，言其能紹繼大禹也。”《論語·八佾》載，子謂《韶》：“盡美矣，又盡善也。”謂《武》：“盡美矣，未盡善

也。"舜禪而周伐，故未盡善也。《史記》卷三一《吳太伯世家》載，延陵季子聘魯，觀樂，見舞《韶》《護》者，曰："聖人之弘也，猶有慙德，聖人之難也！"《集解》服虔曰："慙於始伐而無聖佐，故曰聖人之難也。"

　[7]【李賢注】於，歎辭也。穆，美也，歎美周家之德。《詩·周頌》曰"於穆清廟"。猗亦歎之辭也。那，多也。歎美湯德之多也（大德本、殿本"湯"後有"之"字，誤）。《殷頌》曰："猗歟那歟（猗歟，大德本作'猗'，殿本作'猗與'，可通）。"《論語》子語魯太師樂曰："樂其可知也。始作翕如也，縱之純如也，皦如也（皦，紹興本作'皦'，二字可通），繹如也，以成。"何晏注曰："翕，盛也。純，和諧也。皦（皦，紹興本作'皦'），其音節明也。"鄭玄注云："繹，調達之貌。"此言殷周之代，尚有於穆猗那之頌，播之於翕純皦（皦，紹興本作"皦"）繹之樂，尊祖嚴父，宗祀配天於明堂之中。《詩·商頌》曰："濬哲惟商，長發其祥。"言發禎祥以流慶於子孫。《周頌》曰："秉文之德，對越在天。"烏弈猶蟬聯不絕也。【今注】案，然猶，猶，《文選》作"亦"。　　於穆猗那：美盛之貌。表示贊美。

　翕純皦繹：音聲和諧，音節分明，延續不斷。皦，紹興本、大德本、殿本作"皦"。　　崇嚴祖考：崇敬祖先。　　殷薦宗祀配帝：用豐盛的禮樂薦祭上帝。《易·豫卦》象曰："先王以作樂崇德，殷薦之上帝，以配祖考。"呂向注："言所以崇敬祖考，厚進馨香，尊配享於上天也。"　　發祥流慶：顯示祥瑞並流播福澤。《詩·商頌·長發》："濬哲維商，長發其祥。"鄭玄箋："深知乎維商家之德也，久發見其禎祥矣。"　　對越：對揚。答謝頌揚。　　烏弈：盛大。

　[8]【李賢注】誕，大也。言殷周二代政化之迹，大略有常也。篇籍謂《詩》《書》也。朗，明也。渝，變也。言光彩文藻朗明而不變耳，其餘殊異不能及於漢也。【今注】案，此三句指殷周二代大略有古之常道，審言行於禮樂篇籍，其文辭華麗而沒有什麼變化，也就是説沒有什麼特殊的功勞。耳，大德本、殿本作

“爾”，二字可通。

　　矧夫赫赫聖漢，巍巍唐基，泝測其源，乃先孕虞育夏，甄殷陶周，[1]然後宣二祖之重光，襲四宗之緝熙。神靈日燭，光被六幽，仁風翔乎海表，威靈行於鬼區，慝亡迥而不泯，微胡瑣而不頤。[2]故夫顯定三才昭登之績，匪堯不興，鋪聞遺策在下之訓，匪漢不弘。[3]厥道至乎經緯乾坤，出入三光，外運混元，內浸豪芒，性類循理，品物咸亨，其已久矣。[4]

　　[1]【李賢注】矧，況也。漢承唐虞之基（中華本校勘記據《刊誤》，注文解釋“唐基”二字，故不當有“虞”字，當作“堯”，可從）。逆流曰泝。孕，懷也。育，養也。甄、陶謂造成也。《前書音義》曰：“陶人作瓦器謂之甄。”言虞（虞，大德本誤作“漢”）、夏、殷、周之先祖，竝嘗爲堯臣。【今注】案，此數句指漢朝繼承唐堯爲基業，向上追述其源流，以至影響深遠，既孕育虞舜、大禹，而創造了殷商和周朝。指舜禹爲堯之臣，契湯的先祖也曾臣於堯，稷周之祖也爲堯之臣，如同孕而生之，育而長之，甄陶而成之。甄謂以土燒陶器。

　　[2]【李賢注】二祖，高祖、世祖也。《尚書》曰：“宣重光。”襲，重也。四宗，文帝爲太宗，武帝爲代宗，宣帝爲中宗，明帝爲顯宗。燭，照也，言如日之照。六幽，六合幽遠之地。鬼區，遠方也。《易》曰：“高宗伐鬼方。”慝，惡也。迥，遠也。泯，滅也。瑣，小也。頤，養也。言凶惡者無遠而不滅，微細者何小而不養也（何，大德本誤作“傳”）。【今注】宣二祖之重光：高祖、光武前後兩位帝王功德同樣廣大。《尚書·顧命》曰“昔君文王、武王宣重光”，蔡沈釋“重光”爲“武猶文謂之重光，

猶舜如堯謂之重華也”。宣，弘揚。　襲四宗之緝熙：繼承文帝、武帝、宣帝、明帝的功業。緝熙，光明。高祖、光武爲二祖，孝文曰太宗，孝武曰世宗，孝宣曰中宗，孝明曰顯宗。二祖創立漢朝天下，四宗繼承並弘揚其功業。　神靈日燭：神奇的事迹如太陽照耀。　光被六幽：光芒至天地四方幽遠之處。　仁風翔乎海表：恩澤如風流布海外。　威靈行於鬼區：聲威通行於人迹罕至的邊遠地區。鬼區，邊遠偏僻的地方。　慝亡迥而不泯：惡者雖遠也不會不被消滅。慝，邪惡。迥，紹興本、大德本、殿本作“迥”，《文選》作“回”。　微胡瑣而不頤：善者何小而不養。指善者無論大小均需培養。瑣，細小。王念孫《讀書雜志餘編》上認爲，微同“徽”，美、善。《文選箋證》卷三〇認爲，“微”當是“媺”字。同“美”。即善。

[3]【李賢注】三才，天、地、人也。《易》曰：“兼三才而兩之。”登，升也。績，功也。言升天之功，非堯不能興也。《尚書》曰：“昭升于上。”鋪，布也。遺策，堯之餘策，謂堯典也。在下謂後代子孫也。言堯典爲子孫之訓，非漢不能弘大也。【今注】案，此數句指明定天地人三才之道，明登天之功，非堯莫能興；廣泛傳播古代闕遺之策，使聞於天下，政教流訓於當代，則非漢朝不能弘揚其道。遺策，古代的典策有所闕遺者。在下之訓，政教流訓於下。

[4]【李賢注】經緯天地，言陰陽交泰也。出入三光，言日、月、星得其度也。渾元（渾，殿本誤作“混”），天地之總名也。豪芒，纖微也。《老子》曰：“和陰陽，節四時，潤乎草木，浸乎金石，毫毛潤澤。”性，生也。循，順也。含生之類，皆順於理。《尚書》曰：“別生分類，品物萬物。”亨，通也。《易》曰：“含弘光大，品物咸亨。”【今注】厥道至乎經緯乾坤：乎，《文選》作“於”。據此標點作“匪漢不弘厥道，至於經緯乾坤”。案，漢道能治理天地，使日月星辰出入按其秩序，不會出現異常。外則運行於天地，內則沾潤於細微，各種生物按其品性和規律生長。《易·坤

卦·象》：“坤厚載物，德合無疆。含弘光大，品物咸亨。”荀爽曰：“天地交，萬物生，故‘咸亨’。”崔憬曰：“含育萬物爲弘，光華萬物爲大，動植各遂其性，故言‘品物咸亨’也。” 案，内浸豪芒，浸，《文選》作“霑”。

盛哉！皇家帝世，德臣列辟，功君百王，榮鏡宇宙，尊無與抗。[1]乃始虔鞏勞謙，兢兢業業，貶成抑定，不敢論制作。[2]至令遷正、黜色、賓監之事焕揚宇内，而禮官儒林屯朋篤論之士而不傳祖宗之仿佛，雖云優慎，無乃蒽歟！[3]

[1]【李賢注】皇家帝代謂漢家歷代也。列辟謂古之帝王也。言漢家德可以臣彼列辟，功可以君彼百王。相如《封禪書》曰：“歷選列辟。”鏡猶光明也。抗猶敵也，讀曰康。【今注】德臣列辟功君百王：漢朝的道德能使古代的君王爲臣，其功業又爲百王之君。《逸周書·武穆解》：“咸康於民，卿格維時，監於列辟。”盧文弨注：“列辟，周上世之賢君也。” 榮鏡宇宙：美譽威名鏡照於宇宙。宇宙，四表曰宇，往古來今曰宙。 尊無與抗：漢朝天子的尊貴自古以來的帝王沒有能與之匹敵的。抗，匹敵。

[2]【李賢注】《爾雅》曰：“虔，鞏，固也。”《易》曰：“勞謙君子有終吉。”言帝固爲勞謙也。兢兢，戒慎也。業業，危懼也。《禮記》曰：“王者功成作樂，理定制禮。”今不敢論制禮作樂之事，言謙之甚也。【今注】虔鞏勞謙：漢朝有這樣的威望和德行，仍固守謙恭勤勞，對於其成功和安定表示謙遜，不敢論制作封禪之事。指漢朝不因自己的功業而自滿。胡紹煐箋證《文選箋證》卷三一，“虔鞏”同“虔共”，指謹慎。謙，紹興本作“讓”，二字可通。

[3]【李賢注】遷正，改正朔也。黜色，易服色也。賓謂殷周二王之後，爲漢之賓。監，視也。視殷周之事以爲監戒。《論

語》孔子曰："周監於二代。"屯，聚也（聚，大德本、殿本作
"衆"，二字可通）。朋，群也。不傳謂不制作篇籍，以紀功德也。
仿佛猶梗概也。《論語》孔子曰："慎而無禮則葸。"鄭玄注云
"葸，質愨貌"也。言雖優游謙慎，無乃太質愨也。【今注】遷
正：改正朔。秦以夏曆建亥月即十月爲歲首，漢初仍之。至武帝太
初元年（前104），改用夏曆，編定《太初曆》，用夏正，以建寅月
正月爲歲首。　黜色：漢武帝改服色，定漢爲土德，改服色，色尚
黃。定官名及宗廟禮儀。數用五，官名印章爲五字。至光武中，黜
黃而尚赤。　賓監：以殷周之事爲漢代的鑒戒。漢代封商周之後爲
公侯，以爲漢之賓。西漢元鼎四年（前113），武帝封周後姬嘉爲
周子南君，元帝初元五年（前44），以周子南君爲周承休侯。成帝
綏和元年（前8）二月，封孔吉爲殷紹嘉侯。三月，進爵爲公，及
周承休侯皆爲公。平帝元始四年（4），改殷紹嘉公曰宋公，周承休
公曰鄭公。本書《百官志五》："建武二年，封周後姬常爲周承休
公；五年，封殷後孔安爲殷紹嘉公。十三年，改常爲衞公，安爲宋
公，以爲漢賓，在三公上。"　而禮官儒林屯朋篤論之士而不傳祖
宗之仿佛：禮官群儒等一群善於評論之士，却不撰寫詩篇來傳揚祖
宗功德的概況。禮官，主管禮儀的官吏，如奉常等。儒林，指儒學
官吏。屯朋，衆人。篤論，確切的評論。王先謙《後漢書集解》
云，《文選》"朋"作"用"，"論"作"誨"。又毛刻《文選》蔡
邕注本"屯"作"純"，"不傳"上無"而"字。　優慎：齋謙虎
謹慎。　葸：膽怯、畏懼。《論語·泰伯》："恭而無禮則勞，慎而
無禮則葸。"

於是三事獄牧之僚，僉爾而進曰：陛下仰監
唐典，中述祖則，俯蹈宗軌。[1]躬奉天經，惇睦辯
章之化洽。[2]巡靖黎蒸，懷保鰥寡之惠浹。[3]燔瘗
縣沈，肅祇群神之禮備。[4]是以鳳皇來儀集羽族於
觀魏，肉角馴毛宗於外囿，擾緇文皓質於郊，升

黃暉采鱗於沼，甘露宵零於豐草，三足軒翥於茂樹。[5]若乃嘉穀靈草，奇獸神禽，應圖合諜，窮祥極瑞者，朝夕坰牧，日月邦畿，卓犖乎方州，羨溢乎要荒。[6]昔姬有素雉、朱烏、玄秬、黃鬯之事耳，君臣動色，左右相趨，濟濟翼翼，峨峨如也。[7]蓋用昭明寅畏，承聿懷之福。亦以寵靈文武，貽燕後昆，覆以懿鑠，豈其爲身而有頽辭也？[8]若然受之，宜亦勤恁旅力，以充厥道，啓恭館之金縢，御東序之祕寶，以流其占。[9]

[1]【李賢注】三事，三公也。僉，皆也。【今注】三事：三公之位。司徒、司馬、司空。《詩·小雅·雨無正》曰：“三事大夫，莫肯夙夜。邦君諸侯，莫肯朝夕。”孔穎達正義：“三事大夫唯三公耳。”代指中央高級官吏。　獄牧：堯舜時四獄十二牧的省稱，掌政務與四方諸侯。代指地方高級官吏。　唐典：堯典。　祖則：祖宗的法則。　宗軌：宗族的傳統。

[2]【李賢注】天經謂孝也。孔子曰：“夫孝，天之經。”謂章帝初即位，四時禘祫，宗祀於明堂也。《尚書》曰：“惇叙九族。”又曰：“九族既睦，辯章百姓。”鄭玄云：“辯，別也。章，明也。惇，厚也。睦，親也。”章帝性篤愛，不忍與諸王乖離，皆留京師也。【今注】惇睦辯章：使宗族和睦融洽，辨明各官員的職守。《史記》卷一《五帝本紀》作“九族既睦，便章百姓”。　化洽：教化遍及。

[3]【李賢注】巡，撫也。靖，安也。黎，蒸，皆衆也。懷，思也。保，安也。浹，洽也。《尚書》曰：“懷保小人，惠鮮鰥寡。”謂章帝在位凡四巡狩，賜人爵，鰥、寡、孤、獨不能自存者粟。【今注】巡靖：安撫。　黎蒸：平民。亦作“黎烝”。　懷保：安撫保護。　惠洽：恩澤遍及。

［4］【李賢注】《爾雅》曰："祭天曰燔柴，祭地曰瘞埋，祭山曰庪縣，祭川曰浮沈。"肅祇，恭敬也。《封禪書》曰："湯武至尊，不失肅敬。"元和中詔曰："朕巡狩岱宗，柴望山川。"庪音居毀反。【今注】燔瘞縣沈：祭祀天地山川的不同方式。　肅祇：恭敬。

［5］【李賢注】《尚書》曰："鳳皇來儀（皇，大德本、殿本作'凰'，二字可通）。"元和二年詔曰："乃者鳳皇鸞鳥比集七郡（皇，大德本、殿本作'凰'）。"羽族謂群鳥隨之也。觀魏，門闕也。肉角謂麟也（麟，紹興本誤作"鱗"）。伏侯《古今注》曰："建初二年，北海得一角獸，大如麕，有角在耳間，端有肉。又元和二年，麒麟見陳，一角，端如蔥葉，色赤黃。"擾，馴也。縉文皓質謂騶虞也。《說文》曰："騶虞，白虎，黑文，尾長於身。"《古今注》曰："元和三年，白虎見彭城。"黃暉采鱗謂黃龍也。建初五年，有八黃龍見于零陵。《古今注》曰："元和二年，甘露降河南，三足烏集沛國。"軒翥謂飛翔上下。【今注】鳳皇來儀集羽族於觀魏：舞有容儀，備樂九奏而致鳳皇，則其餘鳥獸不待九奏而率舞，至於門闕。雄曰鳳，雌曰皇。均為靈鳥。《尚書·益稷》："簫韶九成，鳳皇來儀。"古代聖王貌恭體仁則鳳皇來儀。鳳皇，大德本、殿本作"鳳凰"。《文選》無此二字。觀魏，門闕。

肉角馴毛宗於外囿：麒麟率各種獸類至於苑囿。古代聖王視明禮修則麒麟來應。肉角，麒麟。毛宗，各種有皮毛的獸類。　擾縉文皓質於郊：馴服白虎於郊外。縉文皓質，指質地潔白、有黑色花紋的老虎。古代聖王思睿信立則白虎擾。　升黃暉采鱗於沼：黃龍從池水中飛升。黃暉采鱗，黃色的光輝、彩色的鱗片。指黃龍。古代聖王聽德知正則黃龍見。　甘露宵零於豐草：在草叢上有豐盛的甘露。宵零，豐盛。古代聖王德至天則甘露降。《詩·小雅·湛露》曰："湛湛露斯，在彼豐草。"　三足軒翥於茂樹：三足烏飛翔於繁茂的樹林。三足，三足烏鴉。烏鴉反哺，為至孝之鳥。

［6］【李賢注】嘉穀，嘉禾。靈草，芝屬。《古今注》曰：

"元和二年，芝生沛，如人冠大，坐狀。"章和九年詔曰："嘉穀滋生，芝草之類，歲月不絕。"奇獸神禽謂白虎白雉之屬也。建初七年，獲白鹿。元和元年，日南獻生犀、白雉。言應於瑞圖，又合于史諜也（于，殿本作"乎"，二字可通）。坰牧，郊野也。卓犖，殊絕也。羨音以戰反。【今注】嘉穀：嘉禾。《宋書·符瑞志》："嘉禾，五穀之長，王者德盛，則二苗共秀。於周德，三苗共穗；於商德，同本異穟；於夏德，異本同秀。" 應圖合諜：應於圖讖，合於譜録。 朝夕坰牧日月邦畿：指這些祥瑞符應遍及京城周圍和郊野地區。 卓犖乎方州：超絕出衆於都城。 羨溢乎要荒：盛行於王畿之外的偏遠地區。要荒，要服和荒服。本書卷三《章帝紀》載，章和元年，"朕以不德，受祖宗弘烈。乃者鳳皇仍集，麒麟並臻，甘露宵降，嘉穀滋生，芝草之類，歲月不絕"。羨溢，《文選》作"洋溢"。

[7]【李賢注】《孝經援神契》曰："周成王時，越裳來獻白雉。"朱烏謂赤烏也。《尚書》中候曰："太子發度孟津（度，殿本作'渡'，是），有火自天止于王屋，流爲赤烏。"玄秬，黑黍也。《詩·大雅》曰："誕降嘉種，惟秬惟秠。"黃鏊，麥也。謂赤烏銜年麥而至也。《詩·頌》曰："貽我來牟。"《詩·大雅》曰："濟濟多士。"又曰："惟此文王，小心翼翼。"又曰："奉璋峨峨。"【今注】姬：姬姓。代指周朝。 素雉：白色羽毛的野雞。古時以爲瑞鳥。 朱烏：即赤烏。《史記》卷四《周本紀》云："武王渡河，中流，白魚躍入王舟中，武王俯取以祭。既渡，有火自上復于下，至于王屋，流爲烏，其色赤，其聲魄云。" 玄秬：黑黍。黃鏊：黃色的大麥。 君臣動色左右相趨：周之君臣喜悦其嘉瑞，故動色而相趨。 濟濟翼翼：陣容盛大，莊嚴恭敬。 峨峨如也：莊重嚴肅。

[8]【李賢注】《詩·大雅》曰："昭明有融。"寅，敬也。《尚書》曰："嚴恭寅畏。"聿，述也。懷，思也。《詩·大雅》曰："昭事上帝，聿懷多福。"貽，遺也。燕，安也。後昆，子孫

也。言此竝以光寵神靈文王、武王之德，遺燕安於子孫也。《詩・大雅》曰：“貽厥孫謀，以燕翼子。”覆猶重也。懿、鑠，竝美也。《詩・大雅》曰：“我求懿德。”又曰：“於鑠王師。”言詩人歌頌周之盛德，當成康之時。其成王、康王，豈獨爲身而有自專之辭也，竝上寵文武之業，下遺子孫之基也。言今章帝既獲符瑞之應，亦宜同成康之事也。【今注】用昭明寅畏：勤勉努力奉侍上帝。《尚書・無逸》：“嚴恭寅畏，天命自度。”　承聿懷之福：承受仁德招來的上天賜福。《詩・大雅・大明》：“維此文王，小心翼翼，昭事上帝，聿懷多福。”　寵靈：寵福。使得到恩寵福澤。　貽燕：使子孫安逸。《詩・大雅・文王有聲》：“詒厥孫謀，以燕翼子。”貽，遺留。燕，安定。　懿鑠：盛美。　豈其爲身而有顓辭也：豈是爲了稱讚自己而有頌辭。顓辭，稱頌之辭。

　　[9]【李賢注】受之謂漢受此符瑞也。《説文》曰：“恁，念也。”音人甚反。旅，陳也。充（充，大德本、殿本作“允”，是），當也。恭肅之館謂廟中也。金縢，以金緘匱，藏符瑞之書於其中也。御猶陳也。東序，東廂也。祕寶謂河圖之屬。《尚書》曰：“天球河圖在東序。”孔安國注曰：“河圖，八卦是也。”言啓金縢之書及河圖之卦以占之也。流猶徧也。【今注】案，宜亦，《文選》作“亦宜”。　勤恁旅力：勤思努力。　恭館：古代帝王收藏策書之處。指周公置金縢之所。　金縢：周公請命之書，藏之於匱，緘之以金。　御東序之祕寶以流其占：東序即東廂，祕寶則河圖。此二物皆可以占驗受命之事，故開而進之，以流傳其占。《尚書・顧命》：“越玉五重，陳寶、赤刀、大訓、弘璧、琬琰，在西序。大玉、夷玉、天球、河圖，在東序。”寶物，《正義》：“越玉，馬云：‘越地所獻玉也。’”“夷玉，馬云：‘東夷之美玉。’《説文》夷玉即珣玗琪。球音求，馬云：‘玉磬。’”上云“西序東向”“東序西向”，則序旁已有王之坐。下句陳玉復云“在西序”“在東序”，説明於東西序坐北朝南。“序”爲墻的別名，其墻南北延長，坐北有序墻，故言“在西序”“在東序”。西序二重，東序三重，

二序共爲列玉五重。又陳先王所寶貴的器物，河圖、大訓、貝、鼓、戈、弓皆是先王的寶器。

夫圖書亮章，天哲也；孔猷先命，聖孚也；體行德本，正性也；逢吉丁辰，景命也。[1]順命以創制，定性以和神，答三靈之繁祉，展放唐之明文，兹事體大而允，瘝寐次于聖心。瞻前顧後，豈蔑清廟憚敕天乎？[2]伊考自遂古，乃降戾爰兹，作者七十有四人，有不俾而假素，罔光度而遺章，今其如台而獨闕也！[3]

[1]【李賢注】圖書，河圖、洛書也。亮，信。章，明。哲，智。言天授圖書者，爲天子所知也。孔。孔丘也。猷，圖也。孚，信也。言孔丘之圖，先命漢家當須封禪，此聖人之信也。體行猶躬行也。孔子曰：“夫孝，德之本也。”《易》曰：“乾道變化，各正性命。”丁，當也。辰，時也。景，大也。逢休吉之代，當封禪之時，此爲天子之大命也。【今注】夫圖書亮章天哲也：河圖、洛書，至信至明，是天子的睿智。圖書，河圖、洛書。相傳伏羲氏時洛陽東北孟津縣境內有龍馬負圖出於河，伏羲據其文以畫八卦。大禹時，洛陽西洛寧縣洛河中有神龜出，背負九組黑白點組成的圖畫。禹因此而治水，並劃天下爲九州，依此治理天下。　孔猷先命聖孚也：孔子圖謀使漢先受封禪，是聖人的誠信。孔猷，《文選》作“孔繇”。　體行德本正性也：親自奉行孝道，是各正其天命。
　逢吉丁辰景命也：遇到美好之世，當封禪之時，是天子的重大責任。

[2]【李賢注】命謂符瑞也。答，對也。三靈，天地人之神也。繁，多也。祉，福也。展，陳也。放，效也，音甫往反。效唐堯之文，謂封禪也。《尚書琁璣鈐》曰：“平制禮樂，放唐之

文。"兹事謂封禪之事，大而且信。次，止也。寤寐常止於聖心，言不可忘之也。前謂前代帝王，後謂子孫也。蔑，輕也。憚，難也。勑，正也。言封禪之事，皆述祖宗之德，今乃推讓，豈輕清廟而難正天命乎？《尚書》曰："勑天之命，惟時惟幾。"【今注】順命以創制：順應符瑞建立漢朝制度。　定性以和神：安定本性以調和心神。《文選》作"因定以和神"。　答三靈之繁祉：報答天、地、人三神所賜多福。　展放唐之明文：陳列仿效陶唐的封禪文章。　兹事體大而允：封禪事體重大而至誠。　寤寐次于聖心：聖王時刻常銘記於心。寤，睡醒。寐，就寝。寤寐，指每時每刻。豈蔑清廟憚勑天乎：封禪是贊頌祖宗的功德，現在猶豫不決，豈不是輕視宗廟而難正天命？《文選》"天"下有"命"字。

　　[3]【李賢注】伊，維也。遂古猶遠古也（遂，殿本作"邃"，二字可通，本注下同）。《楚詞》曰（詞，殿本作"辭"，二字可通）："遂古之初。"戻，至也。言自遠古以來至於此也。作者，諸封禪者。《史記》管仲曰："自古封禪七十二君。"并武帝及光武爲七十四君。俾，使也。有天下不使其封禪，而假爲竹素之文者，無有光揚法度而棄其文章，不封禪者也。台，我也。今其如我何獨闕也。【今注】案，這幾句指自遠古聖王至東漢，封禪之君連同西漢武帝和東漢光武帝共有七十四人，其中有假借典策符牒而行封禪事，沒有施加恩德而流傳其功業於篇章，現今皇上卻未行封禪這一盛舉。遂古，遠古。遂，殿本作"邃"。降戻愛兹，由遠古至於今，指東漢。假素，假借素帛。指借助典策符牒。台，我。古人稱自己爲"台"。

　　　　是時聖上固已垂精游神，包舉蓺文，屢訪群儒，諭咨故老，與之乎斟酌道德之淵源，肴覈仁義之林藪，以望元符之臻焉。[1]既成群后之讜辭，又悉經五繇之碩慮矣。將紹萬嗣，煬洪暉，奮景炎，扇遺風，播芳烈，久而愈新，用而不竭，汪汪乎丕天之大律，其疇能亘之哉？唐哉皇哉，皇哉唐哉！[2]

[1]【李賢注】聖上謂章帝也。諭，告；咨，謀也。道德仁義，人所常行，故以酒食爲諭焉。淵源，林藪，諭深邃也。元，天也。符，瑞也。《詩》曰："肴核惟旅。"覈亦核也，謂果實之屬。【今注】垂精游神：集中精神。　包舉蓺文：總括各種儒家典籍。　故老：年老多閱歷的人，多指舊臣。　案，與之乎，《文選》無"乎"字。　肴覈：咀嚼。肉曰肴，骨曰和。和，又作"覈"。指議論。　淵源：源頭。淵，深水。　林藪：草木茂盛的地方。指事物的淵源。藪，水少而草木茂盛的湖澤。　元符：祥瑞。六藝爲道德之根本，而仁義的淵藪，天子與群儒舊臣斟酌議論而行，以期待祥瑞的到來。

[2]【李賢注】讜，直言也。繇，兆辭，音胄。《左傳》曰："先王卜征五年而歲習其祥，不習則增脩其德而改卜。"碩，大也。慮，思也。《廣雅》曰："絣，續也，音方萌反。"景，大也。炎謂火德。汪汪猶深也。　《今文尚書·太誓篇》曰（太，殿本作"泰"）："立功立事，可以永年，丕天之大律。"鄭玄注云："丕，大也。律，法也。"疇，誰也。亘猶竟也。唐哉謂堯也。皇哉謂漢也。言唯唐與漢，唯漢與唐。【今注】案，既成，《文選》作"既感"。　讜辭：正直的言辭。　碩慮：謹慎考慮。　絣萬嗣：傳至萬代。絣，繼續。　煬洪暉：弘揚盛大的光輝。　奮景炎：振奮大漢的火德。景炎，殿本作"炎景"。　扇遺風：宣揚前代聖王的遺風。扇，宣揚。　播芳烈：傳布美好的事迹。　丕天之大律：尊奉上天的重要法則。　其疇能亘之：誰能將它貫穿始終。疇，誰。唐哉皇哉皇哉唐哉：祇有唐堯與漢朝，祇有漢朝與唐堯。

固後以母喪去官。永元初，[1]大將軍竇憲出征匈奴，[2]以固爲中護軍，[3]與參議。北單于聞漢軍出，遣使款居延塞，[4]欲脩呼韓耶故事，[5]朝見天子，請大使。[6]憲上遣固行中郎將事，[7]將數百騎與虜使俱出居延塞迎之。會南匈奴掩破北庭，[8]固至私渠海，[9]聞虜中亂，引還。及竇憲敗，固先坐免官。[10]

[1]【今注】永元：東漢和帝劉肇年號（89—105）。

[2]【今注】大將軍：重號將軍名。西漢武帝以衛青征匈奴有功，封大將軍。此後大將軍常冠"大司馬"之號，秩萬石，領尚書事。成帝綏和元年（前8）改稱"大司馬"。東漢光武帝復置，主征伐，事訖皆罷。秩萬石，不冠大司馬之號。多授予貴戚，常兼錄尚書事，與太傅、太尉等共同主持政務。開府置僚屬，屬官有前、後、左、右等雜號將軍。　竇憲：字伯度，扶風平陵（今陝西咸陽市西北）人。傳見本書卷二三。本書卷八九《南匈奴傳》載，永元元年（89），以耿秉爲征西將軍，與車騎將軍竇憲率騎八千，與度遼兵及南單于衆三萬騎，出朔方擊北虜，大破之。北單于奔走，首虜二十餘萬人。

[3]【今注】中護軍：官名。東漢置。大將軍出征，置中護軍一人。掌軍中參謀、協調諸部。

[4]【今注】居延塞：漢代邊塞名。在今甘肅金塔縣城北，内蒙古額濟納旗古居延澤下游。從雙城子起，沿額濟納河東岸向北，經大灣城、地灣城、查科爾帖、大方城、小方城、布肯托尼、破城子直到居延海。西漢太初三年（前102）路博德築，以遮斷匈奴入侵河西之路。又名"遮虜障"。

[5]【今注】呼韓耶故事：名稽侯狦，虛閭權渠單于子。公元前58年，被立爲呼韓邪單于。宣帝甘露二年（前52）率衆歸附西漢。竟寧元年（前33），元帝將宮女王昭君嫁給他。事迹見《漢書》卷九四下《匈奴傳下》。

[6]【今注】案，本書《竇憲傳》載，東漢和帝永元二年，北單于以漢朝退還其弟，復遣車諧儲王等款居延塞，欲入朝見，願請

大使。竇憲上遣大將軍中護軍班固行中郎將，與司馬梁諷迎之。

[7]【今注】中郎將：官名。即匈奴中郎將。西漢武帝至東漢初，均有以中郎將出使匈奴，無領護職權，具有臨時的性質。東漢建武二十六年（50），正式設置使匈奴中郎將，掌領護南匈奴，並協防北匈奴、烏桓及鮮卑等。屬吏有副中郎將、副校尉、司馬、從事、掾史等。治所在西河郡美稷縣（今內蒙古准格爾旗西北，靈帝中平年間移至今山西汾陽市西北）。

[8]【李賢注】永元二年，南單于出雞鹿塞擊北匈奴於河雲，大破之。【今注】北庭：北匈奴單于王庭，在今蒙古國烏蘭巴托。東漢建武二十四年，匈奴分裂爲南北兩單于。

[9]【今注】私渠海：地名。在今蒙古國西南巴彥洪戈爾省的本查干湖。本書《竇憲傳》作“私渠比鞮海”。

[10]【今注】案，據本書《竇憲傳》及卷五《安帝紀》，竇氏於安帝永元四年自殺，同年賓客等被捕下獄。班固當不能免。

固不教學諸子，諸子多不遵法度，吏人苦之。初，洛陽令种兢嘗行，[1]固奴干其車騎，[2]吏椎呼之，[3]奴醉罵，兢大怒，畏憲不敢發，心銜之。及竇氏賓客皆逮考，[4]兢因此捕繫固，遂死獄中。時年六十一。詔以譴責兢，抵主者吏罪。[5]

[1]【今注】洛陽：縣名。治所在今河南洛陽市東北。　案，种兢，《後漢紀》作“种竟”。

[2]【今注】干：冒犯。

[3]【今注】椎：敲打。殿本作“推”。

[4]【今注】逮考：逮繫拷問。本書卷二三《竇憲傳》載，宗族、賓客以竇憲爲官者皆免歸本郡。

[5]【今注】抵主者吏罪：謂處主管官吏以應得之罪。

固所著典引、賓戲、應譏、詩、賦、銘、誄、頌、書、文、記、論、議、六言，[1]在者凡四十一篇。[2]

[1]【今注】賓戲：章帝建初四年（79），仿東方朔《答安難》、揚雄《解嘲》而作，內容借賓主對話，說明篤志於儒學，以著作爲業的理想。全文見《漢書》卷一〇〇上《叙傳上》。　應譏：文體名。針對別人的指責，用事實和道理進行辯論。又作“應機”。　賦：以大量華麗的詞句，張揚文采，細緻地描寫事物，並表達思想感情。《漢書·藝文志》：“傳曰：‘不歌而誦謂之賦，登高能賦可以爲大夫。’”　銘：文體名。古代刻在器物上，多用於警誡自己或稱述功德。　誄：文體名。以散文或韻文撰寫的哀悼死者的文辭。一般先叙生平，次頌功德，末則表達哀思。《周禮·太祝》：“作六辭以通上下親疏遠近。一曰祠，二曰命，三曰誥，四曰會，五曰禱，六曰誄。”鄭玄注：“誄，累也。累列生時行迹，讀之以作謚。謚當由尊者成。”　頌：文體名。用於頌美、告神，也有勸誡、諷諫的作用。書：文體名。指書信。《文心雕龍·書記》：“所以記時事也。蓋聖賢言辭，總爲之書，書之爲體，主言者也。揚雄曰：‘言，心聲也；書，心畫也。聲畫形，君子小人見矣。’故書者，舒也。舒布其言，陳之簡牘，取象於夬，貴在明決而已。”　記：文體名。叙事文體。多記人事、山水、景物等，以叙事爲主，兼有議論。　論：議論文。據《文選》所載，論有兩體，一曰史論，乃忠臣於傳末作議論，以斷其人之善惡；二曰政論，則學士大夫議論古今時世人物或評經史之言，正其謬誤。　議：文體名。用於臣子向皇帝陳述意見或論辯。六言：文體名。每句六字。有古體、有近體。《文章緣起》云：“六言詩，漢大司農谷永作。”摯虞《文章流別論》云：“六言者，‘我姑酌彼金罍’之屬是也，樂府亦用之。”《文心雕龍·章句》云：“六言、七言，雜出《詩》《騷》。”案，沈欽韓《後漢書疏證》卷四云，《藝文類聚》卷五九有班固竇將軍《北征頌》，《太平御覽》卷五九六有班固《馬仲都哀辭》，《古文苑》卷一三有《高祖沛泗水亭碑銘》

《十八侯銘》，《太平御覽》卷五八八引《文章流別》曰班固爲《安
豐戴侯頌》)。

[2]【今注】凡四十一篇：《古文苑》有班固《奕旨》，《藝文
類聚》有班固《擬連珠》。按《太平御覽》卷五九〇《傅玄叙連
珠》"興於漢章帝之世，班固、賈逵、傅毅三子受詔作之，班固喻
美辭壯，文體弘麗，最得其體，范史遺之"（沈欽韓《後漢書疏
證》卷四）。

論曰：司馬遷、班固父子，[1] 其言史官載籍之作，
大義粲然著矣。[2] 議者咸稱二子有良史之才。遷文直而
事覈，[3] 固文瞻而事詳。[4] 若固之序事，不激詭，不抑
抗，[5] 瞻而不穢，[6] 詳而有體，[7] 使讀之者亹亹而不猒，
信哉其能成名也。[8] 彪、固譏遷，以爲是非頗謬於聖
人。[9] 然其論議常排死節，否正直，而不叙殺身成仁之
爲美，[10] 則輕仁義，賤守節愈矣。[11] 固傷遷博物洽
聞，[12] 不能以智免極刑；[13] 然亦身陷大戮，[14] 智及之而
不能守之。[15] 嗚呼，古人所以致論於目睫也！[16]

[1]【今注】司馬遷：字子長，左馮翊夏陽（今陝西韓城市）
人。生於西漢景帝中元五年（前145）。武帝元朔二年（前127），
問學於董仲舒。元朔五年，問學於孔安國。元封元年（前110），
繼其父司馬談爲太史令。此後多次隨漢武帝出巡。天漢三年（前
98），因李陵之禍遭受腐刑。征和三年（前90），完成《太史公
書》。卒於漢昭帝始元元年（前86）（關於司馬遷生平的相關論證，
參《史記文獻與編纂學研究》，商務印書館2005年版，第21—37
頁）。《漢書·藝文志·詩賦略》著錄《司馬遷賦》八篇。傳見
《漢書》卷六二。

[2]【今注】大義：《春秋》大義。　粲然：清楚明白。

[3]【今注】直而事覈：文辭直捷而敘事準確翔實。《漢書》卷六二《司馬遷傳》贊曰："然自劉向、揚雄博極群書，皆稱遷有良史之材，服其善序事理，辨而不華，質而不俚，其文直，其事核，不虚美，不隱惡，故謂之實録。"

[4]【今注】贍而事詳：文辭廣博華麗而詳細全面。

[5]【李賢注】激，揚也。詭，毀也。抑，退也。抗，進也。【今注】激詭：毀譽過當。　抑抗：不過分貶低或誇張。

[6]【今注】贍而不穢：内容豐富而不雜亂。

[7]【今注】詳而有體：敘事詳細而有規律。

[8]【李賢注】《爾雅》曰，亹亹猶勉也。【今注】亹亹而不猒：使人能够認真閲讀而不厭倦。

[9]【李賢注】言遷所是非皆與聖人乖謬，即崇黄老而薄五經，輕仁義而賤守節是也。

[10]【李賢注】固序《游俠傳》曰："劇孟、郭解之徒，馳鶩於閭閻，雖其陷於刑辟，自與殺身成名，若季路、仇牧而不悔也（中華本校勘記云，《後漢書校補》謂《漢書》'仇牧'下原有'死'字，各本皆脱。當據補）。古之正法：五伯，三王之罪人；六國，五伯之罪人；四豪者，又六國之罪人。況於郭解之倫，以匹夫之細，竊殺生之權，其罪不容於誅也。"

[11]【李賢注】愈猶甚也。

[12]【今注】博物洽聞：見識廣博。《漢書》卷六二《司馬遷傳》贊曰："烏呼！以遷之博物洽聞，而不能以知自全，既陷極刑，幽而發憤，書亦信矣。"

[13]【李賢注】謂下蠶室。【今注】極刑：腐刑。即宫刑。以刀割男姓的外生殖器。腐，同"劓"，由"刀""甫"二字組成。刀爲割切工具；甫爲割切對象，即丈夫，對成年男性的稱謂。

[14]【李賢注】此已上略華嶠之辭。

[15]【李賢注】《論語》孔子之言也。言有智而不能自守其身。【今注】案，出自《論語·衛靈公》："子曰：知及之，仁不能

守之，雖得之，必失之。知及之，仁能守之，不莊以涖之，則民不敬。知及之，仁能守之，莊以涖之，動之不以禮，未善也。”

[16]【李賢注】《史記》齊使者至越，曰：“幸也越之不亡也。吾不貴其智之如目（貴，大德本、殿本誤作‘遺’），見豪毛而不見其睫也（豪，殿本作‘毫’，是）。今越王知晉之失計，不自知越人之過，是目論也。”言班固譏遷被刑，而不知身自遇禍。【今注】目睫：即“目不見睫”的省稱。指眼睛看不見自己的睫毛。比喻人無自知之明，不能看見自己的過失。此句指班固缺乏自知之明。

贊曰：二班懷文，裁成帝墳。[1]比良遷、董，[2]兼麗卿、雲。[3]彪識皇命，固迷世紛。

[1]【李賢注】沈約《宋書》曰：“初，謝儼作此贊，云‘裁成典墳’，以示范曄，曄改爲‘帝墳’。”【今注】帝墳：關於帝王的史書。墳，古書典籍。

[2]【李賢注】謂司馬遷、董狐也。《左傳》曰：“董狐，古之良史也。”【今注】比良遷董：像司馬遷、董狐一樣成爲良史。董，董狐。晉靈公史官。書法不隱。靈公十四年（前607），靈公欲殺趙盾，趙盾出奔。其族弟趙穿殺靈公。董狐書於史策曰：“趙盾弒其君。”孔子稱其爲古之良史。

[3]【李賢注】司馬長卿、楊子雲。【今注】兼麗卿雲：其文彩華麗如同司馬相如和揚雄。卿，即司馬相如，字長卿，蜀郡成都（今四川成都市武侯區）人。景帝時爲武騎常侍。武帝時拜文園令。善作賦。武帝讀所作《子虛賦》，召爲郎。後爲中郎將，奉使通西南夷。《漢書·藝文志》著録司馬相如賦二十九篇。《漢書·司馬相如傳》又載《遺平陵侯書》《與五公子相難》《草木書篇》。傳見《史記》卷一一七、《漢書》卷五七。雲，揚雄，字子雲，蜀郡成都（今四川成都市）人。少而好學，不爲章句，通訓詁而已。成帝時，爲待

詔。後爲郎，給事黃門。王莽時，校書天禄閣上。撰《反離騷》《甘泉賦》《河東賦》《長楊賦》《校獵賦》等。續《倉頡篇》作《訓纂篇》。《漢書·藝文志》有揚雄賦十二篇。傳見《漢書》卷八七。

後漢書　卷四一

列傳第三十一

第五倫 曾孫種　鍾離意　宋均 族子意　寒朗

　　第五倫字伯魚，京兆長陵人也。[1]其先齊諸田，[2]諸田徙園陵者多，[3]故以次第爲氏。[4]

　　[1]【今注】京兆：政區名。治長安以東十二縣。職掌相當於郡。其地屬京畿，爲三輔之一，故不稱郡。　　長陵：縣名。治所在今陝西咸陽市渭城區韓家灣鄉怡魏村。西漢高祖十二年（前195）築陵置縣。

　　[2]【李賢注】《史記》曰：“陳公子完奔齊，以陳字爲田氏。”應劭注云：“始食采於田，改姓田氏。”【今注】案，《史記》卷四六《田敬仲完世家》載，“敬仲之如齊，以陳字爲田氏”。《集解》引徐廣曰：“應劭云始食菜地於田，由是改姓田氏。”《索隱》謂：“據如此云，敬仲奔齊，以陳、田二字聲相近，遂以爲田氏。應劭云‘始食菜於田’，則田是地名，未詳其處。”《正義》案：“敬仲既奔齊，不欲稱本國故號，故改陳字爲田氏。”

　　[3]【今注】園陵：帝王的墓地。自漢以來，天子葬地謂之

陵，或曰山陵，或曰園陵。本書卷一上《光武帝紀上》："赤眉焚西京宮室，發掘園陵。"李賢注："園謂塋域，陵謂山墳。"

[4]【今注】氏：秦漢以前，"姓"和"氏"不同，"姓"爲"氏"之本，"氏"自"姓"出。鄭樵《通志‧氏族略序》：姓氏分而爲二，男子稱氏，婦人稱姓。氏所以別貴賤，貴者有氏，賤者有名無氏……故姓可呼爲氏，氏不可呼爲姓。

　　倫少介然有義行。[1]王莽末，[2]盜賊起，宗族閭里爭往附之。[3]倫乃依險固築營壁，[4]有賊，輒奮厲其衆，[5]引彊持滿以拒之，[6]銅馬、赤眉之屬前後數十輩，[7]皆不能下。[8]倫始以營長詣郡尹鮮于褒，[9]褒見而異之，署爲吏。[10]後褒坐事左轉高唐令，[11]臨去，握倫臂訣曰："恨相知晚。"[12]

[1]【今注】介然：堅定執著的樣子。

[2]【今注】王莽：字巨君，魏郡元城（今河北大名縣東北）人。西漢元帝皇后王政君侄子。孺子嬰初始元年（8）稱帝，改國號爲新，年號始建國。傳見《漢書》卷九九。

[3]【今注】閭里：鄉鄰、鄉里。漢代，里的外門和內門有專稱，外部之門爲閭，內部之門爲閻。里設里門若干，定時開閉，有專人管理，統一時間出入。

[4]【今注】營壁：營壘。

[5]【今注】奮厲：激勵、振奮。

[6]【李賢注】引彊謂弓弩之多力者控引之。持滿，不發也。

[7]【今注】銅馬：新莽末年河北農民起義軍中最大的一支，約百萬人，首領有東山荒禿、上淮況等。主要活動在鉅鹿（今河北平鄉縣西南）、清河（今河北清河縣西南）、魏郡（今河北境內）的廣大區域。後被光武帝劉秀擊敗，數十萬人投降。劉秀因此被稱

爲“銅馬帝”。　赤眉：新莽天鳳五年（18），琅邪（今山東諸城市）人樊崇在莒（今山東莒縣）起兵，因以赤色塗眉爲標志，號稱“赤眉”。又作“赤麋”。

　　[8]【李賢注】《東觀記》曰：“時米石萬錢（石，大德本、殿本誤作‘碩’），人相食，倫獨收養孤兄子、外孫，分糧共食，死生相守，鄉里以此賢之。”

　　[9]【李賢注】《風俗通》曰：“武王封箕子于朝鮮，其子食采於朝鮮，因氏焉。”【今注】營長：官名。漢置，軍隊中一營的長官。　郡尹：官名。郡太守。王莽始建國元年（9），改郡太守曰“大尹”。“郡尹”即“郡大尹”的簡稱。　鮮于褒：上谷郡人。本書卷三二《陰興傳》作“鮮于裒”。褒、裒相通。

　　[10]【今注】署：代理、暫任或試充官職。

　　[11]【李賢注】高唐，縣，屬平原郡，故城在今齊州祝阿縣西。【今注】坐事：因事獲罪。　左轉：左遷。降職、貶官。古代尊右而卑左，故官吏被貶降職爲左遷。　高唐：縣名。治所在今山東禹城市西。

　　[12]【李賢注】訣，別也。《東觀記》曰：“倫步擔往候之（擔，大德本誤作‘檐’），留十餘日，將倫上堂，令妻子出相對，以屬託焉。”

　　倫後爲鄉嗇夫，[1]平徭賦，[2]理怨結，[3]得人歡心。自以爲久宦不達，遂將家屬客河東，[4]變名姓，自稱王伯齊，載鹽往來太原、上黨，[5]所過輒爲糞除而去，[6]陌上號爲道士，[7]親友故人莫知其處。[8]

　　[1]【今注】鄉嗇夫：官名。不足五千戶之小鄉置嗇夫。掌鄉里善惡民情、服役納稅等事務。

　　[2]【今注】平徭賦：整治徭役賦稅。平，治理。

[3]【今注】理怨結：調解怨仇。理，審理。

[4]【今注】河東：郡名。治安邑縣（今山西夏縣西北）。

[5]【今注】太原：郡名。治晉陽縣（今山西太原市西南）。上黨：郡名。治長子縣（今山西長子縣西南）。

[6]【李賢注】糞除猶埽除也。【今注】糞除：掃除。先以水灑地使塵土不揚起，然後掃之，故灑先於掃。

[7]【今注】陌上：路上的行人。應璩詩：“昔有行道人，陌上見三叟。” 道士：有道之士。

[8]【今注】處：處所、地方。

　　數年，鮮于褒薦之於京兆尹閻興，[1]興即召倫爲主簿。[2]時長安鑄錢多姦巧，[3]乃署倫爲督鑄錢掾，[4]領長安市。[5]倫平銓衡，[6]正斗斛，[7]市無阿枉，[8]百姓悅服。[9]每讀詔書，[10]常歎息曰：“此聖主也，一見決矣。”[11]等輩笑之曰：[12]“爾說將尚不下，安能動萬乘乎？”[13]倫曰：“未遇知己，道不同故耳。”

[1]【今注】京兆尹：官名。西漢京畿地方行政長官之一。武帝時改右内史置，職掌如郡太守。其地屬京畿，爲三輔之一，故不稱郡。因治京師，又得參與朝政，故又有中央官性質。秩中二千石，地位高於郡守，位列諸卿。東漢秩二千石。

[2]【今注】主簿：官名。戰國始置，掌文書簿籍。漢代中央和地方官署多置。掌文書、簿籍、印鑒等事。秩六百石。

[3]【今注】姦巧：奸詐。

[4]【今注】督鑄錢掾：東漢置，屬京兆尹，掌監督鑄錢及檢查僞造鑄錢。

[5]【李賢注】《東觀記》曰：“時長安市未有秩，又鑄錢官

姦輕所集（輕，大德本作‘軌’，是），無能整齊理之者。興署倫督鑄錢掾，領長安市，其後小人爭訟，皆云‘第五掾所平，市無姦枉’。”【今注】長安市：長安城內的市場。《文選》班孟堅《西都賦》李善注：“《漢宮闕疏》曰：‘長安立九市，其六市在道西，三市在道東。’”《三輔黃圖》卷二引《廟記》云：“長安市有九，各方二百六十六步。六市在道西，三市在道東。凡四里爲一市。致九州之人在突門。夾橫橋大道，市樓皆重屋。”《太平御覽》卷一九一《居處部》引《宮闕記》云：“夾橫橋大道南又有當市觀。”“當市觀”即“市樓”。橫橋大道南起橫門，北至橫橋。“橫橋大道南”應指“大道”南端的橫門以南。據此推定“當市觀”應在橫門之內的長安城中。據考古勘察，在橫門以南160米發現一處大型漢代建築遺址群，其範圍長寬各約300米，主體建築在此建築群的中央，東西147米、南北56米，橫門大道正對其中央。（參見劉慶柱《漢長安城布局結構辨析：與楊寬先生商榷》，《考古》1987年第10期）此遺址可能就是當市觀，或稱“長安市”。在長安城西北角，橫門以內。

[6]【今注】平銓衡：管理衡量商品輕重的器具，使之公平。

[7]【今注】正斗斛：管理測量商品容量的器具，使之公正。斗與斛均爲量器。十斗爲一斛。

[8]【今注】阿枉：偏私不公正。

[9]【今注】悦服：心悦誠服。

[10]【今注】詔書：皇帝的命令。用於布告臣下。南朝梁劉勰《文心雕龍·詔策》：“漢初定儀則，則命有四品：一曰策書，二曰制書，三曰詔書，四曰戒敕。”

[11]【今注】決：決斷，判定。

[12]【今注】等輩：一同爲官的人。即同僚。

[13]【李賢注】《華嶠書》曰：“蓋延代鮮于襃爲馮翊，多非法。倫數切諫，延恨之，故滯不得舉。”將謂州將。【今注】萬乘：

天子。周制，天子地方千里，出兵車萬乘，諸侯地方百里，出兵車千乘。故以"萬乘"代天子。

　　建武二十七年，[1]舉孝廉，[2]補淮陽國醫工長，[3]隨王之國。光武召見，[4]甚異之。二十九年，從王朝京師，[5]隨官屬得會見，[6]帝問以政事，倫因此酬對政道，[7]帝大悦。明日，復特召入，與語至夕。帝戲謂倫曰："聞卿爲吏篣婦公，[8]不過從兄飯，[9]寧有之邪？"倫對曰："臣三娶妻皆無父。少遭飢亂，實不敢妄過人食。"[10]帝大笑。倫出，有詔以爲扶夷長，[11]未到官，追拜會稽太守。[12]雖爲二千石，躬自斬芻養馬，[13]妻執炊爨。[14]受俸裁留一月糧，[15]餘皆賤貿與民之貧羸者。[16]會稽俗多淫祀，[17]好卜筮。[18]民常以牛祭神，百姓財産以之困匱，[19]其自食牛肉而不以薦祠者，發病且死先爲牛鳴，[20]前後郡將莫敢禁。[21]倫到官，移書屬縣，[22]曉告百姓。[23]其巫祝有依託鬼神詐怖愚民，[24]皆案論之。[25]有妄屠牛者，吏輒行罰。民初頗恐懼，[26]或祝詛妄言，[27]倫案之愈急，後遂斷絶，百姓以安。永平五年，[28]坐法徵，[29]老小攀車叩馬，號呼相隨，日裁行數里，不得前。倫乃僞止亭舍，[30]陰乘舩去。衆知，復追之。及詣廷尉，[31]吏民上書守闕者千餘人。[32]是時顯宗方案梁松事，[33]亦多爲松訟者。[34]帝患之，詔公車諸爲梁氏及會稽太守上書者勿復受。[35]會帝幸廷尉録囚徒，[36]得免歸田里。身自耕種，不交通人物。[37]

［1］【今注】建武：東漢光武帝劉秀年號（25—56）。

［2］【今注】孝廉：漢朝選拔舉薦人才的科目之一。孝指孝悌，廉指廉潔。漢制規定，每年郡國從所屬吏民中推舉孝、廉各一人。東漢和帝時始以人口爲標準，每二十萬人歲舉孝廉一人。

［3］【今注】淮陽國：郡國名。治陳縣（今河南淮陽縣）。東漢初爲淮陽郡。光武帝建武元年九月，遥封更始帝劉玄爲淮陽王。建武十五年，封皇子劉延爲淮陽公，建武十七年進爵爲淮陽王，明帝永平十六年（73）因過徙爲阜陵王，淮陽復爲郡。章帝建初四年（79）徙常山王劉昞爲淮陽王。至章和元年（87），劉昞卒，淮陽國除爲郡。章和二年，章帝崩，遺詔徙封西平王劉羨爲陳王，食淮陽郡。淮陽自此改稱陳。　醫工長：漢代王國官名。主醫藥。秩比四百石。

［4］【今注】光武：東漢光武帝劉秀，公元25年至57年在位。紀見本書卷一。本書《光武帝紀上》："《禮》：'祖有功而宗有德'，光武中興，故廟稱世祖。《謚法》：'能紹前業曰光，克定禍亂曰武。'"

［5］【今注】王：淮陽王劉延。東漢光武帝建武十五年爲淮陽公，建武十七年進爵爲淮陽王，明帝永平十六年因過徙爲阜陵王。傳見本書卷四二。

［6］【今注】官屬：官員的屬吏。

［7］【今注】酬對：應答。　政道：施政的策略。

［8］【今注】簩：笞打。同"笞"。　婦公：妻子的父親，即岳父。《東觀漢記》卷一六作"妻父"。

［9］【今注】從兄：同祖父的堂兄。《太平御覽》卷四二五《人事部·清廉上》引《續漢書》作"不過從弟兄飯"。

［10］【李賢注】《華嶠書》曰："上復曰：'聞卿爲市掾，人有遺母一笥餅者。卿從外來見之，奪母笥，探口中餅，信乎？'倫對曰：'實無此。衆人以臣愚蔽，故爲生是語也。'"

[11]【李賢注】扶夷，縣，屬零陵郡，故城在今邵州武剛縣東北（剛，大德本、殿本誤作“岡”）。【今注】扶夷：縣名。治所在今湖南邵陽市西。　長：縣長。漢代萬户以上縣的長官稱“令”，不足萬户稱“長”。

[12]【今注】會稽：郡名。治山陰縣（今浙江紹興市越城區）。　太守：官名。秦漢郡的最高行政長官，掌一郡政務。秩二千石。原作“郡守”，西漢景帝時改稱“太守”。

[13]【今注】芻：飼牛馬的草。

[14]【今注】炊爨：燒火煮飯。

[15]【今注】裁：僅。古同“纔”。

[16]【今注】貧羸：貧窮瘦弱。

[17]【今注】淫祀：不合禮制的祭祀，不當祭的祭祀。《禮記·曲禮》：“非其所祭而祭之，名曰淫祀。淫祀無福。”

[18]【今注】卜筮：占卜。卜，以龜甲推斷吉凶。筮，以蓍草推斷吉凶。

[19]【今注】困匱：貧乏窮盡。

[20]【今注】案，《後漢紀》卷一〇作“或家貧不能以時禱祀，至諱言牛，不敢食其肉，發病且死，先爲牛鳴”，《風俗通義》卷九“會稽俗多淫祀”云，“或家貧不能以時祀，至竟言不敢食牛肉，或發病且死，先爲牛鳴”。　薦祠：進獻給祠廟。

[21]【今注】郡將：郡太守。漢朝郡守兼掌武事，領郡兵，故稱“郡將”。

[22]【今注】移書：官府和民間的往來文書。又稱“移文”。

[23]【今注】曉告：曉諭告知。

[24]【今注】巫祝：掌占卜祭祀的人。古代稱事鬼神者爲“巫”，祭主贊詞者爲“祝”。

[25]【今注】案論：審訊治罪。

[26]【今注】案，殿本無“頗”字。

［27］【今注】祝詛妄言：祝告鬼神，詛咒並加禍於別人。

［28］【今注】永平：東漢明帝劉莊年號（58—75）。

［29］【今注】坐法徵：因犯法獲罪而被徵勞役。

［30］【今注】亭舍：行旅住宿休息的館舍。秦漢時期的亭，掌治安、郵傳，並可供往來官吏停留食宿。

［31］【今注】廷尉：官名。九卿之一。西漢景帝中元六年（前144）改名大理。武帝建元四年（前137）復舊。掌司法刑獄，主管詔獄。秩中二千石。王莽改名作士。東漢復舊。掌管平決詔獄，處理郡國奏讞疑罪。秩中二千石。

［32］【今注】守闕：守候於宮門。闕，古代宮殿門外兩側高臺狀的建築，中間爲通道，如有空闕，故名闕或雙闕。

［33］【今注】顯宗：東漢明帝劉莊，公元57年至75年在位。紀見本書卷二。　梁松：字伯孫，安定烏氏（今寧夏固原市東南）人。梁統子。少爲郎。娶光武帝女舞陰長公主，遷虎賁中郎將。光武卒後，受遺詔輔政。傳見本書卷三四。

［34］【今注】訟：争辯。

［35］【今注】公車：漢代公家的車馬。漢代設公車令，臣民上書及被徵召由公家的車馬接送。

［36］【今注】録囚徒：巡視記録郡縣囚徒情況，察看是否有冤獄。

［37］【今注】交通：交往。

　　數歲，拜爲宕渠令，[1]顯拔鄉佐玄賀，[2]賀後爲九江、沛二郡守，[3]以清絜稱，[4]所在化行，[5]終於大司農。[6]

　　[1]【李賢注】宕渠，縣，故城在今渠州流江縣東北。【今注】宕渠：縣名。治所在今四川渠縣東北。

[2]【今注】顯拔：顯揚並提拔。　鄉佐：官名。在有秩、嗇夫、三老、游徼下，本書《百官志五》云“又有鄉佐，屬鄉，主民收賦稅”。主要佐助鄉有秩處理鄉中日常事務，不必衹主鄉中賦稅。

[3]【今注】九江：郡名。治壽春縣（今安徽壽縣）。　沛：郡國名。治相縣（今安徽濉溪縣西北）。建武二十年（44），光武帝徙封皇子中山王劉輔爲沛王。

[4]【今注】清絜：清正廉節。

[5]【今注】化行：教化施行。

[6]【今注】大司農：官名。秦置治粟内史，掌穀貨。西漢景帝後元元年（前143）更名“大農令”，武帝太初元年（前104）更名“大司農”。秩中二千石。王莽改曰“羲和”，後更爲“納言”。東漢掌錢穀金帛貨幣、郡國錢穀簿、邊郡諸官錢糧調度等。秩中二千石。

　　倫在職四年，遷蜀郡太守。[1]蜀地肥饒，[2]人吏富實，[3]掾史家貲多至千萬，[4]皆鮮車怒馬，以財貨自達。[5]倫悉簡其豐贍者遣還之，[6]更選孤貧志行之人以處曹任，[7]於是爭賕抑絶，[8]文職修理。[9]所舉吏多至九卿、二千石，[10]時以爲知人。

[1]【今注】蜀郡：治成都縣（今四川成都市武侯區）。

[2]【今注】肥饒：土地肥沃、物産豐富。

[3]【今注】人吏：百姓與官吏。　富實：富足。

[4]【今注】掾史：分曹治事的屬吏，多由長官自行辟舉。

[5]【李賢注】怒馬謂馬之肥壯，其氣憤怒也。【今注】鮮車怒馬：駕着華麗的車，由强壯的駿馬拉着。怒，强健、雄勁。　以財貨自達：因爲錢財而擔任官職。

［6］【今注】豐贍：豐富充足。

［7］【今注】曹任：屬吏。

［8］【李賢注】以財相貨曰賕，音其又反，又音求。【今注】爭賕：爭相賄賂。　抑絕：遏止繼絕。

［9］【今注】文職修理：文官得到修正治理。文職，指文官。

［10］【今注】九卿：奉常、光禄、衛尉、太僕、鴻臚、廷尉、少府、宗正、司農。　二千石：因漢代所得俸禄以米穀爲準，故官秩等級以“石”名。漢朝二千石爲中央政府機構的九卿等列卿，及地方州牧郡守、諸侯王國相等。又可細分爲中二千石、二千石、比二千石三等。此處泛指朝廷的高級官員。

　　視事七歲，[1]肅宗初立，[2]擢自遠郡，[3]代牟融爲司空。[4]帝以明德太后故，[5]尊崇舅氏馬廖，[6]兄弟並居職任。廖等傾身交結，[7]冠蓋之士爭赴趣之。[8]倫以后族過盛，[9]欲令朝廷抑損其權，[10]上疏曰：“臣聞忠不隱諱，直不避害。不勝愚狷，昧死自表。[11]《書》曰：‘臣無作威作福，其害于而家，凶于而國。’[12]傳曰：‘大夫無境外之交，束脩之饋。’[13]近代光烈皇后，[14]雖友愛天至，[15]而卒使陰就歸國，[16]徙廢陰興賓客；[17]其後梁、竇之家，[18]互有非法，明帝即位，[19]竟多誅之。自是洛中無復權戚，[20]書記請託一皆斷絕。[21]又譬諸外戚曰：[22]‘苦身待士，不如爲國，戴盆望天，事不兩施。’[23]臣常刻著五臧，書諸紳帶。[24]而今之議者，復以馬氏爲言。竊聞衛尉廖以布三千匹，[25]城門校尉防以錢三百萬，[26]私贍三輔衣冠，[27]知與不知，[28]莫不畢給。又聞臘日亦遺其在洛中者錢各五千，[29]越騎校尉光，[30]臘用羊三百頭，米四百斛，肉五千斤。臣愚以爲不應經義，[31]惶恐不敢不以聞。[32]陛下情欲厚之，亦宜所以安之。[33]臣今言此，誠欲上忠陛下，下全后家，裁蒙省察。"[34]及馬防爲車騎將軍，[35]當出征西羌，[36]倫又上疏曰："臣愚以爲貴戚可封侯以富之，[37]不當職事以任之。何者？繩以法則傷恩，私以親則違憲。[38]伏聞馬防今當西征，臣以太后恩仁，陛下至孝，恐卒有纖介，難爲意愛。[39]聞防請杜篤爲從事中郎，[40]多賜財帛。篤爲鄉里所廢，[41]客居美陽，[42]女弟爲馬氏妻，[43]恃此交通，在所縣令苦其不法，[44]收繫論之。[45]今來防所，[46]議者咸致疑怪，況乃以爲從事，[47]將恐議及朝廷。今宜爲選賢能以輔助之，不可復令防自請人，有損事望。[48]苟有所懷，敢不自聞。"[49]並不見省用。[50]

[1]【今注】視事：在任治事。

[2]【今注】肅宗：東漢章帝劉炟，公元75年至88年在位。謚號爲孝章皇帝，廟號肅宗。紀見本書卷三。

[3]【今注】擢：提拔。　遠郡：指蜀郡。在今四川省，距都城洛陽較遠。

[4]【今注】牟融：字子優，北海安丘（今山東安丘市西南）人。少博學，以《大夏侯尚書》授學，門徒數百人。永平十二年（69），任司空。章帝時官至太尉、錄尚書事。傳見本書卷二六。司空：官名。即大司空。漢初稱"御史大夫"。西漢成帝綏和元年（前8）更名大司空。哀帝建平二年（前5）復稱御史大夫，元壽二年（前1）又改稱大司空。東漢初仍稱大司空，建武二十七年（51）改稱司空，掌水土工程、祭祀等。

[5]【今注】明德太后：東漢明帝皇后，馬援小女。章帝即位，尊爲皇太后。反對章帝封自己的兄弟爲侯。紀見本書卷一○上。

[6]【今注】馬廖：字敬平，扶風茂陵（今陝西興平市東北）人。馬援之子。傳見本書卷二四。

[7]【今注】傾身：身體前傾。形容待人謙卑恭順。　交結：與人交際往來。

[8]【今注】冠蓋之士：官吏。冠蓋，原指古代官吏的帽子和車蓋。

[9]【今注】后族：即明德馬太后的家族。

[10]【今注】抑損：限制。

[11]【李賢注】狷，狂狷也。【今注】愚狷：愚昧固執。狷，性情耿直。　昧死：秦漢時期大臣上書常用的謙詞，多用於臣下向皇帝上呈文書，以表示敬畏。

[12]【李賢注】《尚書·洪範》之言。【今注】案，今本《尚書·洪範》作“臣無有作福作威玉食，臣之有作福作威玉食，其害于而家，凶于而國”。指臣下不得有作福作威玉食，指政體應當統一，權力不可分割。如果臣下有作福作威玉食者，必有害於臣下的家族，有災禍於皇帝的國家，即將獲罪，敗亡家族，禍亂國家。有官爵的人因爲專權，其行爲邪佞，言語不誠實，故而行爲錯亂。

[13]【李賢注】《穀梁傳》之文也。束，帛也。脩，脯也。饋，遺也。【今注】案，此句見《春秋穀梁傳》隱公元年。《新語·懷慮》作“身無境外之交”。《禮記·郊特牲》：“爲人臣者無外交，不敢貳君也。”即所謂大夫無境外之交。《漢書》卷八九《循吏傳·朱邑》：“亡彊外之交，束脩之饋。”《穀梁傳》隱公元年：“寰內諸侯，非有天子之命，不得出會諸侯，不正其外交，故弗與朝也。聘弓鏃矢，不出竟場，束脩之肉，不行竟中，有至尊者，不貳之也。”楊士勛疏：天子畿內，大夫當奉王命，不奉王命，

不能出使諸侯國。古代以弓矢相聘問，但没有王命，卿大夫不能聘問。以束脩之肉爲賞賜，但這種施舍不能超出封邑，故不行於國境之中。指臣子所有的事情當遵奉君命，没有自作主張的道理。

[14]【今注】光烈皇后：東漢光武帝皇后陰麗華。南陽新野（今河南新野縣）人。紀見本書卷一〇上。

[15]【今注】友愛天至：天性友愛。

[16]【今注】陰就：陰皇后弟。封信陽侯。善結交。明帝時爲少府，位特進。永平二年以其子陰豐殺妻酈邑公主，自殺。

[17]【今注】陰興：字君陵，南陽新野（今河南新野縣）人。陰皇后弟。臨終向光武帝薦陰嵩。追諡翼侯。傳見本書卷三二。傳載陰興"雖好施接賓，然門無俠客"。

[18]【今注】梁寶之家：指東漢明帝永平二年，寶林下獄死。永平四年，梁松遭飛書誹謗，下獄死。詳見本書卷二三《寶融傳》、卷三四《梁松傳》。

[19]【今注】明帝：東漢明帝劉莊，公元 57 年至 75 年在位。紀見本書卷二。

[20]【今注】洛中：東漢都城洛陽所在的周邊區域。

[21]【今注】書記請託：以書信請別人辦事。書記，用以記事的文字。指書籍、信牘。

[22]【李賢注】譬，曉諭也（曉，大德本、殿本作"猶"）。

[23]【李賢注】司馬遷書曰"僕以爲戴盆何以望天"也。【今注】戴盆望天：指做法與目標相反，願望很難實現。形容二者不可兼得。《漢書》卷六二《司馬遷傳》顏師古注引如淳曰："頭戴盆則不得望天、望天則不得戴盆，事不可兼施。言已方有所造，不暇修人事也。"

[24]【李賢注】刻著五藏，謂銘之於心也。紳謂大帶，垂之三尺。《論語》曰"子張書諸紳"也。【今注】五藏：心、肝、脾、肺、腎五種器官。藏，大德本、殿本作"藏"，二字可通。

[25]【今注】衛尉：官名。掌宮門衛士及近衛禁兵（南軍），有長樂衛尉、甘泉衛尉、未央衛尉等。西漢景帝初改名爲“中大夫令”，後元元年（前143）復舊稱。王莽改爲“大衛”。東漢總領南、北宮衛士令丞，又轄左右都候、諸宮掖門司馬。秩中二千石。

[26]【今注】城門校尉：官名。掌京師城門屯兵，隸南軍。有司馬，十二城門候。秩比二千石。　防：馬防，字江平，扶風茂陵（今陝西興平市）人。馬援之子。章帝即位，拜中郎將，遷城門校尉。傳見本書卷二四。史載“歲時賑給鄉閭，故人莫不周洽”。案，三百萬，殿本誤作“二百萬”。

[27]【今注】三輔：政區名。西漢景帝二年（前155），以左、右內史與主爵中尉（後改主爵都尉）一同治理京畿地區，稱爲“三輔”。武帝太初元年（前104）改左右內史、主爵都尉爲左馮翊、京兆尹、右扶風。三輔掌漢代京畿地區，在今陝西中部地區，治所均在長安城中。　衣冠：衣服和帽子。古代士以上戴冠。代指縉紳士大夫。

[28]【今注】知與不知：熟悉與不熟悉的人。

[29]【今注】臘日：歲終的祭祀，祭祀祖先。漢代臘祭的時間是冬至之後第三個戌日。

[30]【今注】越騎校尉：武官名。西漢武帝時所置八校尉之一。掌越地騎兵。東漢光武帝建武十五年改青巾左校尉置，爲五校尉之一，隸北軍中候。掌宿衛兵。秩比二千石。

[31]【今注】經義：儒家經典的義理。

[32]【今注】惶恐：恐懼不安的樣子。　案，不以，大德本、殿本作“以不”。

[33]【今注】案，王先謙《後漢書集解》認爲“宜”下奪一“思”字。

[34]【李賢注】“裁”與“纔”同。【今注】省察：審察。

[35]【今注】車騎將軍：武官名。重號將軍。漢初掌領車騎甲士。臨時設置，事訖即罷，武帝後常設，位次大將軍、驃騎將

軍。掌京城、皇宮禁衛軍隊，出征時總領諸軍。東漢位比三公，以貴戚充任，秩萬石。掌率軍征伐，參與朝政。章帝建初三年（78），馬防率軍征西羌還，拜車騎將軍。案，曹金華《後漢書稽疑》認爲，"爲車騎將軍"當作"行車騎將軍"（第550頁）。

[36]【今注】西羌：古族名。主要分布在今甘肅南部、青海東部、四川北部一帶。傳見本書卷八七。

[37]【今注】案，貴戚，殿本作"國戚"。

[38]【今注】違憲：違背國家法律。

[39]【李賢注】恐卒然有小過，愛而不罰，則廢法也。【今注】纖介：微小的過錯。 案，難爲，殿本作"難以"。

[40]【今注】杜篤：字季雅，京兆杜陵（今陝西西安市）人。著賦、誄、吊、書、贊、《七言》、《女誡》及雜文，凡十八篇。又著《明世論》十五篇。傳見本書卷八〇上。 從事中郎：官名。漢置，幕府高級屬官，非朝中列職。中郎爲皇帝近侍官，以近侍官奉事幕府，故曰"從事中郎"。

[41]【今注】案，本書卷八〇上《杜篤傳》載，"篤少博學，不修小節，不爲鄉人所禮。居美陽，與美陽令遊，數從請託，不諧，頗相恨。令怒，收篤送京師"。

[42]【今注】美陽：縣名。治所在今陝西扶風縣東南。

[43]【今注】女弟：妹妹。

[44]【今注】縣令：官名。戰國置。縣級最高行政長官，掌一縣之政令。秦置郡縣，萬户以上的縣長官稱"令"，不足萬户稱"長"。秩千石至六百石。漢代邊地縣不滿萬户也稱令。

[45]【今注】收繫：逮捕。

[46]【今注】所：地方。指縣令官署。

[47]【今注】從事：又稱"從事史"。漢三公府至州郡自辟僚屬，多以從事爲稱。州府有別駕從事史、治中從事史、簿曹從事史、兵曹從事史、部郡國從事史，秩百石。

[48]【李賢注】望，物望也。【今注】事望：名譽、聲望。

[49]【今注】案，敢不自聞，王先謙《後漢書集解》引蘇輿說，謂"自"疑"以"之誤。中華本校勘記按"以"字本作"目"，與"自"形近而訛。

[50]【今注】省用：考察采用。

倫雖峭直，[1]然常疾俗吏苛刻。[2]及爲三公，[3]值帝長者，[4]屢有善政，乃上疏褒稱盛美，[5]因以勸成風德，[6]曰："陛下即位，躬天然之德，[7]體晏晏之姿，以寬弘臨下，[8]出入四年，前歲誅刺史、二千石貪殘者六人。[9]斯皆明聖所鑒，[10]非群下所及。然詔書每下寬和而政急不解，[11]務存節儉而奢侈不止者，咎在俗敝，[12]群下不稱故也。[13]光武承王莽之餘，頗以嚴猛爲政，[14]後代因之，遂成風化。[15]郡國所舉，類多辨職俗吏，[16]殊未有寬博之選以應上求者也。[17]陳留令劉豫，[18]冠軍令駟協，[19]並以刻薄之姿，[20]臨人宰邑，[21]專念掠殺，[22]務爲嚴苦，[23]吏民愁怨，莫不疾之，[24]而今之議者反以爲能，違天心，失經義，誠不可不慎也。非徒應坐豫、協，亦當宜譴舉者。[25]務進仁賢以任時政，[26]不過數人，則風俗自化矣。臣嘗讀書記，知秦以酷急亡國，[27]又目見王莽亦以苛法自滅，[28]故勤勤懇懇，[29]實在於此。又聞諸王主貴戚，驕奢踰制，[30]京師尚然，何以示遠？故曰：'其身不正，雖令不行。'[31]以身教者從，以言教者訟。[32]夫陰陽和歲乃豐，[33]君臣同心化乃成也。其刺史、太守以下，拜除京師及道出洛陽者，[34]宜皆召見，可因博問四方，兼以觀察其人。諸上書言事有不合者，可但報歸田里，[35]不宜過加喜怒，以明在寬。臣愚不足採。"[36]及諸馬得罪歸國，而竇氏始貴，[37]倫復上疏曰："臣得以空虛之質，[38]當輔弼之任。[39]素性駑怯，[40]位尊爵重，拘迫大義，[41]思自策屬，[42]雖遭百死，不敢擇地，又況親遇危言之世哉！[43]今承百王之敝，[44]人尚文巧，[45]咸趨邪路，莫能守正。伏見虎賁中郎將竇憲，[46]椒房之親，[47]典司禁兵，[48]出入省闥，[49]年盛志美，卑謙樂善，此誠其好士交結之方。然諸出入貴戚者，類多瑕釁禁錮之人，[50]尤少守約安貧之節，士大夫無志之徒更相販賣，雲集其門。眾煦飄山，聚蚊成雷，[51]蓋驕佚所從生也。[52]三輔論議者，[53]至云以貴戚廢錮，[54]當復以貴戚浣濯之，[55]猶解酲當以酒也。[56]詖險趣埶之徒，[57]誠不可親近。[58]臣愚願陛下、中宮嚴勑憲等閉門自守，[59]無妄交通士大夫，防其未萌，慮於無形，令憲永保福祿，[60]君臣交歡，無纖介之隙。此臣之至所願也。"

[1]【李賢注】峭，峻也。【今注】峭直：嚴肅正直。

[2]【今注】俗吏：祇能處理一務而無見識的官吏。漢賈誼《治安策》云："俗吏之所務，在於刀筆筐篋，而不知大體。"

[3]【今注】三公：官名。西周時指太師、太傅、太保或司徒、司馬、司空。西漢初指丞相、御史大夫、太尉。武帝建元二年（前139）省太尉。元狩四年（前119）置大司馬。成帝綏和元年（前8）改御史中丞爲大司空。哀帝元壽二年（前1）改丞相爲大司徒。此後以丞相（大司徒）、大司馬、御史大夫（大司空）爲三公。王莽定三公之號曰"大司馬""大司徒""大司空"。東漢初，

因而不改。光武帝建武二十七年（51），大司馬改爲太尉，大司徒、大司空去“大”字，亦稱“三司”。掌參議朝政，監察百官。

[4]【今注】長者：有德行的人。

[5]【今注】褒稱盛美：稱揚贊美。

[6]【今注】風德：風氣德行。《後漢紀》卷一一《孝章皇帝紀上卷》作“於是倫上疏褒稱，因以諷曰”。

[7]【今注】天然之德：自然賦予的品德。

[8]【李賢注】《尚書考靈耀》曰：“堯文塞晏晏。”《爾雅》曰：“晏晏，溫和也。”

[9]【李賢注】《東觀漢記》曰：“去年伏誅者，刺史一人，太守三人，減死罪二人，凡六人。”【今注】刺史：官名。西漢武帝元封五年（前106）置，共十三部（州），每部置刺史一人，秩六百石。無治所，於每年八月奉詔以六條問事，省察郡國二千石長吏、强宗豪右、諸侯王等，根據治理情況進行罷免或升遷並審理冤獄。每年歲末入奏。成帝綏和元年更名“州牧”，秩二千石。哀帝建平二年（前5）復爲“刺史”，元壽二年又稱“州牧”。東漢光武帝建武元年復置牧。建武十一年省。十八年，罷州牧，置刺史，秩六百石。有固定治所，高於郡級地方行政長官。掌監察、選舉、劾奏、領兵等。屬吏有從事史、假佐。靈帝中平五年（188），改置州牧。

[10]【今注】明聖：聖明的君主。

[11]【今注】政急不解：政治危急不能緩解。

[12]【今注】咎在俗敝：過錯在於風俗敗壞。

[13]【今注】不稱：不稱職。

[14]【今注】嚴猛：嚴勵。

[15]【今注】風化：社會風氣。

[16]【今注】辨職：負責具體事務。

[17]【今注】寬博：寬厚能容人。

［18］【今注】陳留：縣名。治所在今河南開封市祥符區東南陳留鎮。

［19］【今注】冠軍：縣名。治所在今河南鄧州市西北。

［20］【今注】刻薄之姿：苛刻嚴勵的性格。

［21］【今注】臨人宰邑：治理百姓、管轄縣城。

［22］【今注】專念：專心。

［23］【今注】嚴苦：苛刻嚴酷。

［24］【今注】疾：恨。

［25］【李賢注】譴，責也。【今注】案，惠棟《後漢書補注》卷一〇認爲，“宜”當作“並”。　舉者：推薦此類官吏的人。

［26］【今注】仁賢：仁愛而有才能的人。

［27］【今注】秦：秦朝。公元前221年至前207年。　酷急：暴虐猛烈。

［28］【今注】苛法：苛刻瑣細的法律。王莽仿照《周禮》推行新政，屢次改變幣制、更改官制與官名、以王田制爲名恢復井田制，把煮鹽、冶鐵、釀酒、幣制及山林川澤收歸國有，耕地重新分配，又廢止奴隸制，建立五均賒貸（貸款制度）、六筦政策。政策多不合實際，且朝令夕改，使百姓官吏不知所從，引起各方面的不滿。

［29］【今注】勤勤懇懇：形容誠懇的樣子。也形容勤勞踏實，做事認真。

［30］【今注】驕奢踰制：驕縱奢侈超過規定。

［31］【李賢注】《論語》孔子之言。【今注】案，《論語·子路》作：“子曰：‘其身正，不令而行。其身不正，雖令不從。’”不行，大德本、殿本作“不從”，是。

［32］【今注】以身教者從以言教者訟：指以實際行動做榜樣，別人就會聽從；以言語教導別人的，則會引起争論。

［33］【今注】陰陽和歲乃豐：《易通卦驗》卷下曰：“凡易八

卦之爻，驗應各如其法度，則陰陽和，六律調，風雨時，五穀成熟，人民取昌，此聖帝明王所以致太平法。"

[34]【今注】拜除：拜授官職。指除去舊官，授任新官。洛陽：東漢都城。東漢光武帝建武元年建都於此。故址即今河南洛陽市東北漢魏故城。

[35]【今注】田里：鄉間、民間。

[36]【今注】採：采納。

[37]【今注】案，本書卷二四《馬援傳》載，"太后崩後，氏失執，馬廖性寬緩，不能教勒子孫，豫遂投書怨誹。又防、光奢侈，好樹黨與。八年，有司奏免豫，遣廖、防、光就封"。卷二三《寶憲傳》載，"建初二年，女弟立爲皇后，拜憲爲郎，稍遷侍中、虎賁中郎將；弟篤，爲黃門侍郎。兄弟親幸，並侍宮省，賞賜累積，寵貴日盛，自王、主及陰、馬諸家，莫不畏憚"。

[38]【今注】空虛之質：沒有什麼才能的本性。

[39]【今注】輔弼之任：輔佐君主的職責。輔弼，古代天子有四鄰，前曰疑，後曰承，左曰輔，右曰弼。

[40]【今注】駑怯：愚鈍膽小。

[41]【今注】拘迫大義：爲大義所束縛。大義，指前文所説的經義。

[42]【今注】策勵：勉勵。

[43]【李賢注】《論語》曰（大德本、殿本"曰"前有"孔子"二字，可從）："邦有道，危言危行，邦無道，危行言遜。"鄭玄云："危猶高也。"據時高言高行必見危，故以爲諭也。【今注】案，遇，紹興本作"過"。　危言之世：正直的言論可以存在的時代。危，端正的，正直的。指國家有道，可以端正言行；國家無道，則端正其行爲，不隨污俗，但順言辭以避當時之害。

[44]【今注】百王：歷代帝王。

[45]【今注】文巧：文飾巧辯。

[46]【今注】虎賁中郎將：官名。西漢武帝置期門，平帝更名"虎賁"。置虎賁中郎將統領，秩比二千石。東漢主虎賁宿衛。屬官有左右僕射，主虎賁郎習射；左右陛長，主直虎賁，朝會在殿中，比六百石。光武帝、明帝時常以侍中兼領之，其後多以貴戚充任，或領兵出征。　竇憲：字伯度，扶風平陵（今陝西咸陽市西北）人。其妹爲章帝皇后，拜爲郎，遷侍中、虎賁中郎將。傳見本書卷二三。

[47]【李賢注】后妃以椒塗壁，取其繁衍多子，故曰椒房。【今注】椒房之親：后妃的親屬。椒房爲后妃所居，竇憲爲竇皇后之兄，故有此稱。

[48]【今注】禁兵：皇帝的宿衛親兵。

[49]【今注】省闥：宮中。又作"禁闥"。古代中央政府諸省設於禁中，後因作中央政府的代稱。案，大德本、殿本作"省閣"。

[50]【今注】瑕釁禁錮之人：有過失和被禁錮的人。瑕，原指玉上面的斑點，比喻缺點或過失。釁，過失、罪過。《左傳》莊公十四年："人無釁焉，妖不自作。"《玉篇·爨部》："釁，罪也。"禁錮，謂塞其仕進之路。時指阻絶人仕宦之途。

[51]【李賢注】《前書》中山靖王之言。【今注】案，《漢書》卷五三《景十三王傳》作"夫衆呴漂山，聚蚉成靁，朋黨執虎，十夫橈椎"。衆呴飄山，衆人吹氣，可以移動山嶽。形容人多力量大。蚉，大德本誤作"紋"。

[52]【今注】驕佚：驕縱放肆。

[53]【今注】案，論議，殿本作"議論"，意義可通。

[54]【今注】廢錮：革除官職，終身不再録用。

[55]【今注】浣濯：洗雪。

[56]【李賢注】病酒曰酲。【今注】解酲：解除醉酒的狀態。

[57]【今注】詖險趣埶之徒：佞諂險惡、趨附權勢的人。

[58]【李賢注】《蒼頡篇》曰："詖，佞諂也。"

[59]【今注】中宫：皇后。東漢章帝皇后竇氏爲竇憲之妹。

[60]【今注】福禄：福氣與爵禄。

倫奉公盡節，[1]言事無所依違。[2]諸子或時諫止，輒叱遣之，[3]吏人奏記及便宜者，[4]亦并封上，其無私若此。性質愨，[5]少文采，[6]在位以貞白稱，[7]時人方之前朝貢禹。[8]然少蘊藉，不修威儀，[9]亦以此見輕。或問倫曰：“公有私乎？”對曰：“昔人有與吾千里馬者，吾雖不受，每三公有所選舉，心不能忘，而亦終不用也。吾兄子常病，[10]一夜十往，退而安寢；吾子有疾，雖不省視而竟夕不眠。[11]若是者，豈可謂無私乎？”連以老病上疏乞身。[12]元和三年，[13]賜策罷，[14]以二千石奉終其身，[15]加賜錢五十萬，公宅一區。[16]後數年卒，時年八十餘，詔賜秘器、衣衾、錢布。[17]

[1]【今注】奉公盡節：盡心公事，勠力效命。

[2]【今注】無所依違：毫不遲疑。

[3]【今注】叱：大聲喝止。

[4]【今注】奏記及便宜：指因公文書涉及私人事情。奏記，漢代用書面向長官陳述意見。便宜，漢代一種帶有機密性質的上行公文。

[5]【今注】質愨：質樸誠信。

[6]【今注】文采：文學才華。

[7]【今注】貞白：正直廉節。

[8]【李賢注】《前書》曰：“貢禹字少翁，琅邪人也，以明經絜行著聞。”【今注】貢禹：字少翁，琅邪（今山東諸城市）人。以明經徵爲博士，遷涼州刺史。又以賢良爲河南令。西漢元帝即

位，爲諫大夫，遷御史大夫。傳見《漢書》卷七二。

[9]【李賢注】蘊藉猶寬博也。【今注】蘊藉：寬厚而有涵養。　威儀：莊嚴的容止儀態。

[10]【今注】案，曹金華《後漢書稽疑》認爲，"常"當作"嘗"（第 551 頁）。

[11]【今注】竟夕：整夜、通宵。

[12]【今注】乞身：古代視作官爲委身事君，故稱請求辭職爲乞身。

[13]【今注】元和：東漢章帝劉炟年號（84—87）。

[14]【今注】策：策書。蔡邕《獨斷》卷上載："策者簡也。禮曰：不滿百文不書於策。其制長二尺，短者半之，其次一長一短兩編，下附篆書，起年月日，稱皇帝曰，以命諸侯王三公。其諸侯王三公之薨於位者，亦以策書誄諡其行而賜之。如諸侯之策，三公以罪免，亦賜策，文體如上策而隸書，以一尺木兩行。唯此爲異者也。"漢代策書可分爲册封、策免、吊唁三種體式。其中策免策書的句式則没那麼嚴整，也未形成固定的套語（魏昕：《漢代策書體式考述》，《黃河科技大學學報》2015 年第 6 期）。

[15]【今注】二千石奉：本書《百官志五》："中二千石奉，月百八十斛。二千石奉，月百二十斛。比二千石奉，月百斛。"

[16]【今注】區：居止之所。

[17]【今注】秘器：棺椁。梓木爲棺，以漆畫之。本書《禮儀志下》載："諸侯王、公主、貴人皆樟棺，洞朱，雲氣畫。公、特進樟棺黑漆。中二千石以下坎侯漆。"又，劉昭注引《漢舊儀》"東園秘器作梓棺，素木長丈三尺，崇廣四尺"。

少子頡嗣，[1]歷桂陽、廬江、南陽太守，[2]所在見稱。[3]順帝之爲太子廢也，[4]頡爲太中大夫，[5]與太僕來歷等共守闕固争。[6]帝即位，擢爲將作大匠，[7]卒官。[8]倫曾孫種。

［1］【今注】嗣：疑衍文。第五倫未封侯，不當稱“嗣”。

［2］【今注】桂陽：郡名。治郴縣（今湖南郴州市北湖區）。廬江：郡名。治舒縣（今安徽廬江縣西南）。　南陽：郡名。治宛縣（今河南南陽市臥龍區）。

［3］【今注】所在：處所、地方。指第五頡任官的郡。

［4］【李賢注】樊豐等譖之，廢爲濟陰王。【今注】順帝：東漢順帝劉保，公元125年至144年在位。紀見本書卷六。

［5］【今注】太中大夫：官名。秦置，居諸大夫之首。西漢武帝太初元年（前104）次於光禄勳，秩比千石。掌顧問應對、參謀議政、奉詔出使。東漢秩千石。韋昭《辨釋名》曰：“太中大夫，大夫之中最高大也。”

［6］【今注】太僕：官名。掌天子輿馬。王莽時改稱“太御”。東漢復稱“太僕”，掌天子車馬。天子出，掌鹵簿並駕車輿。秩中二千石。　來歷：字伯珍，南陽新野（今河南新野縣）人。其母爲東漢明帝女武安公主。安帝延光二年（123）遷太僕。傳見本書卷一五。

［7］【今注】將作大匠：官名。秦及漢初稱“將作少府”，西漢景帝改爲“將作大匠”。掌修作宗廟、路寢、宮室、陵園等木土工程，並種植桐梓列於道側。秩二千石。

［8］【李賢注】《三輔決録》注曰：“頡字子陵，爲郡功曹，州從事，公府辟舉高弟（弟，紹興本、殿本作‘第’，二字可通），爲侍御史，南頓令，桂陽、南陽、廬江三郡太守，諫議大夫。洛陽無王人（王，紹興本、大德本、殿本作‘主’，是），鄉里無田宅，客止靈臺中，或十日不炊。司隸校尉南陽左雄、太史令張衡、尚書廬江朱建、孟興皆與頡故舊，各致禮餉，頡終不受。”

論曰：第五倫峭覈爲方，[1]非夫愷悌之士，[2]省其奏議，惇惇歸諸寬厚，[3]將懲苛切之敝使其然乎？[4]昔人以弦韋爲佩，蓋猶此矣。[5]然而君子侈不僭上，儉不偪下，[6]豈尊臨千里而與牧圉等庸乎？[7]詎非矯激，[8]則未可以中和言也。[9]

[1]【李賢注】峭覈謂其性峻急，好窮覈事情。【今注】峭覈爲方：性情峻急，好窮究事理，爲人正直。

[2]【今注】愷悌：品德優良，平易近人。

[3]【李賢注】惇惇，純厚之皃也（皃，大德本、殿本作“貌”，二字可通），音敦。

[4]【今注】苛切：苛刻急躁。

[5]【李賢注】韓子曰“西門豹性急，佩韋以自緩；董安于性緩，佩弦以自急”也。【今注】弦韋爲佩：形容隨時警戒自己。

[6]【李賢注】《禮記》曰：“管仲鏤簋而朱紘，旅樹而反坫（坫，大德本、殿本誤作‘玷’），山節藻梲，賢大夫也，而難爲上也。晏平仲祀其先人，豚肩不掩豆，賢大夫也，而難爲下也。君子上不僭上，下不偪下。”【今注】君子侈不僭上儉不偪下：指卿大夫遵守禮法，不敢僭上偪下。僭上指服飾超過規制，僭擬於帝王；偪下指服飾儉朴但不符合禮制，向下屬施加壓力。卿大夫言必守法，行必遵德，服飾必須合乎禮度，不能僭偪，故曰君子上不僭上，下不偪下。《論語·述而》載：“奢則不遜，儉則固，與其不遜也，寧固。”

[7]【今注】尊臨千里而與牧圉等庸乎：指統治千里的人與養牛馬的人一樣平庸嗎？牧圉，養牛馬的人。牛曰牧，馬曰圉。

[8]【今注】矯激：奇異偏激，違逆常情。

[9]【今注】中和：中庸平和。

　　種字興先，少厲志義，[1]爲吏，冠名州郡。[2]永壽中，[3]以司徒掾清詔使冀州，[4]廉察灾害，[5]舉奏刺史、二千石以下，所刑免甚衆，弃官奔走者數十人。還，以奉使稱職，拜高密侯相。[6]是時徐兖二州盜賊群輩，[7]高密在二州之郊，種乃大儲糧稸，[8]勤厲吏士，[9]賊聞皆憚之，枹鼓不鳴，流民歸者，歲中至數千家。[10]以能換爲衞相。[11]

[1]【今注】志義：志向和品德。

[2]【今注】冠名：名聲冠絕。同"名冠"。

[3]【今注】永壽：東漢桓帝劉志年號（155—158）。

[4]【今注】司徒掾：公府諸曹的正長官稱"掾"，副長官稱"屬"。司徒掾，指司徒府官吏。　清詔使：官名。漢三公府置清詔掾，掌奉命出使某地察舉詔書指定的事。在府稱"清詔掾"，出使時稱"清詔使"。　冀州：西漢武帝時所置十三刺史部之一。東漢時治高邑縣（今河北柏鄉縣固城店）。後移治鄴縣（今河北臨漳縣西南）。

[5]【李賢注】《風俗通》曰"汝南周勃辟太尉清詔，使荊州"，又此言以司徒清詔使冀州，蓋三公府有清詔員以承詔使也。廉，察也。【今注】廉察：考察。

[6]【今注】高密侯：鄧禹，字仲華，南陽新野（今河南新野縣）人。更始年間爲劉秀大將。光武帝末年封高密侯。明帝時爲太傅。傳見本書卷一六。高密，侯國名。治所在今山東高密市西南。　相：官名。王國內最高行政長官。初名相國，西漢惠帝元年（前194），更名爲丞相，景帝中元五年（前145）更名爲相。

[7]【今注】徐：西漢武帝時所置十三刺史部之一。東漢時治郯縣（今山東郯城縣）。　兖：西漢武帝時所置十三刺史部之一。

東漢時治昌邑縣（今山東巨野縣東南）。　案，群輩，《太平御覽》卷三三二引“輩”作“聚”。

　　[8]【今注】糧稸：糧食。稸，古同“蓄”。

　　[9]【今注】勤厲吏士：盡心激勵官吏和士卒。

　　[10]【李賢注】枹，擊鼓杖也，音浮（浮，殿本作“夫”，二字音通）。【今注】枹鼓不鳴：形容沒有戰事。枹鼓，戰鼓。枹，擊鼓的鼓槌。古代作戰以枹擊鼓進軍。

　　[11]【李賢注】周後衛公也。【今注】衛：即西漢及東漢初之觀縣，治所在今河南清豐縣觀城鎮。東漢光武帝建武十三年（37），以周承休公姬武爲衛公，觀縣始爲衛公國。

　　遷兗州刺史。中常侍單超兄子匡爲濟陰太守，[1]負執貪放，[2]種欲收舉，[3]未知所使。會聞從事衛羽素抗厲，[4]乃召羽具告之。謂曰：“聞公不畏彊禦，[5]今欲相委以重事，若何？”對曰：“願庶幾於一割。”[6]羽出，遂馳至定陶，[7]閉門收匡賓客親吏四十餘人，[8]六七日中，糾發其臧五六千萬。[9]種即奏匡，并以劾超。[10]匡窘迫，遣刺客刺羽，羽覺其姦，乃收繫客，具得情狀。[11]州內震慄，[12]朝廷嗟歎之。[13]

　　[1]【今注】中常侍：官名。秦、西漢時爲加官。初稱“常侍”，元帝以後稱“中常侍”。武帝以後參與朝議，成爲中朝官。無定員，或多至數十人，任用士人。東漢改爲專職官員，侍從皇帝左右，出入皇宮，贊導宮內諸事，顧問應對。初秩千石，後爲比二千石。　單超：河南（今河南洛陽市）人。宦官。東漢桓帝初爲中常侍。與徐璜等五人定謀佐助桓帝誅殺外戚梁冀兄弟，以功封新豐侯，食邑二萬戶。傳見本書卷七八。案，沈欽韓《後漢書疏證》

説，謂《考異》云《楊秉傳》作“超弟”，《宦者傳》作“超弟子”。　濟陰：郡名。治定陶縣（今山東菏澤市定陶區西北）。

[2]【今注】負埶貪放：仗勢貪婪放縱。

[3]【今注】收舉：逮捕並彈劾。

[4]【今注】抗厲：正直嚴厲。

[5]【今注】彊禦：豪強，有權勢的人。

[6]【李賢注】以鉛刀諭。【今注】一割：指鉛刀雖鈍，但可以割一次。比如才能雖不足，但希望盡其所能。《東觀漢記》一六《班超傳》：“班超上疏曰：‘臣乘聖漢威神，出萬死之志，冀效鉛刀一割之用。’”

[7]【今注】定陶：縣名。治所在今山東菏澤市定陶區西北。

[8]【今注】親吏：心腹的官吏。

[9]【今注】糾發：檢舉揭發。　案，千，大德本、殿本誤作“十”。

[10]【今注】案，本書卷六六《陳蕃傳》載，“（朱）震字伯厚，初爲州從事，奏濟陰太守單匡臧罪，並連匡兄中常侍車騎將軍超。桓帝收匡下廷尉，以譴超，超詣獄謝”。

[11]【今注】情狀：事情的實際情況。

[12]【今注】震慄：驚恐戰栗。

[13]【今注】嗟歎：贊嘆。

是時太山賊叔孫無忌等暴橫一境，[1]州郡不能討。羽説種曰：“中國安寧，[2]忘戰日久，而太山險阻，寇猾不制。今雖有精兵，難以赴敵，羽請往譬降之。”[3]種敬諾。羽乃往，備説禍福，無忌即帥其黨與三千餘人降。[4]單超積懷忿恨，遂以事陷種，[5]竟坐徙朔方。[6]超外孫董援爲朔方太守，稸怒以待之。初，種爲衞相，以門下掾孫斌賢，[7]善遇之。及當徙斥，[8]斌具聞超謀，[9]乃謂其友人同縣閭子直及高密甄子然曰：
“蓋盜憎其主，從來舊矣。第五使君當投裔土，[10]而單
超外屬爲彼郡守。[11]夫危者易仆，[12]可爲寒心。[13]吾今
方追使君，庶免其難。若奉使君以還，將以付子。”[14]
二人曰：“子其行矣，是吾心也。”於是斌將俠客晨夜
追種，[15]及之於太原，遮險格殺送吏，[16]因下馬與種，
斌自步從。一日一夜行四百餘里，遂得脫歸。

[1]【今注】案，東漢桓帝延熹三年（160）十一月，泰山郡
（今山東泰安市東北）人叔孫無忌聚衆起義，攻殺郡都尉侯章，又
攻破郡縣。漢廷使討寇中郎將宗資督州郡兵進討。叔孫無忌兵敗投
降。太山，郡名。治奉高縣（今山東泰安市東）。

[2]【今注】中國：中原地區。

[3]【今注】譬降：曉諭使之投降。

[4]【今注】黨與：黨羽，部下。

[5]【今注】案，曹金華《後漢書稽疑》認爲，據本書《楊震
傳》載單超弟單匡收繫第五種在延熹三年冬天。而《桓帝紀》載
延熹三年春正月，單超薨，則延熹三年冬單超不能“以事陷種”
（第553頁）。

[6]【今注】朔方：郡名。治臨戎縣（今内蒙古磴口縣北）。

[7]【今注】門下掾：州郡府屬吏中較親近的功曹、賊曹、主
簿等。本書卷一三《公孫述傳》李賢注：“州郡有掾，皆自辟除之，
常居門下，故以爲號。”

[8]【今注】徙斥：貶官並調往邊外地方。徙，降職。斥，屏
棄、不用。

[9]【今注】案，斌，大德本作“武”。

[10]【今注】使君：對官吏、長官的尊稱。　裔土：偏遠荒
僻的地方。

[11]【今注】外屬：外戚。

[12]【今注】危者易仆：比喻在高處的容易跌倒。

[13]【今注】寒心：痛心。

[14]【今注】子：古代對有道德、有學問的人的尊稱。

[15]【今注】俠客：刺客。

[16]【今注】遮險：隱蔽在交通要道。　格殺：擊殺。也作"挌殺"。

　　種匿於閭、甄氏數年，徐州從事臧旻上書訟之曰："臣聞士有忍死之辱，[1]必有就事之計，[2]故季布屈節於朱家，[3]管仲錯行於召忽。[4]此二臣以可死而不死者，[5]非愛身於須臾，[6]貪命於苟活，[7]隱其智力，顧其權略，[8]庶幸逢時有所爲耳。卒遭高帝之成業，[9]齊桓之興伯，[10]遺其亡逃之行，[11]赦其射鉤之讎，[12]拔於囚虜之中，信其佐國之謀，[13]勳效傳於百世，[14]君臣載於篇籍。[15]假令二主紀過於纖介，則此二臣同死於犬馬，沈名於溝壑，[16]當何由得申其補過之功，建其奇奧之術乎？[17]伏見故兗州刺史第五種，傑然自建，[18]在鄉曲無苞苴之嫌，[19]步朝堂無擇言之闕，[20]天性疾惡，[21]公方不曲，[22]故論者説清高以種爲上，[23]序直士以種爲首。[24]《春秋》之義，選人所長，弃其所短，録其小善，除其大過。種所坐以盜賊公負，筋力未就，[25]罪至徵徙，非有大惡。昔虞舜事親，[26]大杖則走。[27]故種逃亡，苟全性命，[28]冀有朱家之路，以顯季布之會。[29]願陛下無遺須臾之恩，令種有持忠入地之恨。"[30]會赦出，卒於家。

　　[1]【今注】忍死之辱：忍受屈辱而不選擇死。

　　[2]【今注】就事之計：成就事情的打算。

　　[3]【李賢注】《前書》曰，季布，楚人，爲任俠有名，數窘漢王，高祖購求布千金。布匿濮陽周氏，周氏曰："漢求將軍急，敢進計。"布許之，乃髡鉗布，衣褐，并其家僮之魯朱家所賣之。朱家買置田舍，言之高祖，赦之，後爲河東守。

　　[4]【李賢注】《説苑》子路問於孔子曰："昔者管子欲立公子糾而不能，召忽死之，管仲不死，是無仁也。"孔子曰："召忽者，人臣之材。不死則三軍之虜也，死之則名聞於天下矣，何爲不死哉？管子者，天子之佐，諸侯之相也。死之則不免於溝瀆之中，不死則功復用於天下，夫何爲死之哉？"錯猶乖也。

　　[5]【今注】案，以可死，王先謙《後漢書集解》謂當爲"可以死"。

　　[6]【今注】須臾：片刻。指愛惜短暫的生命。

　　[7]【今注】貪命：貪戀生命。

　　[8]【今注】權略：隨機應變的策略。

　　[9]【今注】高帝：西漢高祖劉邦，公元前206年至前195年在位。紀見《史記》卷八、《漢書》卷一。

　　[10]【今注】齊桓：姓姜，名小白。齊襄公弟。初奔莒國。襄公被殺，從莒返回即位，任用管仲、鮑叔牙、隰朋、高傒等，鋭意改革，國力增強。伐魯，會盟於柯（今山東陽穀縣東北阿城鎮）。公元前679年，九合諸侯。公元前663年，助燕國打敗山戎，救邢、衞，攻蔡。伐楚，與楚會盟於召陵。平定周王室内亂，助周襄王即位。公元前651年，大會諸侯於葵丘（今河南民權縣東北）。爲春秋時第一個霸主。

　　[11]【今注】亡逃之行：西漢高祖三年（前204）夏四月，項羽圍漢滎陽，漢王請和，割滎陽以西者爲漢。紀信化裝成劉邦引誘項羽，劉邦因此逃走。

［12］【今注】射鉤之讎：公子小白與公子糾争位，管仲輔佐公子糾，射中小白帶鉤。公子糾死後，管促被俘。後經鮑叔牙薦舉，齊桓公任命管仲爲相，成就霸業。

［13］【李賢注】信音申。【今注】信：施展。

［14］【今注】勳效：功勳。

［15］【今注】篇籍：書籍、史書。

［16］【今注】沈名於溝壑：指死無葬身之地。溝壑，山溝。

［17］【今注】奇奥：神奇奥妙。

［18］【今注】傑然自建：特立獨行，不平凡。

［19］【李賢注】苞苴，饋遺也。【今注】鄉曲：鄉里。 苞苴：賄賂。古代行賄恐怕爲人所知，故以草葦包裹掩飾。

［20］【李賢注】口無可擇之言也。【今注】擇言：敗言或不合法度的議論。擇，通“斁”。

［21］【今注】疾惡：痛恨惡人或壞事。

［22］【今注】公方不曲：公平正直没有私心。

［23］【今注】清高：品德高尚，不與人同流合污。

［24］【今注】直士：正直之士。

［25］【李賢注】太山之賊（太，大德本作“大”），種不能討，是力不足以禁之，法當公坐，故云公負也。【今注】筋力：體力。

［26］【今注】虞舜：上古帝王。姚姓，有虞氏，名重華。相傳由四嶽推舉給堯。都於蒲板（今山西永濟市東南）。在位時除四凶，選禹治水，天下大治。

［27］【李賢注】《家語》孔子謂曾子之言也。【今注】案，《孔子家語·六本》載：“曾晳自以爲無罪，使人請於孔子。子曰：‘汝不聞乎，昔瞽瞍有子曰舜。舜之事瞽瞍，欲使之，未嘗不在於側；索而殺之，未嘗可得。小棰則待過，大杖則逃走，故瞽瞍不犯不父之罪，而舜不失蒸蒸之孝。今參事父，委身以待暴怒，殪而不

避。既身死而陷父於不義，其不孝孰大焉？汝非天子之民也？殺天子之民，其罪奚若？'曾參聞之，曰：'參罪大矣。'遂造孔子而謝過。"

［28］【今注】苟全：苟且以保全性命。

［29］【今注】案，季布爲楚將，多次率軍攻劉邦。項羽滅後，劉邦懸賞追捕季布。季布裝作髡徒逃至朱家。朱家通過滕公（夏侯嬰）説劉邦，劉邦赦免季布，拜爲郎中。

［30］【今注】持忠入地：指忠心不得施展。入地，對死亡的委婉説法。

　　鍾離意字子阿，[1] 會稽山陰人也。[2] 少爲郡督郵。[3] 時部縣亭長有受人酒禮者，[4] 府下記案考之。[5] 意封還記，[6] 入言於太守曰："《春秋》先内後外，[7]《詩》云'刑於寡妻，以御于家邦'，[8] 明政化之本，由近及遠。今宜先清府内，且闊略遠縣細微之愆。"[9] 太守甚賢之，遂任以縣事。建武十四年，會稽大疫，死者萬數，[10] 意獨身自隱親，經給醫藥，[11] 所部多蒙全濟。[12]

［1］【今注】鍾離：《世本》云，與秦同祖，嬴姓。

［2］【今注】會稽：郡名。治山陰縣（今浙江紹興市越城區）。山陰：縣名。治所在今浙江紹興市越城區。

［3］【今注】郡督郵：官名。漢置，郡府屬吏。每郡據所轄縣多少，有東、西、南、北、中五部（也有二部、三部），分部循行。掌監屬縣、督送郵書、兼及督捕盜賊、點録囚徒、催繳租賦等。秩六百石。

［4］【今注】亭長：官名。掌治安、訴訟和捕盜賊等事。屬吏

有亭候、求盜等吏卒。設備五兵，持二尺板以劫賊，索繩以收執賊。　案，酒禮，王先謙《後漢書集解》謂《太平御覽》卷二五三引《續漢書》作"雞酒"。

[5]【李賢注】記，文符也。案，察之。【今注】記：漢代上級給下級的命令文書。

[6]【今注】封還：緘封退還。

[7]【李賢注】《公羊傳》曰："《春秋》內其國而外諸夏，內諸夏而外夷狄。"【今注】案，《左傳》成公十五年載，明當先正京師，乃正諸夏，諸夏正乃正夷狄，以漸治之。

[8]【李賢注】《詩·大雅》之文。刑，見也。御，治（殿本"治"後有"也"字）。【今注】案，《詩·大雅·思齊》："刑于寡妻，至于兄弟，以御于家邦。""寡妻"指嫡妻。"刑"表示楷模儀範。指文王能施行儀法，先於妻子，再及於兄弟手足。先把家庭整頓好，纔能把國家統治好。齊家之道與治國平天下之道息息相通。

[9]【今注】闊略：寬恕、寬容。　案，大德本"細微"前有"亨"字。　愆：罪行、過錯。

[10]【李賢注】疫，癘氣也（癘，紹興本、大德本、殿本作"癘"，是）。

[11]【李賢注】隱親謂親自隱恤之。經給謂經營濟給之。【今注】隱親：撫恤慰問。王先謙《後漢書集解》引柳從辰說，謂袁紀"隱親"作"隱視"，親、視形近而訛。謂柳說是，古"隱"與"檃"同，隱視猶言審視也。

[12]【今注】案，惠棟《後漢書補注》卷一〇引《太平御覽》卷七二二《方術部三》，意露車不冠，身循行病者門，入家賜與醫藥諸神廟，爲民禱祭，召錄醫師百人，合和草藥，恐醫小子或不良，毒藥齊賊害民命，先自吞嘗，先後施行，其所臨戶四千餘人並得差愈。後□府君自出行災眚，百姓攀車涕泣曰："明府不須出也，但得鍾離督郵，民皆活也。"

　　舉孝廉，再遷，辟大司徒侯霸府。[1]詔部送徒詣河內，[2]時冬寒，徒病不能行。路過弘農，[3]意輒移屬縣使作徒衣，縣不得已與之，而上書言狀，意亦具以聞。光武得奏，以見霸，[4]曰："君所使掾何乃仁於用心？誠良吏也！"意遂於道解徒桎梏，[5]恣所欲過，[6]與剋期俱至，[7]無或違者。還，以病免。

　　[1]【今注】大司徒：官名。三公之一。西漢哀帝元壽二年（前1），正三公官分職，改丞相爲大司徒。東漢光武帝建武二十七年（51）去"大"字，稱司徒。掌全國民政、考課、教化等事宜。與太尉、司空一同參議大政。秩萬石。屬官有長史、司空等。　侯霸：字君房，河南密（今河南新密市東南）人。治《穀梁春秋》。新莽時官至淮平大尹。東漢光武帝建武四年拜尚書令。五年，拜大司徒。封關內侯。謚哀侯。傳見本書卷二六。

　　[2]【今注】河內：郡名。治懷縣（今河南武陟縣西南）。

　　[3]【今注】弘農：郡名。治弘農縣（今河南靈寶市北）。

　　[4]【今注】案，以見霸，王先謙《後漢書集解》引顧炎武說，謂"見"當作"視"，古"示"字作"視"，謂以意奏示霸也。王先謙謂顧說是。當據改。

　　[5]【李賢注】在手曰梏，在足曰桎。【今注】桎梏：脚鐐和手銬。

　　[6]【今注】恣所欲過：聽任他們的選擇。

　　[7]【今注】剋期：約定日期。

　　後除瑕丘令。[1]吏有檀建者，盜竊縣內，意屏人問狀，[2]建叩頭服罪，不忍加刑，遣令長休。[3]建父聞之，爲建設酒，謂曰："吾聞無道之君以刃殘人，[4]有道之君以義行誅。[5]子罪，命也。"遂令建進藥而死。[6]二十五年，[7]遷堂邑令。[8]人防廣爲父報讎，[9]繫獄，其母病死，[10]廣哭泣不食。意憐傷之，[11]乃聽廣歸家，使得殯斂。[12]丞掾皆爭，[13]意曰："罪自我歸，義不累下。"遂遣之。[14]廣斂母訖，果還入獄。意密以狀聞，廣竟得以減死論。[15]

[1]【李賢注】瑕丘，今兗州縣也。【今注】瑕丘：縣名。治所在今山東濟寧市兗州區北。

[2]【今注】屏：斥退。

[3]【今注】長休：古代官吏長期休假。常用爲停職或辭職的婉辭。

[4]【今注】殘人：殺人。

[5]【今注】行誅：施加刑罰。

[6]【今注】進藥：服毒。

[7]【今注】二十五年：指東漢光武帝建武二十五年（49）。

[8]【李賢注】堂邑故城在今博州堂邑縣西北。【今注】堂邑：縣名。治所在今江蘇南京市六合區西北。

[9]【今注】案，大德本、殿本"人"前有"縣"字，是。

[10]【今注】案，其，殿本誤作"共"。

[11]【今注】憐傷：憐憫，哀傷。

[12]【今注】殯斂：入斂和停柩待葬。指喪事。

[13]【今注】丞掾：郡丞和吏掾。郡丞爲郡的副長官，輔佐郡守治郡；掾指諸曹長官，各掌其曹事。

[14]【李賢注】言罪歸於我，不累於丞掾。【今注】歸：屬於。

[15]【今注】減死：減免死刑。

　　顯宗即位，徵爲尚書。[1]時交阯太守張恢，[2]坐臧千金，[3]徵還伏法，以資物簿入大司農，[4]詔班賜群臣。[5]意得珠璣，[6]悉以委地而不拜賜。[7]帝怪而問其故。對曰："臣聞孔子忍渴於盜泉之水，曾參回車於勝母之閭，惡其名也。[8]此臧穢之寶，[9]誠不敢拜。"[10]帝嗟歎曰："清乎尚書之言！"[11]乃更以庫錢三十萬賜意。轉爲尚書僕射。[12]車駕數幸廣成苑，[13]意以爲從禽廢政，[14]常當車陳諫般樂遊田之事，[15]天子即時還宮。永平三年夏旱，[16]而大起北宮，[17]意詣闕免冠上疏曰：[18]"伏見陛下以天時小旱，憂念元元，[19]降避正殿，[20]躬自克責，[21]而比日密雲，[22]遂無大潤，[23]豈政有未得應天心者邪？[24]昔成湯遭旱，以六事自責曰：'政不節邪？使人疾邪？宮室榮邪？女謁盛邪？苞苴行邪？讒夫昌邪？'[25]竊見北宮大作，人失農時，[26]此所謂宮室榮也。自古非苦宮室小狹，但患人不安寧。[27]宜且罷止，[28]以應天心。臣意以匹夫之才，[29]無有行能，[30]久食重禄，擢備近臣，[31]比受厚賜，[32]喜懼相半，[33]不勝愚戇征營，罪當萬死。"[34]帝策詔報曰：[35]"湯引六事，咎在一人。其冠履，勿謝。比上天降旱，密雲數會，朕戚然惭懼，[36]思獲嘉應，[37]故分布禱請，[38]闚候風雲，[39]北祈明堂，南設雩場。[40]今又勑大匠止作諸宮，[41]減省不急，庶消灾譴。"詔因謝公卿百僚，[42]遂應時澍雨焉。[43]

　　[1]【今注】尚書：官名。西漢初爲掌文書小吏。武帝後置四員分曹治事，領諸郎。又置中書，以宦者擔任。成帝建始四年（前

29），增爲五員。掌文書章奏詔命。東漢尚書臺分六曹，各置尚書，秩六百石，位在令、僕射下，丞、郎上。掌接納章奏、擬定詔令，位輕權重。與令、僕射合稱“八座”。本書《百官志三》：“尚書六人，六百石。本注曰：成帝初置尚書四人，分爲四曹：常侍曹尚書主公卿事；二千石曹尚書主郡國二千石事；民曹尚書主凡吏上書事；客曹尚書主外國夷狄事。世祖承遵，後分二千石曹，又分客曹爲南主客曹、北主客曹，凡六曹。”

［2］【今注】交阯：郡名。治贏縣（今越南河内市西北）。東漢順帝永和年間，周敞爲交阯太守，徙郡治於龍編縣（今越南北寧省北寧市）。交阯，或作“交阯”。

［3］【今注】臧：贓物。同“贓”。　案，《八家後漢書輯注》據《初學記》卷一一引《謝承書》作“交阯太守坐臧伏法”（周天游：《八家後漢書輯注》，上海古籍出版社1986年版，第57頁）。惠棟《後漢書補注》引《意別傳》云“交阯刺史張悝居官貪亂，珠璣寶玩乃有石數也”。

［4］【李賢注】簿，文記也。【今注】資物簿：記録財産物品的文書。

［5］【今注】班賜：按官員等級賞賜。班，同“頒”。

［6］【今注】珠璣：珠玉、寶石。珠，圓的蚌珠。璣，不圓的蚌珠。

［7］【今注】委地：散落或委棄於地。　拜賜：拜謝別人的贈予。

［8］【李賢注】《説苑》曰：“邑名勝母，曾子不入；水名盜泉，仲尼不飲。醜其名也。”《尸子》又載其言也。【今注】盜泉：古泉名。在今山東泗水縣東北。後稱不義之財爲“盜泉”。　勝母：地名。在今山東泗水縣東北。案，《史記》卷八三《魯仲連鄒陽列傳》：“臣聞盛飾入朝者不以利污義，砥厲名號者不以欲傷行，故縣名勝母而曾子不入，邑號朝歌而墨子回車。”《索隱》：“《淮南子》

及《鹽鐵論》並云里名勝母，曾子不入，蓋以名不順故也。"《説苑·談叢》載："邑名勝母，曾子不入；水名盜泉，孔子不飲：醜其聲也。"《淮南子·説山訓》云："曾子立孝，不過勝母之閭；墨子非樂，不入朝歌之邑；曾子立廉，不飲盜泉。"

［9］【今注】臧穢：貪污等醜惡行爲。

［10］【今注】誠不敢拜：實在不敢拜受。誠，實在，的確。

［11］【今注】清：清正廉潔。

［12］【今注】尚書僕射：官名。西漢爲尚書令副貳。秩六百石。東漢爲尚書臺次官。署尚書事。掌章奏文書、參議政事、監察百官等。尚書令不在，則代理其職。若公兼任，增秩至二千石。獻帝建安四年（199）分爲左、右。僕射，秦官。僕，主。古代重武事，每官必有主射以督課之。

［13］【今注】廣成苑：東漢都城洛陽的皇家園林。在今河南汝州市西。一作"廣城苑"。

［14］【今注】從禽：追逐禽獸，指田獵。

［15］【今注】當車：阻擋皇帝的車駕。 般樂遊田：留連於游樂打獵。般，大。

［16］【今注】永平：東漢明帝劉莊年號（58—75）。

［17］【今注】北宮：宮殿名。東漢洛陽兩大宮殿建築群之一。位處宮城北面，故名北宮。與南部宮殿相對。本書卷一上《光武帝紀上》李賢注引蔡質《漢典職儀》曰："南宮至北宮，中央作大屋，複道，三道行，天子從中道，從官夾左右，十步一衛。兩宮相去七里。"在今河南洛陽市東白馬寺一帶（參見王啓敏《東漢洛陽北宮考》，《哈爾濱學院學報》2015年第12期；陳蘇鎮《東漢的南宮和北宮》，《文史》2018年第1輯）。

［18］【今注】詣闕：到天子的宮闕。 免冠：脫去帽子。古代表示謝罪。

［19］【今注】元元：百姓。

［20］【今注】正殿：德陽殿。在北宮掖庭中。東漢雒陽北宮

的正殿，在今洛陽市東北漢魏故城內。天子正旦、節會、百官朝賀於德陽殿，可容納萬人。張衡《東京賦》曰："逮至顯宗，六合殷昌，乃新崇德，遂作德明。"本書卷六《順帝紀》載，延光四年（125），"迎濟陰王於德陽殿西鐘下，即皇帝位"。注引《漢宮儀》曰"崇賢門內德陽殿也"。又本書卷八《靈帝紀》稱，中平六年（189）八月，"張讓、段珪等劫少帝及陳留王幸北宮德陽殿"。據《藝文類聚》卷六二引《漢官典職》曰："德陽殿，周旋容萬人，激洛水於殿下。"殿高三丈，廣五十步，能容萬人，紋石作壇，畫屋朱梁，玉階金柱，高峻華麗，有"珠簾玉戶如桂宮"之稱（陳橋驛主編：《中國都城辭典》，江西教育出版社1999年版，第832頁）。本書《禮儀志中》劉昭注引蔡質《漢儀》曰："正月旦，天子幸德陽殿，臨軒。公、卿、將、大夫、百官各陪位朝賀。蠻、貊、胡、羌朝貢畢，見屬郡計吏，皆陛覲，庭燎。宗室諸劉親會，萬人以上，立西面。"又曰："德陽殿周旋容萬人。陛高二丈，皆文石作壇。激沼水於殿下。畫屋朱梁，玉階金柱，刻鏤作宮掖之好，廁以青翡翠，一柱三帶，韜以赤緹。天子正旦節，會朝百僚於此。"

[21]【今注】躬自克責：親自責備。

[22]【今注】比日：連日、每日。

[23]【李賢注】《易》曰："密雲不雨，自我西郊。"【今注】大潤：大雨。

[24]【今注】天心：天意。

[25]【李賢注】《帝王紀》曰（紀，大德本、殿本誤作"記"）："成湯大旱七年，齋戒剪髮斷爪，以己為犧牲，禱於桑林之社，以六事自責。"【今注】成湯：即商湯，子姓，名履。殷開國之君。世稱商湯或湯。殷人尊湯，故曰天乙、大乙。

[26]【今注】農時：農作物耕種、收穫等的時節。

[27]【今注】患：憂慮。

[28]【今注】罷止：停止。

[29]【今注】匹夫：古代指平民中的男子。即平民、百姓。《尚書·堯典》孔疏："匹夫者，士大夫已上則有妾媵，庶人無妾媵，惟夫妻相匹，其名既定，雖單亦通謂之匹夫、匹婦。"

[30]【今注】行能：德行。

[31]【今注】擢備近臣：提撥充當侍從皇帝左右的大臣。

[32]【今注】比：及，等到。

[33]【今注】相半：同時具備。紹興本作"相并"。

[34]【李賢注】征營，不自安也。【今注】愚戇征營：愚笨耿直，惶恐不安貌。

[35]【今注】策詔：擬訂詔書。書詔於策。

[36]【今注】戚然靦懼：憂傷羞愧恐懼。

[37]【今注】嘉應：祥瑞。

[38]【今注】分布禱請：指有多處地方進行祈禱。

[39]【今注】闚候：觀望。殿本作"窺候"，意義可通。

[40]【李賢注】明堂在洛陽城南，言北祈者，蓋時修雩場在明堂之南。【今注】明堂：古代天子宣明政教的地方。凡朝會、祭祀、慶賞、選士均在此舉行。《文選》張平子《東京賦》注引《禮圖》又曰："建武三十一年，作明堂，上員下方。十二堂法日辰。九室法九州。室八窓，八九七十二，法一時之王。室有十二戶，法陰陽之數。"建武中元元年（56）十一月，起明堂、靈堂、辟雍及北郊兆域。明帝繼皇位後，又開始制定明堂祭祀禮儀，並且於永平二年"宗祀光武皇帝於明堂，帝及公卿列侯始服冠冕、衣裳、玉佩、絇屨以行事……今令月吉日，宗祀光武皇帝於明堂，以配五帝"（本書卷二《明帝紀》）。另一處明堂，則爲保留的西漢明堂，即漢武帝的"汶上明堂"（參見張鶴泉《東漢明堂祭祀考略》，《咸陽師範學院學報》2011 年第 1 期）。

[41]【今注】大匠：官名。即將作大匠。

[42]【今注】公卿：三公、九卿，後泛指朝廷中的高級官員。

[43]【李賢注】《説文》云"雨所以澍生萬物",故曰澍。音注。【今注】澍雨：大雨。

時詔賜降胡子縑,[1]尚書案事,[2]誤以十爲百。帝見司農上簿,大怒,召郎將笞之。[3]意因入叩頭曰："過誤之失,[4]常人所容。若以懈慢爲愆,[5]則臣位大,罪重,郎位小,罪輕,咎皆在臣,臣當先坐。"乃解衣就格。[6]帝意解,[7]使復冠而貰郎。[8]

[1]【今注】降胡子：投降漢朝的羌、匈奴等。 縑：雙絲的細絹。《釋名·釋采帛》："縑,兼也,其絲細緻,數兼於絹。染兼五色,細緻,不漏水也。"

[2]【今注】案事：辦理此事。

[3]【今注】郎將：中郎將。秦漢時爲主宿衛的武官。

[4]【今注】過誤：過失。

[5]【今注】懈慢：態度懶散而傲慢。

[6]【李賢注】格,拘執也。【今注】格：擊打。案,曹金華《後漢書稽疑》認爲,《太平御覽》卷八一八引《東觀漢記》"格"作"笞",《後漢紀》卷九作"撻"。又王先謙《後漢書集解》引惠棟説,謂高誘《淮南子》注"格,榜床也",注以爲"拘執",並不準確。(第556頁)

[7]【今注】意解：怒氣緩和。

[8]【今注】案,惠棟《後漢書補注》卷一〇引《意別傳》："意爲尚書僕射,其年匈奴羌胡歸義,詔賜縑三百匹。尚書侍郎廣陵暨酆受詔,誤以爲三千匹,賜匈奴。詔大怒,鞭酆欲死。意獨排省闥入諫曰：'陛下德被四表,恩及夷狄。是以左衽之徒稽首來服。愚聞刑疑從輕,賞疑從重,今陛下以酆賞誤發雷電之威,海内遄遄,謂陛下貴微財而賤人命。臣所不安。'明帝以意諫,且酆錯合

大義，恚損怒消，貰郵，敕大官賜酒藥，詔謂意曰：‘非鍾離尚書，朕幾降威於此郎。’”貰，寬赦、免除。

　　帝性褊察，[1]好以耳目隱發爲明，[2]故公卿大臣數被詆毀，[3]近臣尚書以下至見提拽。[4]常以事怒郎藥崧，[5]以杖撞之。[6]崧走入牀下，[7]帝怒甚，疾言曰：“郎出！郎出！”崧曰：“天子穆穆，諸侯煌煌。[8]未聞人君自起撞郎。”帝赦之。朝廷莫不悚慄，[9]爭爲嚴切，[10]以避誅責；[11]唯意獨敢諫争，數封還詔書，臣下過失輒救解之。會連有變異，意復上疏曰：“伏惟陛下躬行孝道，修明經術，[12]郊祀天地，[13]畏敬鬼神，憂恤黎元，[14]勞心不怠。而天氣未和，日月不明，[15]水泉湧溢，[16]寒暑違節者，[17]咎在群臣不能宣化理職，[18]而以苛刻爲俗。吏殺良人，[19]繼踵不絕。百官無相親之心，吏人無雍雍之志。[20]至於骨肉相殘，毒害彌深，感逆和氣，[21]以致天災。百姓可以德勝，[22]難以力服。先王要道，[23]民用和睦，故能致天下和平，災害不生，禍亂不作。《鹿鳴》之詩必言宴樂者，[24]以人神之心洽，[25]然後天氣和也。願陛下垂聖德，揆萬機，[26]詔有司，慎人命，緩刑罰，順時氣，[27]以調陰陽，垂之無極。”[28]帝雖不能用，然知其至誠。亦以此故不得久留，出爲魯相。[29]後德陽殿成，[30]百官大會。[31]帝思意言，謂公卿曰：“鍾離尚書若在，此殿不立。”

　　[1]【今注】褊察：心胸狹窄，好苛責人。

［2］【李賢注】隱猶私也。【今注】隱發：揭發隱私。

［3］【今注】詆毀：毀謗，污蔑。

［4］【今注】提拽：擊打拖拽。提，投擲。

［5］【今注】案，常，王先謙《後漢書集解》謂當作“嘗”，各本皆失正。當據改。 郎：官名。掌守宮門，備諮詢，出充車騎。東漢於光禄勳下設五官、左、右中郎將署，主管諸中郎、侍郎、郎中，實爲儲備官吏人才的機構，其郎官多達二千餘人。

［6］【今注】撞：擊打。

［7］【今注】牀：漢代家具。較矮，方形，四周有足。多用於坐卧。一側設屏，背後設扆〔參見孫機《漢代物質文化資料圖説（修訂本）》，上海古籍出版社 2011 年版，第 251—252 頁〕。

［8］【李賢注】《曲禮》之文也。穆穆，美也。煌煌，盛也。【今注】案，《禮記・曲禮下》，作“天子穆穆，諸侯皇皇，大夫濟濟，士蹌蹌，庶人僬僬”。天子穆穆，指天子威儀嚴肅静穆。諸侯皇皇，指諸侯儀態恭敬端莊。天子地位尊貴，故行止威儀莊重。諸侯不及天子而猶有禮儀。

［9］【今注】悚慄：恐懼戰栗。

［10］【今注】嚴切：嚴厲苛刻。

［11］【今注】誅責：懲罰責備。

［12］【今注】修明經術：闡發弘揚儒家經典和思想。

［13］【今注】郊祀：古代帝王在京城郊外祭祀天地。

［14］【今注】憂恤：顧念憐憫。 黎元：百姓。《史記》卷一〇《孝文本紀》《索隱》引姚察曰：“古者謂人云善，言善人也。因善爲元，故云黎元。其言元元者，非一人也。”

［15］【李賢注】《易通卦驗》曰：“愚智同位，則日月無光。”

［16］【今注】湧溢：漫溢、泛濫。

［17］【今注】違節：違背時節。古代以立春、立夏、立秋、立冬、春分、夏至、秋分、冬至爲八節。

[18]【今注】宣化理職：宣布教化、忠於職守。

[19]【今注】良人：古代指非奴婢的平民百姓。

[20]【李賢注】《爾雅》曰：“雍雍，和也。”【今注】雍雍：和諧的樣子。

[21]【今注】感逆和氣：冒犯天地間陰陽調合而成的氣。

[22]【今注】德勝：以道德教化。勝，使服從。

[23]【今注】要道：重要的道理。

[24]【李賢注】《鹿鳴》，《詩·小雅》，宴群臣也。其詩曰：“呦呦鹿鳴，食野之苹，我有嘉賓，鼓瑟吹笙。”

[25]【今注】洽：和諧融洽。

[26]【今注】揆：治理。 萬機：帝王處理的各種重要事務。

[27]【今注】時氣：四時的氣候。

[28]【今注】垂之無極：傳至後世，沒有窮盡。

[29]【李賢注】《意別傳》曰：“意爲魯相，到官，出私錢萬三千文（中華本校勘記曰：《刊誤》謂古人言錢不曰文，世俗乃有此文，明多一‘文’字），付戶曹孔訢修夫子車，身入廟，拭机席劍履（机，殿本作‘几’，是）。男子張伯除堂下草，土中得玉璧七枚，伯懷其一，以六枚白意。意令主簿安置几前。孔子教授堂下牀首有懸甕，意召孔訢問（訢，紹興本誤作‘訴’）：‘此何甕也（此，殿本誤作“其”）?’對曰：‘夫子甕也，背有丹書，人莫敢發也。’意曰：‘夫子聖人，所以遺甕，欲以懸示後賢。’因發之，中得素書，文曰‘後世修吾書，董仲舒。護吾車，拭吾履，發吾笥，會稽鍾離意。璧有七，張伯藏其一（藏，紹興本、大德本、殿本誤作“藏”）。’意即召問伯，果服焉。”【今注】魯：郡國名。治魯縣（今山東曲阜市）。東漢光武帝建武二年（26），封兄劉縯之子劉興爲魯王。十三年，魯王降爲魯公。十九年，復進爵爲王。建武二十八年，劉興徙封爲北海王，魯國之地改屬劉彊東海國，爲東海國屬郡。明帝永平元年（58），東海恭王劉彊臨死前上

疏歸還東海郡。其子劉政嗣位之後，仍用東海王封號，但轄地僅魯郡六縣之地，國名改稱魯國，因而出現了東海王實治魯國的特殊現象。(周振鶴：《後漢的東海王與魯國》，《歷史地理》第 3 輯，上海人民出版社 1983 年版)

[30]【李賢注】《漢宮殿名》曰北宮中有德陽殿。

[31]【今注】案，大，紹興本作"太"。

意視事五年，以愛利爲化，[1]人多殷富。以久病卒官。遺言上書陳升平之世，[2]難以急化，[3]宜少寬假。[4]帝感傷其意，下詔嗟歎，賜錢二十萬。

[1]【李賢注】《東觀記》曰："意在堂邑，爲政愛利，輕刑慎罰，撫循百姓如赤子。初到縣，市無屋，意出奉錢帥人作屋(奉，殿本作'俸'，二字可通)。人齎茅竹或持材木(材，殿本誤作'林')，爭起趨作，決日而成(決，殿本作'浹'，是)。功作既畢，爲解土，祝曰：'興功役者令，百姓無事。如有禍祟，令自當之。'人皆大悦(殿本'悦'後有'服'字，是)。"

[2]【今注】升平之世：太平之世。《春秋公羊傳》隱公元年疏："於所傳聞之世，見治起於衰亂之中，用心尚麤觕，故内其國而外諸夏，先詳内而後治外，録大略小，内小惡書，外小惡不書，大國有大夫，小國略稱人，内離會書，外離會不書是也。于所聞之世，見治升平，内諸夏而外夷狄，書外離會，小國有大夫，宣十一年'秋，晉侯會狄於欑函'，襄二十三年'邾婁鼻我來奔'是也。至所見之世，著治大平，夷狄進至於爵，天下遠近小大若一，用心尤深而詳，故崇仁義，譏二名，晉魏曼多、仲孫何忌是也。"

[3]【今注】急化：急切施行教化治理。

[4]【今注】寬假：寬容。

　　藥崧者，河內人，[1]天性朴忠。[2]家貧爲郎，常獨直臺上，[3]無被，枕杶，[4]食糟糠。[5]帝每夜入臺，輒見崧，問其故，甚嘉之，自此詔太官賜尚書以下朝夕餐，[6]給帷被皁袍，[7]及侍史二人。[8]崧官至南陽太守。

　　[1]【今注】河內：郡名。治懷縣（今河南武陟縣西南）。

　　[2]【今注】朴忠：質樸忠誠。

　　[3]【今注】案，常，大德本誤作“當”。　臺：古代的宮殿都是建在高臺上。郎官掌宮廷宿衞，故居臺上。

　　[4]【李賢注】杶音思漬反，謂俎几也。《方言》云：“蜀、漢之郊曰杶。”

　　[5]【今注】糟糠：粗糙的食物。糟，酒滓。糠，穀皮。

　　[6]【今注】太官：官名。即太官令。掌皇室飲食。秩六百石。屬官有左丞、甘丞、湯官丞、果丞各一人。左丞主飲食，甘丞主膳具，湯官丞主酒，果丞主果。

　　[7]【今注】帷被皁袍：以帷幕做成的被子和黑色的長衣。

　　[8]【李賢注】蔡質《漢官儀》曰“尚書郎入直臺中，官供新青縑白綾被，或錦被，晝夜更宿，帷帳畫，通中枕，卧旃蓐，冬夏隨時改易。太官供食（太，殿本作‘大’），五日一美食，下天子一等。尚書郎伯使一人（一，大德本、殿本作‘二’，《太平御覽》卷二一五引《漢官儀》亦作‘二’，當據改），女侍史二人，皆選端正者。伯使從至止車門還，女侍史絜被服，執香鑪燒燻（鑪，大德本、殿本作‘爐’，二字可通），從入臺中，給使護衣服”也。【今注】侍史：官名。侍奉左右，掌管文書。

　　宋均字叔庠，[1]南陽安衆人也。[2]父伯，建武初爲五官中郎將。[3]均以父任爲郎，時年十五，好經書，每休沐日，[4]輒受業博士，通《詩》《禮》，善論難。[5]至二十餘，調補辰陽長。[6]其俗少學者而信巫鬼，[7]均爲立學校，禁絶淫祀，人皆安之。以祖母喪去官，客授潁川。[8]

[1]【今注】宋均：中華本校勘記云："殿本《考證》引何焯説及王先謙《集解》引《通鑑》胡注，俱謂宋均本姓'宗'，作'宋'乃傳寫之誤。今按：《通鑑》胡注引張説《宋璟遺愛頌》，證明'宗均'之譌爲'宋均'，自唐已然。"本書卷八六《南蠻西南夷傳》有謁者宗均，王先謙《後漢書集解》引謝承《後漢書》曰："宗資字叔都，南陽安衆人也。家代爲漢將相名臣。祖父均，自有傳。"謂宗均即宋均。

[2]【今注】安衆：縣名。治所在今河南鄧州市東北。

[3]【今注】五官中郎將：官名。掌更直執戟，宿衞諸殿門，出充車騎。秩比二千石。

[4]【今注】休沐日：漢代中央官吏府舍分離，平時居住於官舍，每五日得一休沐，以與家屬團聚。

[5]【今注】論難：對《詩》《禮》相關問題進行辯駁爭論。

[6]【李賢注】辰陽，今辰州辰溪縣。【今注】辰陽：縣名。治所在今湖南辰溪縣西南。

[7]【今注】巫鬼：巫祝鬼神。

[8]【今注】案，客授，殿本誤作"客遊"。 潁川：郡名。治陽翟縣（今河南禹州市）。

後爲謁者。[1]會武陵蠻反，[2]圍武威將軍劉尚，[3]詔使均乘傳發江夏奔命三千人往救之。[4]既至而尚已没。會伏波將軍馬援至，[5]詔因令均監軍，與諸將俱進，賊拒阸不得前。[6]及馬援卒於師，軍士多溫溼疾病，[7]死者太半。[8]均慮軍遂不反，乃與諸將議曰："今道遠士病，不可以戰，欲權承制降之何如？"[9]諸將皆伏地莫敢應。均曰："夫忠臣出竟，[10]有可以安國家，專之可也。"[11]乃矯制調伏波司馬呂种守沅陵長，[12]命种奉詔書入虜營，告以恩信，因勒兵隨其後。[13]蠻夷震怖，即共斬其大帥而降，於是入賊營，散其衆，遣歸本郡，爲置長吏而還。[14]均未至，先自劾矯制之罪。光武嘉其功，迎賜以金帛，令過家上冢。[15]其後每有四方異議，數訪問焉。

[1]【今注】謁者：官名。戰國始置。西漢隸中郎將（光祿勳屬官），主賓贊受事。秩比六百石。設謁者僕射統領，秩比千石。東漢謁者僕射秩比千石，爲謁者臺率，主謁者，天子出，掌在前導引。屬下有常侍謁者，秩比六百石，掌殿上時節威儀；給事謁者四百石，灌謁者郎中比三百石。掌賓贊受事及上章報問。多從郎官、孝廉中選拔。

[2]【今注】武陵蠻：秦漢時分布在今湖南東北部、湖北西南部的少數民族。漢初在其地置武陵郡。東漢光武帝建武二十三年（47）十二月，武陵蠻叛，寇掠郡縣，遣劉尚討之，戰於沅水，尚軍敗歿。武陵，郡名。治臨沅縣（今湖南常德市）。

[3]【今注】武威將軍：雜號將軍名。東漢光武帝置，掌帥兵征伐。 案，劉尚，王先謙《後漢書集解》謂《東觀記》作"劉禹"。

[4]【李賢注】《前書音義》曰"擢選精勇，聞命奔走，謂之奔命"也。【今注】詔使：皇帝派出的特使。 乘傳：乘坐傳車。傳，傳車。傳車爲古代驛站專用車輛。每到一傳舍，即換車換馬換

御者，繼續前行，取其快速。傳舍一般爲三十里一置，也有以一縣爲間距的。據拉車馬匹的多少與優劣，由高到低分爲四等：傳置、馳置、乘置、輶置。　江夏：郡名。治西陵縣（今湖北武漢市新洲區西）。　奔命：材官、騎士。本書卷一上《光武帝紀上》李賢注引《前書音義》曰：“舊時郡國皆有材官、騎士，若有急難，權取驍勇者聞命奔赴，故謂之‘奔命’。”

［5］【今注】馬援：字文淵，扶風茂陵（今陝西興平市東北）人。東漢光武帝建武十七年拜伏波將軍。卒謚忠成侯。傳見本書卷二四。

［6］【今注】拒陋：憑借險要進行抵抗。

［7］【今注】溫淫：因濕熱疫癘之邪。又名濕瘟。

［8］【今注】案，太半，大德本作“大半”。

［9］【今注】承制：秉承皇帝旨意而便宜行事。

［10］【今注】出竟：越過邊境。竟，同“境”。

［11］【李賢注】《公羊傳》曰：“聘禮，大夫受命不受辭，出境有以安社稷全國家者，則專之可也。”

［12］【今注】矯制：假託皇帝的詔命。　伏波司馬：官名。伏波將軍馬援的行軍司馬。　守：代理。　沅陵：縣名。治所在今湖南沅陵縣西南。

［13］【今注】勒兵：指揮軍隊。

［14］【今注】長吏：秦漢時期郡守（太守）、郡尉（都尉）、王國相、三輔（京兆尹、左馮翊、右扶風）、都官、侯國相等都被稱作“長吏”；道、三輔所轄縣、障候等機構的主要負責人也都稱“長吏”。

［15］【今注】過家上冢：西漢上冢禮俗風行，陵墓設有冢舍，常會集宗族、故人、官吏。如果在中央或外郡做官要回鄉上冢的，需上書皇帝請求批准。東漢光武帝常以“歸家上冢”或“過家上冢”作爲對功臣的重要恩賜（參見楊寬《中國古代陵寢制度史研

究》，第 119—120 頁）。清趙翼《陔餘叢考》卷三二《墓祭》云："光武令諸功臣王常、馮異、吳漢等，皆過家上塚，又遣使者祭竇融父塚，明帝遂有上陵之制。"

遷上蔡令。[1]時府下記，[2]禁人喪葬不得侈長。[3]均曰："夫送終踰制，[4]失之輕者。[5]今有不義之民，[6]尚未循化，[7]而遽罰過禮，[8]非政之先。"[9]竟不肯施行。

[1]【今注】上蔡：縣名。治所在今河南上蔡縣西南。

[2]【今注】記：漢代上級給下級的命令文書。

[3]【李賢注】長音直亮反。禁之不得奢侈有餘。

[4]【今注】踰制：超過規定。

[5]【今注】失之輕者：屬於比較輕的過錯。

[6]【今注】不義之民：做事不道德的人。

[7]【今注】循化：遵循教化。

[8]【今注】遽罰過禮：突然以超過禮制而懲罰。

[9]【今注】非政之先：並非治理的本來目的。

遷九江太守。[1]郡多虎暴，數爲民患，常募設檻穽而猶多傷害。[2]均到，下記屬縣曰："夫虎豹在山，黿鼉在水，[3]各有所託。且江淮之有猛獸，[4]猶北土之有雞豚也。[5]今爲民害，咎在殘吏，[6]而勞勤張捕，[7]非憂恤之本也。其務退姦貪，思進忠善，可一去檻穽，除削課制。"[8]其後傳言虎相與東游度江。[9]中元元年，[10]山陽、楚、沛多蝗，[11]其飛至九江界者，輒東西散去，由是名稱遠近。浚遒縣有唐、后二山，民共祠之，[12]衆巫遂取百姓男女以爲公嫗，[13]歲歲改易，既而不敢嫁娶，前後守令莫敢禁。均乃下書曰："自今以後，爲山娶者皆娶巫家，勿擾良民。"於是遂絕。

[1]【今注】案，惠棟《後漢書補注》卷一〇引司馬彪《續漢書‧宋均傳》載，宋均爲九江太守，五日一聽事。冬以日中，夏以平旦。又引袁宏《後漢紀》謂："悉省掾吏，閉督郵府內，令與諸曹分休，屬縣無事，百姓安業。"

[2]【李賢注】檻，爲機以捕獸。穽謂穿地陷之。

[3]【今注】黿：鱉科爬行動物。似鱉而大，背甲近圓形，散生暗綠色小疣，腹面白色。脚上有蹼。生活於河中。分布於中國雲南、廣東、廣西、福建、浙江等地。 鼉：爬行動物。吻部較短，背部、尾部均有麟甲。體長至二米多。穴居江河岸邊。又稱"揚子鰐""鼉龍""豬婆龍"。

[4]【今注】江淮：長江中下游與淮河之間的地區，指今江蘇、安徽中部。

[5]【今注】北土：北方地區。 豚：小豬。泛指豬。

[6]【今注】殘吏：殘害百姓的官吏。

[7]【今注】張捕：張網捕捉。

[8]【今注】課制：賦稅。

[9]【今注】案，《風俗通義‧正失》作："九江多虎，百姓苦之。前將募民捕取，武吏以除賦課，郡境界皆設陷穽。後太守宋均到，乃移記屬縣曰：'夫虎豹在山，黿鼉在淵，物性之所託。故江、淮之間有猛獸，猶江北之有雞豚。今數爲民害者，咎在貪殘居職使然，而反逐捕，非政之本也。壞檻穽，勿復課錄，退貪殘，進忠良。'後虎悉東渡江，不爲民害。"

[10]【今注】中元：建武中元，東漢光武帝劉秀年號（56—57）。

[11]【今注】山陽：郡名。治昌邑縣（今山東巨野縣東南）。
楚：郡國名。治彭城縣（今江蘇徐州市雲龍區）。東漢初爲楚郡。
光武帝建武十五年（39），封皇子劉英爲楚公，楚郡爲楚公國。建
武十七年，楚公劉英進爵爲楚王，楚公國升格爲楚王國。　沛：郡
國名。治相縣（今安徽濉溪縣西北）。建武二十年，光武帝徙封皇
子中山王劉輔爲沛王。

[12]【李賢注】浚遒縣屬廬江郡（“廬江”當作“九江”。
王先謙《後漢書集解》引洪頤烜説，謂《郡國志》浚遒縣屬九江
郡，注云屬廬江，誤），故城在今廬州慎縣南。【今注】浚遒：縣
名。治所在今安徽肥東縣東。

[13]【李賢注】以男爲山公，以女爲山嫗，猶祭之有尸
主也。

　　永平元年，遷東海相，[1]在郡五年，坐法免官，客
授潁川。而東海吏民思均恩化，[2]爲之作歌，詣闕乞還
者數千人。顯宗以其能，七年，徵拜尚書令。[3]每有駁
議，多合上旨。均嘗删翦疑事，[4]帝以爲有姦，大怒，
收郎縛格之。[5]諸尚書惶恐，皆叩頭謝罪。均顧屬色
曰：“蓋忠臣執義，[6]無有二心。若畏威失正，均雖死，
不易志。”小黄門在傍，[7]入具以聞。帝善其不撓，[8]
即令貰郎，遷均司隸校尉。[9]數月，出爲河内太守，政
化大行。

　　[1]【今注】東海：郡國名。治郯縣（今山東郯城縣西北）。
東漢光武帝建武十五年（39），封皇子劉陽（即後來的漢明帝劉
莊）爲東海公，東海郡爲東海公國。建武十七年，劉陽進爵爲東海
王，東海公國變爲東海王國。建武十九年，皇太子劉强廢爲東

海王。

[2]【今注】恩化：恩惠教化。

[3]【今注】尚書令：官名。西漢爲尚書署長官，掌文書，爲少府屬官。秩六百石。武帝以後，職權稍重，掌傳達詔命章奏。秩千石。東漢爲尚書臺長官，掌決策詔令、總領朝政。如以公兼任，增秩至二千石。朝會時，與御史中丞、司隸校尉皆專席坐，時號"三獨坐"。

[4]【今注】删翦：删削。

[5]【今注】縛格：捆綁拷打。

[6]【今注】執義：堅持符合道德的事。

[7]【今注】小黄門：宦官名。名義上隸屬少府。掌侍從皇帝，收受尚書奏事，宣布詔令。秩六百石。

[8]【今注】不撓：不屈服。

[9]【今注】司隸校尉：官名。掌察舉三輔（京兆、左馮翊、右扶風）、三河（河東、河内、河南）、弘農七郡的犯法者。西漢成帝元延四年（前9）省，哀帝時復置，改名司隸，隸大司空。東漢仍名司隸校尉，掌糾察宮廷皇親、貴戚百官，兼領兵、搜捕罪犯，並爲司隸州行政長官。治所在河南洛陽。秩比二千石。光武帝特詔朝會時與御史中丞、尚書令並專席而坐，時號"三獨坐"。

均常寢病，[1]百姓耆老爲禱請，[2]旦夕問起居，[3]其爲民愛若此。以疾上書乞免，詔除子條爲太子舍人。[4]均自扶輿詣闕謝恩，帝使中黄門慰問，[5]因留養疾。司徒缺，帝以均才任宰相，召入視其疾，令兩驂扶之。[6]均拜謝曰："天罰有罪，所苦浸篤，[7]不復奉望帷幄！"[8]因流涕而辭。帝甚傷之，召條扶侍均出，賜錢三十萬。

［1］【今注】寢病：臥病。案，常，王先謙《後漢書集解》謂當作"嘗"，各本皆失正。當據改。

［2］【今注】耆老：受人尊敬的老人。古代以六十歲爲"耆"，七十歲爲"老"。

［3］【今注】問起居：向尊長問候、請安。

［4］【今注】太子舍人：官名。秦朝始置。兩漢因之，秩二百石，無員額，輪流宿衛，如三署郎中。西漢隸太子太傅、少傅，東漢隸太子少傅。太子闕位則隸少府。

［5］【今注】中黃門：宦官名。閹人居禁中在黃門之内給事者。西漢置，掌皇宮黃門之内侍應雜事，並持兵器宿衛。名義上隸屬少府，無定員。東漢其職任稍重，掌給事禁中。比百石，後增比三百石。位次小黃門。

［6］【李賢注】騶，養馬者，亦曰騶騎。

［7］【今注】浸篤：病情漸漸嚴重。

［8］【今注】帷幄：宮殿的帳幕。代指帝王。

均性寬和，不喜文法，[1]常以爲吏能弘厚，[2]雖貪汙放縱，猶無所害；至於苛察之人，[3]身或廉法，[4]而巧黠刻削，[5]毒加百姓，災害流亡所由而作。及在尚書，恒欲叩頭爭之，以時方嚴切，故遂不敢陳。帝後聞其言而追悲之。建初元年，[6]卒於家。族子意。

［1］【今注】文法：法令條文。

［2］【今注】弘厚：寬弘仁厚。

［3］【今注】苛察：苛刻煩瑣。

［4］【今注】廉法：清廉守法。

［5］【今注】巧黠刻削：狡滑嚴酷。

［6］【今注】建初：東漢章帝劉炟年號（76—84）。

意字伯志。父京，以《大夏侯尚書》教授，[1]至遼東太守。[2]意少傳父業，顯宗時舉孝廉，以召對合旨，擢拜阿陽侯相。[3]建初中，徵爲尚書。

[1]【李賢注】夏侯勝也。【今注】大夏侯尚書：《尚書》經孔子整理，有百篇。秦焚書之時，伏生藏於壁中。漢初，仍存二十九篇。伏生以此書傳授門徒，形成三派：由歐陽生開始，傳至歐陽高而建立歐陽氏學；由夏侯勝建立的大夏侯氏學；由夏侯建建立的小夏侯氏學。夏侯勝，字長公。其先爲夏侯都尉，從濟南張生受《尚書》，後傳族子始昌。夏侯勝從夏侯始昌受《尚書》及《洪範》。官至太子太傅。西漢宣帝時，受詔撰《尚書》《論語》説。傳見《漢書》卷七五、卷八八。

[2]【今注】遼東：郡名。治襄平縣（今遼寧遼陽市）。

[3]【李賢注】阿陽，縣，屬天水郡，故城在今秦州隴城縣西北。【今注】阿陽：縣名。治所在今甘肅静寧縣西南。王先謙《後漢書集解》引錢大昕説，謂阿陽縣屬漢陽郡，不云侯國，而上黨之陽阿爲侯國，此"阿陽"或"陽阿"之誤。

肅宗性寬仁，而親親之恩篤，[1]故叔父濟南、中山二王每數入朝，[2]特加恩寵，及諸昆弟並留京師，[3]不遣就國。[4]意以爲人臣有節，不宜踰禮過恩，乃上疏諫曰："陛下至孝烝烝，[5]恩愛隆深，[6]以濟南王康、中山王焉先帝昆弟，[7]特蒙禮寵，聖情戀戀，[8]不忍遠離，比年朝見，久留京師，崇以叔父之尊，同之家人之禮，車入殿門，即席不拜，分甘損膳，[9]賞賜優渥。昔周公懷聖人之德，[10]有致太平之功，然後王曰叔父，加以錫幣。[11]今康、焉幸以支庶享食大國，[12]陛下即位，蠲除前過，[13] 還所削黜，衍食它縣，[14] 男女少長，並受爵邑，恩寵踰制，禮敬過度。《春秋》之義，諸父昆弟，無所不臣，[15] 所以尊尊卑卑，[16] 彊幹弱枝者也。陛下德業隆盛，當爲萬世典法，[17] 不宜以私恩損上下之序，失君臣之正。又西平王羨等六王，[18] 皆妻子成家，官屬備具，當早就蕃國，爲子孫基阯。[19] 而室第相望，久磐京邑，[20] 婚姻之盛，過於本朝，僕馬之衆，充塞城郭，[21] 驕奢僭擬，[22] 寵禄隆過。今諸國之封，並皆膏腴，[23] 風氣平調，[24] 道路夷近，[25] 朝聘有期，[26] 行來不難。宜割情不忍，[27] 以義斷恩，[28] 發遣康、焉各歸蕃國，令羨等速就便時，[29] 以塞衆望。」帝納之。

[1]【今注】親親：愛自己的親戚。《中庸》：「仁者，人也，親親爲大。」

[2]【今注】濟南：濟南王劉康。東漢光武帝建武十五年（39）封濟南公，十七年進爵爲王，二十八年就國。都東平陵縣（今山東濟南市章丘區西北）。傳見本書卷四二。　中山：中山王劉焉。東漢光武帝建武元年封宗室劉茂爲中山王。治盧奴縣（今河北定州市）。傳見本書卷四二。

[3]【今注】京師：東漢都城雒陽。故址即今河南洛陽市東北漢魏故城。

[4]【今注】就國：諸侯王返回所在封國。東漢明帝永平二年（59）冬，諸王來會辟雍，事畢歸蕃，詔焉與俱就國，從以虎賁官騎。

[5]【今注】烝烝：淳厚。

[6]【今注】隆深：深厚。

[7]【今注】案，據本書卷四二《光武十王傳》，光武有十一

子，郭皇后生濟南安王康、中山簡王焉，光烈皇后生顯宗，故爲章帝叔父。

[8]【今注】戀戀：顧念。

[9]【今注】分甘損膳：減少自己的食物而分給他們。損，減少。

[10]【今注】周公：周武王弟。姓姬，名旦。以周地爲采邑，故謂周公。輔佐武王伐紂滅商。周初被封於魯，留在朝中輔政。成王年幼，行攝政。平定管叔、蔡叔、霍叔聯合武庚的叛亂。分封諸侯，興建洛邑，制禮作樂。成王年長後，返政於成王。

[11]【李賢注】《詩·魯頌》曰："王曰叔父，建爾元子，俾侯於魯。"《尚書》曰，周公既成洛邑，成王命召公出取幣錫周公也。【今注】案，錫，大德本、殿本作"賜"。

[12]【今注】案，劉康，建初八年（83），肅宗復還所削地。劉焉，元和中，肅宗復以安險還中山。 支庶：謂嫡子以外的旁支。郭皇后生濟南安王康、中山簡王焉，相對於顯宗來説是支庶。

[13]【今注】案，劉康在國不循法度，交通賓客。之後，有人上書告劉康招來州郡奸猾漁陽顏忠、劉子產等，又多遺其繒帛，案圖書，謀議不軌。事下考，有司舉奏之，顯宗以親親故，不忍窮竟其事，但削祝阿、隰陰、東朝陽、安德、西平昌五縣。明帝永平十五年，焉姬韓序有過，劉焉縊殺之，國相舉奏，坐削安險縣。

[14]【李賢注】衍謂流衍，傍食它縣。

[15]【今注】無所不臣：都要向皇帝稱臣。

[16]【今注】尊尊卑卑：比喻上下分明，尊卑有別。

[17]【今注】典法：典章法規。

[18]【今注】西平王羨：東漢明帝永平三年封廣平王。章帝建初三年，有司奏遣羨與鉅鹿王恭、樂成王黨俱就國。建初七年，徙廣平王羨爲西平王。傳見本書卷五〇。其他五王指彭城王劉恭、樂成王劉黨、下邳王劉衍、梁王劉暢、淮陽王劉昞。

[19]【今注】基阯：根基。同"基址"。

[20]【李賢注】磐謂磐桓不去。【今注】案，本書卷五〇《陳敬王羨傳》載，肅宗性篤愛，不忍與諸王乖離，遂皆留京師。

[21]【今注】案，本書卷五〇《梁節王暢傳》載，梁節王劉暢，永平十五年封爲汝南王。母陰貴人有寵，劉暢尤被愛幸，國土租入倍於諸國。肅宗立，因爲先帝的原因，賞賜恩寵甚爲豐厚。

[22]【今注】案，本書《陳敬王羨傳》載，劉鈞立，多爲不法，遂行天子大射禮。

[23]【今注】案，西平王劉羨，章帝建初七年，徙爲西平王，分汝南八縣爲國。六安王劉恭，以廬江郡爲國。樂成王劉黨，建初四年，以清河郡之游、觀津，勃海郡之東光、成平，涿郡之中水、饒陽、安平、南深澤八縣益樂成國。下邳惠王劉衍，建初四年，以臨淮郡及九江之鍾離、當塗、東城、歷陽、全椒合十七縣益下邳國。梁王劉暢，建初四年，徙爲梁王，以陳留之郾、寧陵，濟陰之薄、單父、己氏、成武，凡六縣，益梁國。濟陰悼王長，明帝永平十五年封。章帝建初四年，以東郡之離狐、陳留之長垣益濟陰國。淮陽王劉昞，建初四年，徙爲淮陽王，以汝南之新安、西華益淮陽國。

[24]【今注】風氣平調：氣候和諧，風調雨順。

[25]【今注】夷近：平坦且離京師距離近。

[26]【今注】朝聘：諸侯王朝見皇帝。朝聘，原指周朝諸侯定期朝見天子。每年一小聘，三年一大聘，五年一朝。小聘派大夫，大聘派卿，朝則國君自己前往。或指諸侯之間交往的禮節。

[27]【今注】割情不忍：拋棄個人私情不算殘忍。

[28]【李賢注】《禮記》曰："門內之政恩掩義，門外之政義斷恩。"【今注】以義斷恩：以國家大義斷絕恩寵。

[29]【李賢注】行日，取便利之時也。

章和二年，[1]鮮卑擊破北匈奴，[2]而南單于乘此請兵北伐，[3]因欲還歸舊庭。[4]時竇太后臨朝，[5]議欲從之。[6]意上疏曰：“夫戎狄之隔遠中國，幽處北極，[7]界以沙漠，簡賤禮義，[8]無有上下，彊者爲雄，弱即屈服。自漢興以來，[9]征伐數矣，其所剋獲，[10]曾不補害。[11]光武皇帝躬服金革之難，[12]深昭天地之明，故因其來降，[13]羈縻畜養，[14]邊人得生，勞役休息，於茲四十餘年矣。[15]今鮮卑奉順，[16]斬獲萬數，[17]中國坐享大功，[18]而百姓不知其勞，漢興功烈，[19]於斯爲盛。所以然者，夷虜相攻，無損漢兵者也。臣察鮮卑侵伐匈奴，正是利其抄掠，及歸功聖朝，實由貪得重賞。今若聽南虜還都北庭，則不得不禁制鮮卑。鮮卑外失暴掠之願，内無功勞之賞，豺狼貪婪，必爲邊患。今北虜西遁，[20]請求和親，宜因其歸附，以爲外扞，[21]巍巍之業，[22]無以過此。若引兵費賦，以順南虜，則坐失上略，去安即危矣。誠不可許。”會南單于竟不北徙。[23]

[1]【今注】章和：東漢章帝劉炟年號（87—88）。中華本校勘記按：“《集解》引惠棟説，謂《袁宏紀》爲章和元年事。”本書卷八九《南匈奴傳》亦作章和元年，鮮卑入左地擊北匈奴，大破之，斬優留單于，取其匈奴皮而還。

[2]【今注】鮮卑：古族名。東胡的一支，因别依鮮卑山，故稱。漢初，爲冒頓所敗，入遼東塞外，與烏桓相接。東漢初，與匈奴攻遼東。和帝永元中，北匈奴西遷後，徙據其地。因兼併其衆，逐漸强盛，多次攻漢邊郡。桓帝時，首領檀石槐建庭立制，分爲東、中、西三部，各置大人率領。其後聯合體瓦解，步度根、軻比

能等首領各擁其衆，附屬曹魏。 北匈奴：東漢光武帝建武二十四年（48），日逐王比稱單于，形成南匈奴，內附中國。與北匈奴蒲奴單于分立。南匈奴南下附漢，北匈奴留居漠北。和帝時，北匈奴屢爲東漢和南匈奴所敗，始西遷。

[3]【今注】南單于：南匈奴休蘭尸逐侯鞮單于屯屠何，東漢章帝章和二年立。

[4]【今注】舊庭：地名。匈奴單于祭天、大會諸部的地方，也是匈奴王庭所在地。原在今內蒙古烏蘭察布盟陰山一帶。西漢武帝元狩四年（前119），匈奴被衞青、霍去病挫敗，龍庭北遷至今蒙古國鄂爾渾河西巖和碩柴達木湖附近。故龍城，即元狩四年以前的龍城。也作“龍城”。

[5]【今注】竇太后：東漢章帝皇后。扶風平陵人。漢和帝即位，臨朝執政，其兄、弟位居顯要。永元四年（92），和帝與宦官鄭衆等誅滅竇氏，被迫歸政。紀見本書卷一〇上。

[6]【今注】案，本書《南匈奴傳》載，“（耿）秉上言：‘昔武帝單極天下，欲臣虜匈奴，未遇天時，事遂無成。宣帝之世，會呼韓來降，故邊人獲安，中外爲一，生人休息六十餘年。及王莽篡位，變更其號，耗擾不止，單于乃畔。光武受命，復懷納之，緣邊壞郡得以還復。烏桓、鮮卑咸脅歸義，威鎮四夷，其效如此。今幸遭天授，北虜分爭，以夷伐夷，國家之利，宜可聽許。’秉因自陳受恩，分當出命效用”。

[7]【李賢注】《爾雅》曰“東至於泰遠，西至於邠國，南至於濮鈆，北至於祝栗，謂之四極”也。【今注】北極：北方邊遠之處。

[8]【今注】簡賤：輕視。 案，禮義，大德本誤作“禮樂”。

[9]【今注】漢興以來：指劉邦建立漢朝以來。

[10]【今注】剋獲：戰勝並有所擄獲。

[11]【今注】補害：指因戰爭帶來的收獲不能彌補因此產生

的損失。

〔12〕【今注】金革：兵器甲胄。代指戰爭。

〔13〕【今注】因其來降：公元48年，日逐王比稱單于，形成南匈奴，內附中國。與北匈奴蒲奴單于分立。

〔14〕【今注】羈縻：籠絡控制。　畜養：養育。

〔15〕【今注】案，指自公元48年至89年，共41年。

〔16〕【今注】奉順：順從。奉，表示尊敬。

〔17〕【今注】斬獲萬數：東漢章帝章和元年，鮮卑入左地擊北匈奴，大破之，斬優留單于，取其匈奴皮而還。北庭大亂，屈蘭、儲卑、胡都須等五十八部，口二十萬，勝兵八千人，詣雲中、五原、朔方、北地降。

〔18〕【李賢注】享，受也。

〔19〕【今注】功烈：功業。

〔20〕【今注】西遁：和帝時，北匈奴屢爲東漢和南匈奴所敗，始西遷。

〔21〕【今注】外扞：邊地的保護。扞，同“捍”。

〔22〕【今注】巍巍：弘大強盛。《論語·泰伯》：“巍巍乎，舜禹之有天下也，而不與焉。”大德本誤作“魏魏”。

〔23〕【今注】會南單于竟不北徙：東漢章帝章和二年，鮮卑擊敗北匈奴，南匈奴單于上書漢庭，希望借此機會北伐，王庭回到北匈奴，但被阻止。

遷司隸校尉。永元初，[1]大將軍竇憲兄弟貴盛，[2]步兵校尉鄧疊、河南尹王調、故蜀郡太守廉范等群黨，[3]出入憲門，負埶放縱。[4]意隨違舉奏，[5]無所回避，由是與竇氏有隙。二年，病卒。

〔1〕【今注】永元：東漢和帝劉肇年號（89—105）。

　　[2]【今注】大將軍：重號將軍名。西漢武帝以衞青征匈奴有功，封大將軍。此後大將軍常冠大司馬之號，秩萬石，領尚書事。成帝綏和元年（前8）改稱大司馬。東漢光武帝復置，主征伐，事訖皆罷。秩萬石，不冠大司馬之號。多授予貴戚，常兼錄尚書事，與太傅、太尉等共同主持政務。開府置僚屬，屬官有前、後、左、右等雜號將軍。

　　[3]【今注】步兵校尉：官名。西漢武帝始置，爲北軍八校尉之一。秩二千石。位次列卿。屬官有丞、司馬等。領上林苑門屯兵，戍衞京師，兼任征伐。東漢爲北軍五校尉之一。隸北軍中候。掌宿衞禁兵。秩比二千石。屬官有司馬一員。　鄧疊：與竇憲交好。東漢明帝永平中爲步兵校尉。後任侍中。隨竇憲征匈奴。和帝永元中爲衞尉。四年，封穰侯。因竇憲事而被誅。　河南尹：官名。東漢光武帝建武十五年（39）置，爲京都雒陽所在河南郡長官。秩二千石。　蜀郡：治成都縣（今四川成都市）。　廉范：字叔度，京兆杜陵（今陝西西安市）人。因收斂薛漢而聞名。章帝建初中，爲蜀郡太守。與洛陽人慶鴻爲刎頸之交，時人稱爲“前有管鮑，後有慶廉”。傳見本書卷三一。

　　[4]【今注】負執：依仗權勢。

　　[5]【今注】隨違：根據違法行爲。

　　孫俱，靈帝時爲司空。[1]

　　[1]【李賢注】《漢官儀》曰“俱字伯儷”也（大德本、殿本無“俱”字）。【今注】案，《隸釋》卷一八《司空宗俱碑》載，宗俱字伯儷，南陽安衆人。以察孝爲城門候，歷郎中、議郎、五官中郎將、越騎校尉、汝南太守、少府、太僕、太常，遂拜司空。靈帝：東漢靈帝劉宏，公元168年至189年在位。紀見本書卷八。

寒朗字伯奇，魯國薛人也。[1]生三日，遭天下亂，弃之荆棘；數日兵解，母往視，猶尚氣息，遂收養之。及長，好經學，[2]博通《書》傳，[3]以《尚書》教授。[4]舉孝廉。

[1]【今注】薛：縣名。治所在今山東滕州市官橋鎮。
[2]【今注】經學：即注經之學，爲闡釋儒家經典的學問。
[3]【今注】書傳：有關《尚書》經義的傳述解釋。
[4]【今注】尚書：書名。古稱《書》，至漢代稱《尚書》。基本内容是古代帝王的文告和君臣談話内容的記録，相傳爲孔子編定。其内容有典、謨、訓、誥、誓、命六種。伏生藏於壁中。漢初仍存二十九篇。西漢武帝時，魯恭王劉餘在孔壁所藏《古文尚書》，經孔安國校理並作傳，比伏生所傳二十九篇增加十六篇。

永平中，以謁者守侍御史。[1]與三府掾屬共考案楚獄顏忠、王平等，[2]辭連及隧鄉侯耿建、朗陵侯臧信、護澤侯鄧鯉、曲成侯劉建。[3]建等辭未嘗與忠、平相見。是時顯宗怒甚，吏皆惶恐，諸所連及，率一切陷入，無敢以情恕者。朗心傷其冤，試以建等物色，獨問忠、平，[4]而二人錯愕不能對。[5]朗知其詐，乃上言建等無姦，專爲忠、平所誣，疑天下無辜類多如此。帝乃召朗入，問曰："建等即如是，忠、平何故引之？"[6]朗對曰："忠、平自知所犯不道，[7]故多有虛引，冀以自明。"[8]帝曰："即如是，四侯無事，何不早奏，獄竟而久繫至今邪？"朗對曰："臣雖考之無事，然恐海内別有發其姦者，故未敢時上。"[9]帝怒罵曰：

"吏持兩端，[10]促提下。"[11]左右方引去，朗曰："願一言而死。小臣不敢欺，欲助國耳。"[12]帝問曰："誰與共爲章？"對曰："臣自知當必族滅，不敢多污染人，[13]誠冀陛下一覺悟而已。臣見考囚在事者，咸共言妖惡大故，[14]臣子所宜同疾，[15]今出之不如入之，[16]可無後責。[17]是以考一連十，考十連百。又公卿朝會，[18]陛下問以得失，皆長跪言，舊制大罪禍及九族，[19]陛下大恩，裁止於身，天下幸甚。及其歸舍，口雖不言，而仰屋竊歎，莫不知其多冤，無敢悟陛下者。[20]臣今所陳，誠死無悔。"帝意解，詔遣朗出。後二日，車駕自幸洛陽獄録囚徒，[21]理出千餘人。後平、忠死獄中，朗乃自繫。[22]會赦，免官。復舉孝廉。

[1]【今注】侍御史：官名。御史中丞屬官。有十五人，掌察舉非法，受公卿群吏奏事，有違失舉劾之。秩六百石。

[2]【今注】掾屬：泛指公府及郡縣官府的屬吏，正曰"掾"，副曰"屬"，如各曹掾史及其下屬吏員。由郡縣官自選，不由朝廷任命。　楚獄：楚王劉英造作妖書謀反事。本書卷四二《楚王英傳》載，明帝永平十三年（70），"男子燕廣告英與漁陽王平、顏忠等造作圖書，有逆謀，事下案驗。有司奏英招聚姦猾，造作圖讖，擅相官秩，置諸侯王公將軍二千石，大逆不道，請誅之。帝以親親不忍，乃廢英，徙丹陽涇縣，賜湯沐邑五百户……明年，英至丹陽，自殺"。

[3]【今注】隧鄉侯耿建：遂鄉，在今山東肥城市南。惠棟《後漢書補注》卷一〇認爲，《耿純傳》宿封隧鄉侯，非耿建。坐楚事爲耿阜，以東光侯徙封莒鄉侯。"隧"當作"莒"，"建"當作"阜"。本書卷二一《耿純傳》耿純從兄宿封遂鄉侯，耿阜徙封莒

鄉侯，明帝永平十四年，坐同族耿歙與楚人顏忠辭語相連，國除。
曹金華《後漢書稽疑》認爲，耿建爲耿宿後裔。　朗陵侯臧信：光
武帝建武十五年（39），封臧宮爲朗陵侯。明帝永平元年臧信嗣。
朗陵，縣名。治所在今河南確山縣西南。　護澤侯鄧鯉：鄧鯉，
《後漢紀》卷一〇《孝明皇帝紀下》作"劉鯉"。《熊氏後漢書年表
校補》疑壽光侯徙封護澤，即壽光侯劉鯉。壽光屬北海，建武二十
八年徙魯王爲北海王。劉鯉必在是年徙封護澤，故永平十八年，明
帝復以壽光封北海王子，可以互證。壽光侯劉鯉，爲更始之子，得
幸於沛獻王劉輔。劉鯉怨劉盆子害其父，因劉輔集結門客，報殺劉
盆子之兄故式侯劉恭，劉輔坐繫詔獄，被扣押三日乃得出。　曲成
侯劉建：曲成，縣名。治所在今山東萊州市東北。劉建，《後漢紀》
卷一〇《孝明皇帝紀下》作"竇建"。

［4］【李賢注】物色謂形狀也。【今注】物色：表現。

［5］【李賢注】錯愕猶倉卒也。錯音七故反。愕音五故反。

［6］【今注】引：牽連，攀供。

［7］【今注】不道：不行正道或不按常理行事。

［8］【今注】自明：自我辯解。

［9］【李賢注】時上猶即上也。上音時掌反。

［10］【今注】兩端：猶豫不定的態度。

［11］【今注】促提下：催促將其拖下去。

［12］【今注】助國：有利於國家。

［13］【今注】污染：誣陷或牽累。

［14］【今注】妖惡：怪異邪惡。　大故：事情的大概。

［15］【今注】疾：痛恨。

［16］【今注】出之不如入之：與其使之無罪不如讓其獲罪。

［17］【今注】後責：後患。

［18］【今注】朝會：古代稱臣見君爲"朝"，君見臣爲"會"，
合稱"朝會"。每歲首正月，爲大朝受賀。

[19]【今注】九族：血緣相近的親屬。經學家認爲"九族"是說每個人都有直近親屬九個家族。這種解釋又分歧爲二：古文經學家說九個家族是指自高祖至玄孫九代，都是同姓。今文經學家說九個家族包括父族四、母族三、妻族二，有同姓也有異姓。

[20]【今注】牾：違背、抵觸。

[21]【今注】録囚徒：巡視記録郡縣囚徒情況，察看是否有冤獄。

[22]【今注】自繫：將自己關押起來。

建初中，[1]肅宗大會群臣，朗前謝恩，詔以朗納忠先帝，[2]拜爲易長。[3]歲餘，遷濟陽令，[4]以母喪去官，百姓追思之。章和元年，[5]上行東巡狩，[6]過濟陽，三老吏人上書陳朗前政治狀。[7]帝至梁，[8]召見朗，詔三府爲辟首，[9]由是辟司徒府。永元中，再遷清河太守。[10]坐法免。

[1]【今注】建初：東漢章帝劉炟年號（76—84）。

[2]【今注】納忠：獻納忠心。

[3]【李賢注】易，今易州縣也。【今注】易：縣名。治所在今河北雄縣西北。

[4]【今注】濟陽：縣名。治所在今河南蘭考縣東北。

[5]【今注】章和：東漢章帝劉炟年號（87—88）。

[6]【今注】巡狩：古代天子出行，巡視諸侯或地方官員所治的疆土。根據方向不同，一般稱向西爲行，向東爲幸，向北爲狩，向南爲巡。

[7]【今注】三老：漢代鄉、縣、郡的年老且有德行的人，參與地方政事，掌教化。

[8]【今注】梁：縣名。治所在今河南汝州市西南。

[9]【今注】三府：謂太尉府、司徒府、司空府。

[10]【今注】清河：郡名。治甘陵縣（今山東臨清市東）。屬冀州刺史部。東漢章帝建初七年（82），皇太子劉慶被廢黜爲清河王，清河始爲諸侯王國。

永初三年，[1]太尉張禹薦朗爲博士，[2]徵詣公車，[3]會卒，時年八十四。

[1]【今注】永初：東漢安帝劉祜年號（107—113）。

[2]【今注】太尉：官名。秦置。漢初，金印紫綬，掌武事。西漢文帝三年（前177）罷，屬丞相。景帝三年（前154）復置，七年又罷。武帝建元二年（前139）省。元狩四年（前119）更名大司馬。東漢光武帝建武二十七年（51）改大司馬爲太尉，掌全國軍政事務，考核地方長官，參議郊祀大喪。秩萬石。與司徒、司空共同行使宰相職能，或與太傅並録尚書事。　張禹：字伯達，趙國襄國（今河北邢臺市）人。傳見本書卷四四。　博士：官名。秦置，漢因之。奉常（太常）屬官。掌通古今，教弟子，備顧問。秩比六百石。設僕射一人領之。西漢武帝罷黜百家以前，博士治各家之學。其後博士主要傳授儒家經典，員額依時有所增減。東漢博士十四人，秩比六百石。掌教弟子。國有疑事，掌承問對。

[3]【今注】公車：漢代設公車令，臣民上書及被徵召由公家的車馬接送。公車，指漢代公家的車馬。

論曰：左丘明有言：[1]“仁人之言，其利博哉！”晏子一言，[2]齊侯省刑。[3]若鍾離意之就格請過，寒朗之廷爭冤獄，篤矣乎，[4]仁者之情也！夫正直本於忠誠則不詭，[5]本於諫爭則絞切。[6]彼二子之所本得乎天，故言信而志行也。[7]

[1]【今注】左丘明：春秋時魯國人。史學家。與孔子同時，任魯國太史。相傳著《左傳》《國語》。　案，二句見《左傳》昭公二年。指仁德之人的話，好處很大。

[2]【今注】晏子：名嬰，萊之夷維（今山東高密市）人。事齊靈公、莊公、景公，以節儉力行重於齊。起用越石父。任齊相。謚平仲。

[3]【李賢注】《左氏傳》曰，齊景公謂晏子曰："子之宅近市（子，大德本誤作'了'），識貴賤乎?"於是景公繁於刑（是，殿本作"時"），有鬻踊者，故對曰："踊貴而屨賤。"景公爲是省於刑。君子曰："仁人之言，其利博哉!"踊謂刖者屨。【今注】案，事見《左傳》昭公二年。

[4]【今注】篤：堅持、固執。

[5]【李賢注】詭，詐也。

[6]【李賢注】《論語》孔子曰："直而無禮則絞。"絞，急也。【今注】絞切：急切。

[7]【李賢注】言而見信，諫而必從，故曰志行。

贊曰：伯魚、子阿，矯急去苛。[1]臨官以絜，匡帝以奢。宋均達政，[2]禁此妖禜。[3]禽蟲畏德，子民請病。[4]意明尊尊，割恩蕃屏。[5]慄慄楚黎，寒君爲命。[6]

[1]【今注】矯急去苛：正直而急躁，去除官吏的苛政。

[2]【今注】達政：通達政事。

[3]【李賢注】禜（紹興本、大德本、殿本作"禜"，下同不

注），祭也，于命反。【今注】祭：《左傳》昭公元年："山川之神，則水旱疫癘之災，於是乎祭之。日月星辰之神，則雪霜風雨之不時，於是乎祭之。"

[4]【李賢注】謂人為之請禱也。

[5]【李賢注】《穀梁傳》曰："為尊者諱敵。為親者諱敗，尊尊親親之義也。"意諫令諸王歸藩，故云割恩藩屏。音協韻必政反。

[6]【李賢注】慄慄，懼也。黎，衆也。【今注】寒君：指寒朗。

後漢書　卷四二

列傳第三十二

光武十王

東海恭王彊　沛獻王輔　楚王英　濟南安王康

東平憲王蒼 子任城孝王尚　阜陵質王延　廣陵思王荊

臨淮懷公衡　中山簡王焉　琅邪孝王京

　　光武皇帝十一子：[1]郭皇后生東海恭王彊、沛獻王
輔、濟南安王康、阜陵質王延、中山簡王焉，[2]許美人
生楚王英，[3]光烈皇后生顯宗、東平憲王蒼、廣陵思王
荊、臨淮懷公衡、琅邪孝王京。[4]

　　[1]【今注】光武皇帝：東漢光武帝劉秀，公元 25 年至 57 年
在位。紀見本書卷一。

　　[2]【今注】郭皇后：名聖通，真定槀（今河北石家莊市藁城
區）人。紀見本書卷一〇上。皇后，東漢后妃名號第一級。東漢光

武帝裁減後宮諸妃名目，總共分爲五級：皇后、貴人、美人、宮人、采女。貴人始正式列爲皇帝妃嬪位號，且爲第二等，僅次於皇后。本書卷一〇上《皇后紀上》載："六宮稱號，唯皇后、貴人。貴人金印紫綬，奉不過粟數十斛。又置美人、宮人、采女三等，並無爵秩，歲時賞賜充給而已。"　東海：郡國名。治郯縣（今山東郯城縣西北）。　沛：諸侯王國名。治相縣（今安徽濉溪縣西北）。　濟南：諸侯王國名。治東平陵縣（今山東濟南市章丘區西北）。　阜陵：諸侯王國名。治阜陵縣（今安徽和縣西）。　中山：諸侯王國名。都盧奴縣（今河北定州市）。

　　[3]【今注】美人：東漢后妃名號第三等。　楚：諸侯王國名。治彭城縣（今江蘇徐州市雲龍區）。

　　[4]【今注】光烈皇后：光武帝皇后陰麗華。南陽新野（今河南新野縣）人。紀見本書卷一〇上。　顯宗：東漢明帝劉莊，公元57年至75年在位。紀見本書卷二。　東平：諸侯王國名。都無鹽縣（今山東東平縣）。　廣陵：郡國名。治廣陵縣（今江蘇揚州市西北）。　臨淮：郡國名。治徐縣（今江蘇泗洪縣南）。　琅邪：郡國名。初治東武縣（今山東諸城市），東漢光武帝建武十三年（37）之後徙治莒縣（今山東莒縣），章帝建初五年（80）改治開陽縣（今山東臨沂市北）。

　　東海恭王彊。建武二年，[1]立母郭氏爲后，[2]彊爲皇太子。十七年而郭后廢，彊常慼慼不自安，[3]數因左右及諸王陳其懇誠，願備蕃國。[4]光武不忍，遲回者數歲，乃許焉。十九年，封爲東海王，二十八年，就國。[5]帝以彊廢不以過，去就有禮，故優以大封。[6]兼食魯郡，[7]合二十九縣。賜虎賁旄頭，宮殿設鍾虡之縣，擬於乘輿。[8]彊臨之國，數上書讓還東海，又因皇太子固辭。帝不許，深嘉歎之，以彊章宣示公卿。^[9]初，魯恭王好宮室，起靈光殿，甚壯麗，是時猶存，^[10]故詔彊都魯。中元元年入朝，^[11]從封岱山，^[12]因留京師。明年春，帝崩。冬，歸國。

[1]【今注】建武：東漢光武帝劉秀年號（25—56）。

[2]【今注】案，沈欽韓《後漢書疏證》説，文中"爲"字後少一"皇"字，當據補。

[3]【今注】慼慼：憪懼。

[4]【今注】蕃國：諸侯國。蕃，通"藩"。

[5]【今注】就國：諸侯王受到册封並獲得封邑後，返回所在封國。《東觀漢記》卷七《東海恭王彊傳》曰二十八年十月就國。

[6]【今注】大封：封賜衆多的土地、田宅。

[7]【今注】魯郡：郡國名。治魯縣（今山東曲阜市）。東漢光武帝建武二年（26），封兄劉縯之子劉興爲魯王。十三年，魯王降爲魯公。十九年，復進爵爲王。二十八年，劉興徙封爲北海王，魯國之地改屬劉彊東海國，爲東海國屬郡。明帝永平元年（58），東海恭王劉彊臨死前上疏歸還東海郡。其子劉政嗣位之後，仍用東海王封號，但轄地僅魯郡六縣之地，國名改稱魯國。

[8]【李賢注】虎賁、旄頭、鍾虡解見《光武紀》。虡音玄。【今注】虎賁：官名。原名期門，西漢武帝置，屬中央禁衞軍。平帝元始元年（1）更名虎賁郎，由虎賁中郎將率領，掌執兵送從。東漢掌宿衞侍從。本書卷一下《光武帝紀下》李賢注引《漢官儀》曰："虎賁千五百人，戴鶡尾，屬虎賁中郎將。" 旄頭：官名。又稱"旄頭郎""旄頭騎"。選羽林爲之，外出時爲皇帝乘輿車前先驅，被髮、繡衣、騎馬。本書《光武帝紀下》李賢注引魏文帝《列異傳》曰："秦文公時梓樹化爲牛，以騎擊之，騎不勝，或墮地髻解被髮，牛畏之，入水，故秦因是置旄頭騎，使先驅。" 鍾虡：

古代懸掛鐘、磬的架子，兩旁柱子爲虡，飾有猛獸。《爾雅》曰："木謂之虡。"所以懸鐘磬也。本書《光武帝紀下》載，建武二十八年春正月己巳，徙魯王興爲北海王，以魯國益東海。賜東海王彊虎賁、旄頭、鍾虡之樂。　乘輿：代指天子。《史記》卷九《吕太后本紀》"乘輿"《集解》引蔡邕曰："律曰'敢盜乘輿服御物'。天子至尊，不敢褻瀆言之，故託於乘輿也。乘猶載也，輿猶車也。天子以天下爲家，不以京師宫室爲常處，則當乘車輿以行天下，故群臣託乘輿以言之也，故或謂之'車駕'。"

　　[9]【今注】公卿：三公、九卿，後泛指朝廷中的高級官員。

　　[10]【李賢注】恭王名餘，景帝之子。殿在今兖州曲阜城（紹興本、大德本、殿本"城"後有"中"字，是），故基東西二十丈，南北十二丈，高丈餘也。【今注】魯恭王：劉餘。也作"魯共王"。西漢景帝子。景帝二年（前155）立爲淮陽王，次年徙王魯。即位初年好治宫室、苑囿、狗馬，晚年好音樂。後二十八年薨。武帝元朔元年（前128），魯安王光嗣位。　靈光殿：西漢景帝之子魯恭王劉餘在魯國曲阜建造的宫殿。建築規模宏大，雄偉壯觀。《水經注·泗水》注云："孔廟東南五百步，有雙石闕，即靈光之南闕，北百餘步即靈光殿基，東西二十四丈八，南北十二丈，高丈餘，東西廊廡別舍，中間方七百餘步，闕之東北有浴池，方四十許步，池中有釣臺，方十步，臺之基岸，悉石也，遺基尚整。故王延壽《賦》曰：周行數里，仰不見日者也。是漢景帝程姬子魯恭王之所造也。"東漢王延壽撰《魯靈光殿賦》。

　　[11]【今注】中元：亦稱建武中元，東漢光武帝劉秀年號（56—57）。

　　[12]【今注】岱山：泰山。在今山東泰安市北。

　　永平元年，[1]彊病，顯宗遣中常侍鉤盾令將太醫乘驛視疾，[2]詔沛王輔、濟南王康、淮陽王延詣魯。及薨，[3]臨命上疏謝曰：“臣蒙恩得備藩輔，特受二國，宮室禮樂，事事殊異，巍巍無量，[4]訖無報稱。[5]而自脩不謹，[6]連年被疾，[7]爲朝廷憂念。皇太后、陛下哀憐臣彊，感動發中，[8]數遣使者太醫令丞方伎道術，[9]絡驛不絶。[10]臣伏惟厚恩，不知所言。臣内自省視，[11]氣力羸劣，[12]日夜浸困，[13]終不復望見闕庭，[14]奉承帷幄，[15]孤負重恩，銜恨黄泉。[16]身既夭命孤弱，[17]復爲皇太后、陛下憂慮，誠悲誠慙。息政，[18]小人也，猥當襲臣後，[19]必非所以全利之也。誠願還東海郡。天恩愍哀，[20]以臣無男之故，[21]處臣三女小國侯，[22]此臣宿昔常計。[23]今天下新罹大憂，[24]惟陛下加供養皇太后，[25]數進御餐。臣彊困劣，[26]言不能盡意。願並謝諸王，不意永不復相見也。”天子覽書悲慟，從太后出幸津門亭發哀。[27]使大司空持節護喪事，[28]大鴻臚副，[29]宗正、將作大匠視喪事，[30]贈以殊禮，升龍、旄頭、鸞輅、龍旂、虎賁百人。[31]詔楚王英、趙王栩、北海王興、館陶公主、比陽公主及京師親戚四姓夫人、小侯皆會葬。[32]帝追惟彊深執謙儉，不欲厚葬以違其意，於是特詔中常侍杜岑及東海傅相曰：“王恭謙好禮，以德自終，[33]遣送之物，務從約省，衣足斂形，[34]茅車瓦器，[35]物減於制，以彰王卓爾獨行之志。[36]將作大匠留起陵廟。”[37]

[1]【今注】永平：東漢明帝劉莊年號（58—75）。

[2]【今注】中常侍：官名。初稱“常侍”，掌侍從皇帝。西漢武帝後參與朝議，爲中朝官。元帝後稱中常侍，爲加官。東漢時

非加官，成爲專職。掌侍從皇帝，顧問應對。秩千石，又增秩爲比二千石。本無員數，明帝時定爲四人。章帝、和帝時，漸以宦官擔任。　鉤盾令：官名。漢置，少府屬官。掌京城附近皇室苑囿，官署設在未央宮。但甘泉、上林等不屬鉤盾令。東漢掌京城附近池苑囿游觀之處。秩六百石。本書卷七八《宦者傳》載，靈帝時使鉤盾令宋典繕修南宮玉堂。　太醫：官名。即太醫令。掌諸醫，秩六百石。屬官有藥丞、方丞各一人，藥丞主藥，方丞主藥方。

［3］【今注】薨：古代稱諸侯或有爵位的官員死亡。

［4］【今注】巍巍無量：形容賞賜規格很高、數量極多。巍巍，高大壯觀的樣子。

［5］【今注】訖無報稱：訖今没能報達恩德。

［6］【今注】自脩不謹：自我修養不够敬慎。

［7］【今注】被疾：生病。

［8］【今注】感動發中：發自内心的感激。

［9］【今注】太醫令丞：太醫令與太醫丞二官合稱。大醫，秩六百石，掌諸醫。有藥丞、方丞各一人。藥丞主藥，方丞主藥方。方伎道術：指醫卜星相等有各種技能的人。

［10］【今注】案，驛，殿本作“繹”，二字可通。

［11］【今注】内自省視：自己從内心反省過錯。

［12］【今注】嬴劣：瘦弱。

［13］【李賢注】浸，漸也。

［14］【今注】闕庭：宮廷。

［15］【今注】奉承帷幄：侍奉皇帝。帷幄，帝王宮室的帳幕。

［16］【李賢注】杜預注《左傳》云：“地中之泉，故曰黄泉。”

［17］【今注】夭命孤弱：體弱多病。夭命，短命。

［18］【今注】息政：其子劉政。息，子；政，爲其子的名字。袁宏《後漢紀》卷九《孝明皇帝紀上》曰：“子政嗣，淫慾無行，

故彊以爲言。”

［19］【今注】猥當襲臣後：鄙陋無才，却承襲爵位。

［20］【今注】愍哀：哀憐。

［21］【李賢注】無男，無多男也。

［22］【李賢注】即婦人封侯也，若呂后之妹呂須封爲臨光侯，蕭河夫人封爲酇侯之類（河，紹興本、大德本、殿本作“何”，是）。【今注】小國侯：封爵名。周壽昌《後漢書注補正》卷四，謂“漢制，皇女封縣公主，視列侯。諸王女封鄉亭公主，視鄉亭侯。彊長女泚陽公主適竇勳，泚陽爲縣，視列侯，故云小國侯也。餘二女無考，想亦封縣公主矣”。

［23］【李賢注】私計天恩，不敢忘也。【今注】宿昔：從前、往常。

［24］【李賢注】光武崩也。

［25］【今注】皇太后：指光武帝皇后陰麗華。

［26］【今注】困劣：虛弱。

［27］【李賢注】津門，洛陽南面西頭門也，一名津陽門。每門皆有亭。【今注】津門：漢洛陽城南城西頭第一門。又名“津陽門”。在今河南洛陽市東北。

［28］【今注】案，錢大昕《廿二史考異》卷一一《後漢書二》謂，“大”字當衍。《後漢紀》作“司空魴”，無“大”字。司空，官名。即大司空。漢初稱御史大夫。西漢成帝綏和元年（前8）更名大司空。哀帝建平二年（前5）又稱御史大夫，元壽二年（前1）改稱大司空。東漢初仍稱大司空，光武帝建武二十七年去“大”字，改稱司空。掌築城、溝洫、陵墓等水土工程，及水土工程考核等。與太尉、司徒一同參議大政。屬官有長史、將軍等。持節，使者持節代表皇帝出使、指揮軍隊或處理政務。節，漢代使者所持的信物，以竹爲杆，柄長八尺，上綴飾旄牛尾。

［29］【今注】大鴻臚：官署名。秦及漢初稱“典客”。掌管歸

降少數民族。西漢景帝中元六年（前144）改稱大行令，武帝太初元年（前104）更名大鴻臚。屬官有行人、譯官、別火三令丞和郡邸長丞。王莽改名典樂。東漢復稱大鴻臚。掌諸侯和四方歸降少數民族，及典郊廟行禮贊導、諸王入朝、郡國上計、皇子拜王及拜諸侯、諸侯嗣子及四方少數民族禮儀。弔唁諸侯王薨。秩中二千石。

［30］【今注】宗正：官名。掌管理皇室及外戚事務。西漢平帝元始四年（4）更名宗伯。王莽時並於秩宗（太常）。東漢復名宗正，秩中二千石。　將作大匠：官名。原作“將作少府”，西漢景帝中元六年改名。又簡稱“將作”“大匠”。秩二千石。新莽改名“都匠”。東漢復舊，位次河南尹，光武帝建武中元二年（57）省，以謁者領之。章帝建初元年（76）復置。掌修建宗廟、路寢、宮室、陵園等土木工程，及植桐梓等樹於道旁。秩二千石。

［31］【李賢注】解並見《光武》及《明帝紀》。【今注】升龍：上面畫有升龍的旗。《周禮·司常》載，司常“掌九旗之物……交龍爲旗”。《覲禮》曰：“天子載大旗，象日月，升龍降龍。”《司馬法》又曰：“旗章周以龍尚文也。”漢制，龍旗九斿七仞。仞，漢代以七尺爲一仞。　鸞輅：天子王侯所乘之車。《呂氏春秋·孟春紀》：“天子居青陽左个。乘鸞輅，駕蒼龍。”高誘注：“輅，車也。鸞鳥在衡，和在軾，鳴相應和。後世不能復致，鑄銅爲之，飾以金，謂之鸞輅也。”　龍旂：交龍爲旂，唯天子用之，今特賜以葬。

［32］【李賢注】四姓小侯，解見《明帝紀》。夫人，蓋小侯之母也。【今注】趙王栩：劉栩。東漢光武帝建武二年，劉良封爲廣陽王；五年徙爲趙王，始就國。十七年薨，其子節王栩嗣。　北海王興：劉興。光武帝建武二年封魯王。初爲緱氏令。遷弘農太守。二十七年就國。第二年，以魯國益東海國，故徙爲北海王。傳見本書卷一四。北海，諸侯王國名。東漢改北海郡置，治劇縣（今山東昌樂縣西）。　館陶公主：光武帝第三女。名紅夫，建武十五

年封館陶公主，適駙馬都尉韓光。光坐與淮陽王延謀反誅。　比陽
公主：東海恭王劉彊之女。案，王先謙《後漢書集解》引柳從辰
說，"比"讀爲"沘"。　四姓夫人小侯：四姓小侯，爵位名。可
以參加朝會、喪葬禮儀、封禪，並享有一些優待（晉文：《東漢小
侯考》，《南都學壇》1993 年第 2 期）。本書卷二《明帝紀》李賢注
引袁宏《漢紀》曰："永平中崇尚儒學，自皇太子、諸王侯及功臣
子弟，莫不受經。又爲外戚樊氏、郭氏、陰氏、馬氏諸子弟立學，
號四姓小侯，置五經師。以非列侯，故曰小侯。"

[33]【今注】以德自終：自始至終保持德行。

[34]【今注】衣足斂形：衣物僅足以覆蓋身體。《禮記·檀弓
下》注："斂，下棺於槨。"本書卷三九《周磐傳》載："若命終之
日，桐棺足以周身，外槨足以周棺，斂形懸封，濯衣幅巾。"

[35]【今注】茅車瓦器：以茅草做的人、馬，木車，瓦製明
器等陪葬。本書卷一《光武帝紀下》載："古者帝王之葬，皆陶人
瓦器，木車茅馬，使後世之人不知其處。"李賢注："《禮》曰：'塗
車芻靈，自古有之。'鄭玄注云'芻靈，束茅爲人馬也'。"

[36]【李賢注】　《前書》曰："卓爾不群者，河閒獻王近
之矣。"

[37]【今注】留起陵廟：建築宗廟、陵園。

　　彊立十八年，年三十四。子靖王政嗣。政淫欲薄
行。[1]後中山簡王焉，政詣中山會葬，私取簡王姬徐
妃，又盜迎掖庭出女。[2]豫州刺史、魯相奏請誅政，[3]
有詔削薛縣。[4]

[1]【今注】薄行：言行輕薄。

[2]【今注】掖庭：官署名。屬少府。西漢武帝太初元年（前
104）改秦永巷爲掖庭，隸少府。掌宮内后妃宮人、供御雜務及宮

中詔獄，由宦者充任，侍從皇帝。東漢掌後宮貴人采女事。秩六百石。同時置掖庭、永巷。

［3］【今注】豫州：西漢武帝時所置十三刺史部之一。東漢治所在譙縣（今安徽亳州市）。 刺史：官名。西漢武帝元封五年（前106）置，共十三部（州）。每部置刺史一人，秩六百石。無治所，於每年八月奉詔以六條問事，省察郡國二千石長吏、強宗豪右、諸侯王等，並審理冤獄，每年歲末入奏。成帝綏和元年（前8），更名州牧，秩二千石。哀帝建平二年（前5）復爲刺史，元壽二年（前1）又稱州牧。東漢光武帝建武元年（25）復置牧。建武十一年省。十八年，罷州牧，置刺史。有固定治所，秩六百石。高於郡級地方行政長官。掌監察、選舉、劾奏、領兵等。靈帝中平五年（188），改置州牧。 相：官名。漢代諸侯王或公侯的宰相，爲王國或侯國內最高行政長官。分"王國國相"與"侯國國相"。王國國相，即諸侯相，與太守相同。侯國國相，亦稱列侯相，如縣令或縣長相同。初名相國，西漢惠帝元年（前194）更名爲丞相，景帝中元五年（前145）更名爲相。本書《百官志五》載："每國置相一人，其秩各如本縣。本注曰：主治民，如令、長，不臣也。但納租於侯，以戶數爲限。"

［4］【今注】薛縣：治所在今山東滕州市官橋鎮。

立四十四年薨，子頃王肅嗣。永元十六年，[1]封肅弟二十一人皆爲列侯。[2]肅性謙儉，循恭王法度。[3]永初中，[4]以西羌未平，[5]上錢二千萬。元初中，[6]復上縑萬匹，[7]以助國費，鄧太后下詔褒納焉。[8]

［1］【今注】永元：東漢和帝劉肇年號（89—105）。

［2］【今注】列侯：秦漢二十等爵的第二十等，爲最高級。原作"徹侯"。後避西漢武帝諱，改爲"列侯""通侯"。金印紫綬。

秦及漢初多以軍功授爵。武帝時以丞相公孫弘封平津侯。功大者食縣，小者食鄉、亭，得臣其所食吏民。武帝元朔二年（前 127），令諸王得推恩分封諸子弟，亦爲列侯。

[3]【今注】法度：法令制度。

[4]【今注】永初：東漢安帝劉祜年號（107—113）。

[5]【今注】西羌：古族名。主要分布在今甘肅南部、青海東部，四川北部一帶。傳見本書卷八七。

[6]【今注】元初：東漢安帝劉祜年號（114—120）。

[7]【今注】縑：雙絲的細絹。《釋名·釋采帛》：“縑，兼也。其絲細緻，數兼於絹。染兼五色，細緻，不漏水也。”

[8]【今注】鄧太后：鄧綏，南陽新野（今河南新野縣）人。東漢和帝皇后。鄧禹孫女。少時能通《詩》《論語》。紀見本書卷一〇上。

立二十三年薨，子孝王臻嗣。永建二年，[1]封臻二弟敏、儉爲鄉侯。[2]臻及弟蒸鄉侯儉並有篤行，母卒，皆吐血毀眥。[3]至服練紅，兄弟追念初喪父，幼小，哀禮有闕，因復重行喪制。[4]臻性敦厚有恩，[5]常分租秩賑給諸父昆弟。[6]國相籍褒具以狀聞，[7]順帝美之，[8]制詔大將軍、三公、大鴻臚曰：[9]“東海王臻以近蕃之尊，少襲王爵，膺受多福，[10]未知艱難，而能克己率禮，[11]孝敬自然，[12]事親盡愛，送終竭哀，降儀從士，[13]寢苫三年。[14]和睦兄弟，恤養孤弱，[15]至孝純備，[16]仁義兼弘，[17]朕甚嘉焉。夫勸善厲俗，[18]爲國所先。曩者東平孝王敞兄弟行孝，喪母如禮，有增戶之封。[19]《詩》云：‘永世克孝，念茲皇祖。’[20]今增臻封五千户，儉五百户，光啓土宇，[21]以酬厥德。”[22]

〔1〕【今注】永建：東漢順帝劉保年號（126—132）。

〔2〕【今注】鄉侯：爵名。東漢置。食地爲鄉的列侯。本書《百官志五‧列侯》："功大者食縣，小者食鄉、亭，得臣其所食吏民。"

〔3〕【李賢注】眥或爲瘠。【今注】毀眥：因居喪過哀而極度瘦弱。又作"毀瘠"。

〔4〕【李賢注】既祥之後而服練也（服，殿本誤作"復"）。《禮記》曰："練衣黃裏縓緣。"縓即紅也（紅，紹興本、大德本、殿本作"紅"，是）。縓音七絹反。鄭玄注《周禮》曰："淺絳也。"【今注】練紅：練衣。古代親人喪周年後所穿，黃裏，邊緣飾以淺紅色。《禮記‧檀弓上》："練，練衣黃裏、縓緣。"《儀禮‧喪服》載："公子爲其母，練冠，麻，麻衣縓緣；爲其妻，縓冠，葛絰，帶，麻衣縓緣。皆既葬除之。"縓，淺紅。

〔5〕【今注】敦厚有恩：寬容忠厚，樂於助人。

〔6〕【今注】租秩：作爲俸祿的租穀收入。　諸父昆弟：父輩和同輩的人。

〔7〕【今注】國相：官名。王國相。王國內最高行政長官。初名相國。西漢惠帝元年（前194）更名爲"丞相"。景帝中元五年（前145）更名爲"相"。

〔8〕【今注】順帝：東漢順帝劉保，公元125年至144年在位。紀見本書卷六。

〔9〕【今注】大將軍：重號將軍名。西漢武帝以衛青征匈奴有功，封大將軍。此後大將軍常冠大司馬之號，秩萬石，領尚書事。成帝綏和元年（前8）改稱大司馬。東漢光武帝復置，主征伐，事訖皆罷。秩萬石，不冠大司馬之號。多授予貴戚，常兼錄尚書事，與太傅、太尉等共同主持政務。開府置僚屬，屬官有前、後、左、右等雜號將軍。

〔10〕【今注】膺受：承受。《尚書‧君陳》："惟予一人，膺受

多福。”

[11]【今注】克己率禮：克制自己的私欲，遵循禮法。

[12]【今注】孝敬自然：孝敬出於天性。

[13]【今注】降儀從士：降低威儀，與士人交往。儀，殿本作“議”。

[14]【李賢注】《左氏傳》曰：“晏桓子卒，晏嬰麤衰斬，苴絰帶，杖，菅屨，食粥，居倚盧，寢苫枕草。其家老曰：‘非大夫之禮也。’”杜預注云：“時士及大夫衰服各有不同。”【今注】寢苫：睡在草墊子上。《儀禮·喪服》：“居倚盧，寢苫枕塊，哭晝夜無時。”

[15]【今注】恤養孤弱：體恤撫養孤苦衰弱的人。

[16]【今注】純備：純正完備。

[17]【今注】仁義兼弘：仁愛正直都十分突出。

[18]【今注】勸善厲俗：勸人向善，激勵風俗。

[19]【今注】增户之封：東漢安帝永寧元年（120），鄧太后增邑五千户。

[20]【李賢注】《詩·周頌》之文。克，能也。【今注】案，此二句指成王贊美父親武王能克己行孝，可以爲後世子孫效法；祖父文王能舉賢治民，沒有偏私。

[21]【今注】光啓土宇：擴大疆域。

[22]【今注】以酬厥德：以報達其美德。厥，其。

立三十一年薨，子懿王祗嗣。初平四年，[1]遣子琬至長安奉章，[2]獻帝封琬汶陽侯，[3]拜爲平原相。[4]

[1]【今注】初平：東漢獻帝劉協年號（190—193）。

[2]【今注】長安：西漢都城。在今陝西西安市西北。　奉章：古代臣子上奏皇帝的文書。蔡邕《獨斷》卷上：“凡群臣尚書

於天子者有四名：一曰章，二曰奏，三曰表，四曰駁議。”劉勰《文心雕龍·章表》：“章以謝恩，奏以按劾，表以陳請，議以執異。”

［3］【今注】獻帝：東漢獻帝劉協，公元189年至220年在位。紀見本書卷九。 汶陽：縣名。治所在今山東寧陽縣東北。東漢獻帝初平四年，封東海懿王劉祗之子劉琬爲汶陽侯。

［4］【今注】平原：郡國名。西漢初置，治平原縣（今山東平原縣西南張官店）。東漢安帝永寧元年（120）改平原郡爲平原國。建安十一年（206）復爲郡。

祗立四十四年薨，子羨嗣。二十年，魏受禪，[1]以爲崇德侯。

［1］【今注】魏受禪：本書卷九《獻帝紀》載，建安二十五年（220）冬十月乙卯，皇帝遜位，魏王曹丕稱天子。奉帝爲山陽公，邑一萬户，位在諸侯王上，奏事不稱臣，受詔不拜，以天子車服郊祀天地，宗廟、祖、臘皆如漢制，都山陽之濁鹿城。惠棟《後漢書補注》云，《魏受禪碑》作“十月辛未”。據裴松之注《三國志》，漢實以十月乙卯策詔魏王，使張愔奉璽綬，而魏王辭讓，往返三四而後接受。又據侍中劉廙奏，問太史令許芝，今月十七日乙未，可治壇墠。又據尚書桓階等奏，云輒下太史令擇元辰，今月二十九日可登壇受命。蓋自十七日乙未至二十九日，正得辛未。據之，當以受禪碑爲準。

沛獻王輔，建武十五年封右馮翊公。[1]十七年，郭后廢爲中山太后，故徙輔爲中山王，并食常山郡。[2]二十年，復徙封沛王。

[1]【今注】右馮翊公：錢大昕《廿二史考異》卷一一一《後漢書二》說，《光武紀》《皇后紀上》作"右翊公"，無"馮"字，《中山王焉傳》"封左馮翊公"，與此傳同，"馮"字皆爲衍文。左翊、右翊蓋取嘉名，非分馮翊地爲左右。當據刪。

[2]【今注】常山：郡國名。治元氏縣（今河北元氏縣西北）。東漢初爲郡。光武帝建武十七年（41）至二十年爲中山王劉輔的封邑。

時禁網尚疏，諸王皆在京師，競脩名譽，爭禮四方賓客。壽光侯劉鯉，[1]更始子也，[2]得幸於輔。鯉怨劉盆子害其父，[3]因輔結客，報殺盆子兄故式侯恭，[4]輔坐繫詔獄，[5]三日乃得出。自是後，諸王賓客多坐刑罰，各循法度。二十八年，就國。中元二年，封輔子寶爲沛侯。[6]永平元年，[7]封寶弟嘉爲僮侯。[8]

[1]【今注】壽光：縣名。治所在今山東壽光市東北。東漢屬樂安國。光武帝建武二年（26）封更始子鯉爲侯邑。　劉鯉：壽光侯劉鯉，爲更始之子，得幸於沛獻王劉輔。劉鯉怨劉盆子害其父，因劉輔集結門客，報殺劉盆子之兄故式侯劉恭，劉輔坐繫詔獄，被扣押三日乃得出。《後漢紀》卷八《光武皇帝紀》作"劉悝"。

[2]【今注】更始：公元23年，光武帝族兄劉玄被擁稱帝，建元更始，劉玄被稱爲更始帝。後以更始代稱劉玄。傳見本書卷一一。

[3]【今注】劉盆子：太山式（今山東寧陽縣東北）人。城陽王劉章之後。傳見本書卷一一。

[4]【今注】式侯恭：劉恭。太山式人，西漢城陽景王劉章之後。少習《尚書》。王莽末年，赤眉軍過太山，與弟劉茂、劉盆子皆被擄掠至軍中。公元23年，更始帝劉玄立。隨樊崇等降更始，

封式侯。以明經數言事，拜侍中，從更始在長安。後赤眉軍立劉盆子爲帝，攻更始帝，自首入獄。三年九月，聞更始敗，乃出。更始遣劉恭請降，赤眉使其將謝禄往受之。十月，更始降於劉盆子。赤眉將殺之。劉恭、謝禄爲請，不能得，竟得封長沙王。更始常依謝禄居，劉恭亦擁護之。但終更始帝終爲謝禄所殺，劉恭爲此深恨謝禄。赤眉投降，仍爲式侯、侍中。劉恭怨謝禄殺更始帝，刺殺謝禄，並自繫獄。光武帝憐其忠義，赦不誅，官復如故。後更始帝之子壽光侯劉鯉怨劉盆子害其父，因沛獻王劉輔的關係，結客刺殺劉恭。

[5]【今注】詔獄：奉皇帝詔令審訊的案件。

[6]【今注】案，錢大昕《廿二史考異》卷一一《後漢書二》說，沛爲王國之名，不應更有“沛侯”，疑字有訛。

[7]【今注】永平：東漢明帝劉莊年號（58—75）。

[8]【李賢注】僮，縣，屬臨淮郡，故城在今泗州宿預縣西南。【今注】僮：縣名。治所在今安徽泗縣東北。

輔矜嚴有法度，好經書，善説《京氏易》《孝經》《論語傳》及圖讖，[1]作《五經論》，[2]時號之曰《沛王通論》。在國謹節，[3]終始如一，稱爲賢王。顯宗敬重，數加賞賜。

[1]【今注】京氏易：焦延壽（焦贛）從孟喜問《易》，京房又受《易》於焦延壽，故託於孟氏，稱孟氏京房。其説長於災變占驗。京房授東海殷嘉、河東姚平、河南乘弘，皆爲郎、博士。於是《易》有京氏之學。京房，字君明，東郡頓丘（今河南浚縣）人。本姓李，推律改爲京氏。任魏郡太守。傳見《漢書》卷七五。西漢元帝時，京房《易》立於學官。　孝經：書名。《孝經》當成書於戰國早期，由曾子門人編録，具體而言，當是曾子弟子樂正子春所

編録。《古文孝經》不得列於學官，祇有孔安國與馬融作傳。隋開
皇中，秘書學士王孝逸得此書於南朝陳，劉炫爲作《稽疑》一篇。
唐開元中，御注《孝經》盛行，《古文孝經》及鄭注遂廢。　論語
傳：書名。此書記録孔子應答弟子和當時人的言語，以及孔子弟子
之間的討論，由再傳弟子共同纂輯而成。《隋書·經籍志》稱孔子
弟子“與夫子應答，及私相講肄，言合於道，或書之於紳，或事之
無厭。仲尼既没，遂緝而論之，謂之《論語》”。西漢景帝末年，
魯恭王壞孔子宅，古文《論語》二十一篇，河間獻王獻九篇，共三
十篇。經魯人、齊人删並重複，形成《魯論》二十篇，《齊論》二
十二篇。《齊論》有問王、知道，多於《魯論》二篇。《古論》無
問王、知道二篇，分《堯曰》下章“子張問”以爲一篇，所以
《古論》有兩子張，共二十一篇。篇次以《鄉黨》爲第二篇，《雍
也》爲第三篇，與齊、魯論不同。　圖讖：也作“讖書”。秦漢巫
師或方士製作的一種隱語或預言，作爲吉凶的符驗，也常爲王者膺
受“天命”的徵兆。一般附有圖。本書卷一上《光武帝紀上》：“宛
人李通等以圖讖説光武云：‘劉氏復起，李氏爲輔’。”李賢注：
“圖，《河圖》也。讖，符命之書。讖，驗也。言爲王者受命之徵
驗也。”

〔2〕【今注】五經：《易》《書》《詩》《禮》《春秋》。

〔3〕【今注】謹節：謹慎而守法度。

立四十六年薨，子釐王定嗣。[1]元和二年，[2]封定
弟十二人爲鄉侯。

〔1〕【李賢注】釐音僖，下皆同。

〔2〕【今注】元和：東漢章帝劉炟年號（84—87）。

定立十一年薨，子節王正嗣。元興元年，[1]封正弟

二人爲縣侯。[2]

[1]【今注】元興：東漢和帝劉肇年號（105 年四月至十二月）。

[2]【今注】縣侯：爵名。漢制，列侯大者食縣，小者食鄉、亭。本書卷一〇下《皇后紀下》李賢注："漢法，大縣侯位視三公，小縣侯位視上卿，鄉侯、亭侯視中二千石也。"

正立十四年薨，子孝王廣嗣。有固疾。[1]安帝詔廣祖母周領王家事，[2]周明正有法禮，[3]漢安中薨，[4]順帝下詔曰："沛王祖母太夫人周，秉心淑慎，[5]導王以仁，使光禄大夫贈以妃印綬。"[6]

[1]【今注】固疾：久治不愈的疾病。

[2]【今注】安帝：東漢安帝劉祐，公元 106 年至 125 年在位。紀見本書卷五。

[3]【今注】明正有法禮：睿智正直有法度禮儀。

[4]【今注】漢安：東漢順帝劉保年號（142—144）。

[5]【今注】秉心淑慎：存心善良恭慎。

[6]【今注】光禄大夫：官名。西漢武帝太初元年（前 104），更名中大夫爲光禄大夫。秩比二千石。屬光禄勳。東漢掌顧問應對，無常事，依詔令行事。監護諸國嗣喪事。秩比二千石。　印綬：官印和繫印的絲帶。綬，繫印鈕的絲帶，顏色不同代表官職高低不同。

廣立三十五年薨，子幽王榮嗣。立二十年薨，子孝王琮嗣。薨，子恭王曜嗣。薨，子契嗣；魏受禪，以爲崇德侯。

楚王英，以建武十五年封爲楚公，十七年進爵爲王，[1]二十八年就國。母許氏無寵，故英國最貧小。三十年，以臨淮之取慮、須昌二縣益楚國。[2]自顯宗爲太子時，英常獨歸附太子，太子特親愛之。及即位，數受賞賜。永平元年，特封英舅子許昌爲龍舒侯。[3]

[1]【今注】王：皇子封王，其郡爲國，每置傅一人，相一人，皆二千石。傅，主輔導諸侯王以善，王尊禮之如師，不稱臣。相如同郡太守。長史如同郡丞。

[2]【李賢注】取慮，縣，故城在今泗州下邳縣西南。案，臨淮無須昌，有昌陽縣，蓋誤也。取慮音秋閭。【今注】臨淮：郡國名。西漢武帝元狩六年（前117）置。治徐縣（今江蘇泗洪縣南）。新莽改名爲"淮平郡"。東漢建武十五年（39），光武帝封劉衡爲臨淮公。建武十七年六月，劉衡未及進爵而薨，國除。明帝永平十五年（72），更置下邳國。治下邳縣（今江蘇邳州市邳故城）。
取慮：縣名。治所在今安徽靈璧縣東北。　須昌：縣名。治所在今山東東平縣西。

[3]【李賢注】龍舒，縣，屬廬江郡，故城在今廬州廬江縣西也（大德本、殿本脱"廬州"二字）。【今注】龍舒：縣名。治所在今安徽舒城縣西南。

英少時好游俠，[1]交通賓客，晚節更喜黄老，[2]學爲浮屠齋戒祭祀。[3]八年，詔令天下死罪皆入縑贖。英遣郎中令奉黄縑白紈三十匹詣國相曰：[4]"託在蕃輔，[5]過惡累積，[6]歡喜大恩，奉送縑帛，以贖愆罪。"[7]國相以聞。詔報曰："楚王誦黄老之微言，[8]尚浮屠之仁祠，[9]絜齋三月，[10]與神爲誓，何嫌何疑，當有悔吝？[11]其還贖，以助伊蒲塞桑門之盛饌。"[12]因以班示諸國中傅。[13]英後遂大交通方士，[14]作金龜玉鶴，刻文字以爲符瑞。[15]

[1]【今注】游俠：古代重義輕利、誠信守諾，能救人於危難的人。

[2]【今注】黃老：依託黃帝、老子的學說。黃老是道家的一個派別，形成於戰國後期，實際是對道家、儒家、法家思想的綜合。

[3]【李賢注】袁宏《漢紀》（紀，大德本、殿本作"記"，是）："浮屠，佛也，西域天竺國有佛道焉。佛者，漢言覺也，將以覺悟群生也。其教以修善慈心爲主，不殺生，專務清静。其精者爲沙門。沙門，漢言息也，蓋息意去欲而歸于無爲。又以爲人死精神不滅，隨復受形，生時善惡皆有報應，故貴行善修道，以鍊精神，以至無生而得爲佛也。佛長丈六尺，黃金色，項中佩日月光，變化無方，無所不入，而大濟群生。初，明帝夢見金人長大，項有日月光，以問群臣。或曰：'西方有神，其名曰佛。陛下所夢，得無是乎？'於是遣使天竺，問其道術而圖其形像焉。"【今注】案，本書卷八八《天竺傳》載："世傳明帝夢見金人，長大，頂有光明，以問群臣。或曰：'西方有神，名曰佛，其形長丈六尺而黃金色。'帝於是遣使天竺問佛道法，遂於中國圖畫形像焉。"

[4]【今注】郎中令：官名。秦及漢初掌宮殿門户。西漢武帝太初元年（前104）更爲光禄勳。東漢因置。掌宿衛宮殿門户，謁署郎持戟值班，宿衛門户，考其德行而升降。郊祀掌三獻。秩中二千石。　白紈：白色細絹。紈，細緻的絲織品。

[5]【今注】蕃輔：捍衛輔助。《史記·漢興以來諸侯王年

[6]【今注】過惡：錯誤罪惡。

[7]【今注】愆罪：罪過。

[8]【今注】微言：具體精微而含義深遠的言辭。

[9]【今注】仁祠：佛寺。《釋門正統》卷三曰："精舍所踞，
號曰仁祠。"

[10]【今注】絜齋：潔淨齋戒。

[11]【今注】悔吝：災禍。亦作"悔悋"。《周易·繫辭上》：
"悔吝者，憂虞之象也。"

[12]【李賢注】伊蒲塞即優婆塞也，中華翻爲近住，言受戒
行堪近僧住也。桑門即沙門。

[13]【今注】中傅：諸侯王國官名。掌教導諸侯王。

[14]【今注】交通：交往。　方士：煉製丹藥以求得道成仙
的術士。

[15]【今注】符瑞：吉祥的徵兆。

　　十二年，[1]男子燕廣告英與漁陽王平、顏忠等造作
圖書，[2]有逆謀，事下案驗。[3]有司奏英招聚姦猾，[4]
造作圖讖，擅相官秩，[5]置諸侯王、公、將軍、二千
石，[6]大逆不道，請誅之。帝以親親不忍，[7]乃廢英，
徙丹陽涇縣，[8]賜湯沐邑五百户。[9]遣大鴻臚持節護
送，使伎人奴婢妓士鼓吹悉從，[10]得乘輜軿，[11]持兵
弩，[12]行道射獵，[13]極意自娱。[14]男女爲侯主者，[15]食
邑如故。楚太后勿上璽綬，[16]留住楚宫。

[1]【今注】案，十二，紹興本、大德本、殿本作"十三"。

本書《天文志中》云，十三年（70）十二月，楚王英與顏忠等造作妖書謀反，事覺，英自殺，忠等皆伏誅。當據改。

[2]【今注】漁陽：郡名。治漁陽縣（今北京市懷柔區北房鎮梨園莊東）。 圖書：圖讖符命之書。案，東漢光武帝建武中元元年（56），宣布圖讖於天下，確立了官定圖讖文本八十一篇，包括河洛讖、七經讖兩部分。對於私造圖讖，均視爲大逆之罪。

[3]【今注】案驗：查詢驗證。

[4]【今注】有司：官吏。古代設官分職，官吏各有執掌，故稱。

[5]【今注】官秩：官吏的職位或依品級而定的俸禄。

[6]【今注】諸侯王：漢朝封爵的最高稱號。《漢書·百官公卿表上》載，漢初分封異姓功臣、同姓皇子，像古代的諸侯國君，故稱諸侯王。金印綠綬，食邑。有丞相統衆官，太傅輔王，内史治國民，中尉掌武職，群卿大夫都官如漢朝。西漢景帝中元五年（前145）令諸侯王不得復治國，天子爲置吏，改丞相曰相，省御史大夫、廷尉、少府、宗正、博士官、大夫、謁者、郎諸官長丞皆損其員。損其郎中令，秩千石；改太僕曰僕，秩亦千石。成帝綏和元年（前8）省内史，更令相治民，如郡太守，中尉如郡都尉。顏師古注：“蔡邕云，漢制，皇子封爲王，其實諸侯也。周末諸侯或稱王，漢天子自以皇帝爲稱，故以王號加之，總名諸侯王也。”東漢延續。

公：漢代爵位名。次於諸侯王。漢朝的二十等爵無公爵。漢朝封爲“公”的例外有周室後裔和商室後裔、西漢末王莽以及東漢初宗室、東漢末魏公曹操。漢代諸侯王封王之前一般封公。 將軍：武官名。掌率軍征伐。比公者四：第一大將軍，次驃騎將軍，次車騎將軍，次衛將軍。又有前、後、左、右將軍。 二千石：因漢代所得俸禄以米穀爲準，故官秩等級以“石”名。漢朝二千石爲中央政府機構的九卿等列卿，及地方州牧郡守、諸侯王國相等。又可細分爲中二千石、二千石、比二千石三等。此處泛指漢朝廷的高級官員。

[7]【今注】親親：親屬。

[8]【李賢注】今宣州縣也。【今注】丹陽：郡名。治宛陵縣（今安徽宣州市宣城區）。　涇縣：縣名。治所在今安徽涇縣。

[9]【李賢注】湯沐，解見《皇后紀》也。【今注】湯沐：周制，諸侯朝天子，天子賜以王畿内的土地，作爲供住宿和齋戒沐浴的封邑，稱湯沐邑。《漢書》卷一下《高帝紀下》顏師古注曰：“凡言湯沐邑者，謂以其賦税供湯沐之具也。”皇帝、皇后、公主等收取賦税的私邑，也叫湯沐邑。這裏指的是太子收取賦税的私邑。

[10]【今注】伎人：女歌舞藝人。　案，妓士，大德本作“工技”。《後漢書考正》劉攽案，“妓”當作“技”，“士”當作“工”，又當“工”在“技”上。上文伎人即是伎樂，此工技是巧匠。《梁節王傳》中亦有工技。　鼓吹：漢代列於殿廷的樂隊，宴群臣及君上餐食時所用。大駕出游，有黃門前後部鼓吹，則用於儀仗之間；又賞賜有功之臣。

[11]【李賢注】軿猶屏也，自隱蔽之車。《蒼頡篇》曰：“衣車也。”【今注】輜軿：有障蔽的車，供坐卧，多爲貴婦人所乘。本書《輿服志上》：“公、列侯、中二千石、二千石夫人……非公會，不得乘朝車，得乘漆布輜軿車。”

[12]【今注】兵弩：兵器和弓弩。

[13]【今注】行道：行走在道路上。

[14]【今注】極意自娱：盡力自尋樂趣。

[15]【今注】侯主：諸侯王。

[16]【今注】璽綬：古代印璽上所繫的彩色絲帶。借指印璽。

明年，英至丹陽，自殺。立三十三年，國除。[1]詔遣光禄大夫持節弔祠，[2]贈賵如法，[3]加賜列侯印綬，[4]以諸侯禮葬於涇。[5]遣中黃門占護其妻子。[6]悉出楚官屬無辭語者。[7]制詔許太后曰：[8]“國家始聞楚事，幸其不然。[9]既知審實，[10]懷用悼灼，[11]庶欲宥全王身，[12]令保卒天年，[13]而王不念顧太后，[14]竟不自免。此天命也，無可奈何！太后其保養幼弱，[15]勉强飲食。[16]諸許願王富貴，人情也。[17]已詔有司，出其有謀者，令安田宅。”於是封燕廣爲折姦侯。楚獄遂至累年，其辭語相連，[18]自京師親戚諸侯州郡豪桀及考案吏，[19]阿附相陷，坐死徙者以千數。[20]

[1]【今注】國除：封國被廢除。

[2]【今注】弔祠：吊祭。

[3]【今注】賵贈：又作“贈賵”。贈送車馬、財物等以助人辦喪事。《荀子·大略》：“故吉行五十，奔喪百里，賵贈及事，禮之大也。”

[4]【今注】列侯印綬：金印紫綬。

[5]【今注】諸侯禮：本書《禮儀志下》載：“諸侯王、列侯、始封貴人、公主薨，皆令贈印璽、玉柙銀縷；大貴人、長公主銅縷。諸侯王、貴人、公主、公、將軍、特進皆賜器，官中二十四物。使者治喪，穿作，柏椁，百官會送，如故事。諸侯王、公主、貴人皆樟棺，洞朱，雲氣畫。公、特進樟棺黑漆。中二千石以下坎侯漆。”

[6]【李賢注】占護猶守護也。【今注】中黃門：宦官名。閹人居禁中在黃門之內給事者。西漢置，掌皇宮黃門之內侍應雜事，並持兵器宿衛。名義上隸屬少府，無定員。秩比百石。東漢其職任稍重，掌給事禁中。位次小黃門。增秩比三百石。

[7]【今注】辭語：文辭。

[8]【今注】制詔：命令，是皇帝命令某臣而下的詔書。東漢蔡邕《獨斷》卷上：“漢天子正號曰皇帝，自稱曰朕，臣民稱之曰陛下，其言曰制詔。”

[9]【今注】幸其不然：希望事情不像所説的那樣。

[10]【今注】審實：真實。

[11]【今注】懷用悼灼：心中因此感到哀痛焦急。

[12]【今注】宥全：寬恕，保全。

[13]【今注】保卒天年：保全晚年。

[14]【今注】念顧：照顧、體恤。

[15]【今注】保養幼弱：保護養育年幼的子女。

[16]【今注】勉强：盡力而爲。

[17]【今注】案，此二句指希望楚王英登天子位的人，是出於人貪戀富貴的常情。

[18]【今注】辭語：口供。

[19]【今注】考案：考察按驗。

[20]【今注】死徙：處死或流放。

　　十五年，帝幸彭城，[1]見許太后及英妻子於内殿，悲泣，感動左右。建初二年，[2]肅宗封英子楚侯种，[3]五弟皆爲列侯，並不得置相臣吏人。元和三年，許太后薨，復遣光禄大夫持節弔祠，因留護喪事，賻錢五百萬。[4]又遣謁者備王官屬迎英喪，[5]改葬彭城，加王赤綬羽蓋華藻，如嗣王儀，[6]追爵，諡曰楚厲侯。章和元年，[7]帝幸彭城，見英夫人及六子，厚加贈賜。[8]

[1]【今注】彭城：郡名。治彭城縣（今江蘇徐州市雲龍區）。

[2]【今注】建初：東漢章帝劉炟年號（76—84）。

[3]【今注】肅宗：東漢章帝劉炟，公元75年至88年在位。諡號爲孝章皇帝，廟號肅宗。紀見本書卷三。　案，錢大昕《三史拾遺》卷四認爲，當作“封英子种楚侯”。

［4］【今注】賻錢：助喪的財物。

［5］【今注】謁者：官名。戰國始置。西漢隸中郎將（光禄勳屬官），主賓贊受事。秩比六百石。設謁者僕射統領，秩比千石。東漢謁者僕射秩比千石，爲謁者臺率，主謁者，天子出，掌在前導引。屬下有常侍謁者，秩比六百石，掌殿上時節威儀；給事謁者四百石，灌謁者郎中比三百石。掌賓贊受事及上章報問。多從郎官、孝廉中選拔。

［6］【李賢注】《續漢·輿服志》曰：“諸侯王赤綬四采，長二丈一尺。皇子安車，青蓋金華藻。”【今注】赤綬：諸侯王赤綬，四采，赤黃縹紺，淳赤圭，長二丈一尺，三百首。　羽蓋：古時以鳥羽爲飾的車蓋。　華藻：車上的彩飾。　嗣王儀：本書《禮儀志中》載：“拜諸侯王公之儀：百官會，位定，謁者引光禄勳前。謁者引當拜者前，當坐伏殿下。光禄勳前，一拜，舉手曰：‘制詔其以某爲某。’讀策書畢，謁者稱臣某再拜。尚書郎以璽印綬付侍御史。侍御史前，東面立，授璽印綬。王公再拜頓首三。贊謁者曰：‘某王臣某新封，某公某初除，謝。’中謁者報謹謝。贊者立曰：‘皇帝爲公興。’重坐，受策者拜謝，起就位。供賜禮畢，罷。”

［7］【今注】章和：東漢章帝劉炟年號（87—88）。

［8］【今注】案，大德本無“賜”字。

种後徙封六侯。[1]卒，子度嗣。度卒，子拘嗣，傳國于後。

［1］【李賢注】六（大德本、殿本作“陸”，二字可通），縣名，屬廬江郡（郡，大德本誤作“縣”）。【今注】六：縣名。治所在今安徽六安市北張巷村西古城。案，大德本、殿本作“陸”。

濟南安王康，建武十五年封濟南公，十七年進爵爲王，二十八年就國。三十年，以平原之祝阿、安德、朝陽、平昌、隰陰、重丘六縣益濟南國。[1]中元二年，封康子德爲東武城侯。[2]

[1]【今注】祝阿：縣名。治所在今山東濟南市長清區東北。安德：縣名。治所在今山東平原縣東北。　朝陽：縣名。治所在今山東鄒平市碼頭鎮舊延安村東南。　平昌：縣名。治所在今山東諸城市西北。　隰陰：縣名。即漯陰縣。在今山東臨邑縣東南。惠棟《後漢書補注》卷二三云，本書《郡國四》及《宗俱碑》均作"濕陰"，《漢書·地理志》作"漯陰"。錢大昕《廿二史考異》卷一一《後漢書二》謂"隰"爲"漯"之訛。　重丘：縣名。治所在今山東陵縣東北神頭鎮。

[2]【李賢注】東武城屬清河郡，今貝州武城縣是。【今注】東武城：縣名。治所在今河北故城縣南。

康在國不循法度，交通賓客。其後，人上書告康招來州郡姦猾漁陽顏忠、劉子産等，[1]又多遺其繒帛，[2]案圖書，謀議不軌。事下考，有司舉奏之，顯宗以親親故，不忍窮竟其事，但削祝阿、隰陰、東朝陽、安德、西平昌五縣。[3]

[1]【今注】案，曹金華《後漢書稽疑》認爲，本傳前載楚王劉英被告與漁陽王平、顏忠等造作圖書等事，顏忠涉及劉英者有多處記載，而涉及濟南王劉康者，除本傳外，又見《後漢紀》卷一四，謂"告康使中郎將張陽、董臣招來州郡奸猾顏忠、劉子産等"。史書不明確時間先後，顏忠不當見於兩傳，史實必有誤。《論衡·雷虛篇》云"道士劉春熒惑楚王英，使食不清"，惠棟《後漢書補

注》疑劉春即劉子產。或是顏忠、劉子產來往於濟南、楚地，其事發生的時間也比較接近。（參見曹金華《後漢書稽疑》，中華書局2014年版，第564頁）

　　[2]【今注】繒：帛之總名。

　　[3]【李賢注】東朝陽在今齊州臨濟縣東。西平昌，今德州般縣也。般音補滿反。【今注】東朝陽：縣名。東漢明帝永平年間以朝陽縣改名，治所在今山東鄒平市碼頭鎮舊延安村東南。　西平昌：縣名。東漢和帝永元九年（97）改平昌侯國爲西平昌侯國，屬平原郡。治所在今山東臨邑縣東北德平鎮西南前屯附近。

　　建初八年，肅宗復還所削地，康遂多殖財貨，[1]大修宮室，奴婢至千四百人，厩馬千二百匹，私田八百頃，奢侈恣欲，[2]游觀無節。[3]永元初，國傅何敞上疏諫康曰：[4]“蓋聞諸侯之義，制節謹度，[5]然後能保其社稷，和其民人。[6]大王以骨肉之親，享食茅土，[7]當施張政令，[8]明其典法，[9]出入進止，[10]宜有期度，[11]輿馬臺隸，應爲科品。[12]而今奴婢厩馬皆有千餘，增無用之口，以自蠹食。[13]宮婢閉隔，失其天性，感亂和氣。[14]又多起內第，[15]觸犯防禁，[16]費以巨萬，[17]而功猶未半。夫文繁者質荒，木勝者人亡，[18]皆非所以奉禮承上，[19]傳福無窮者也。故楚作章華以凶，[20]吳興姑蘇而滅，[21]景公千駟，民無稱焉。[22]今數游諸第，晨夜無節，又非所以遠防未然，[23]臨深履薄之法也。[24]願大王修恭儉，[25]遵古制，省奴婢之口，減乘馬之數，[26]斥私田之富，[27]節游觀之宴，以禮起居，[28]則敞乃敢安心自保。惟大王深慮愚言。”康素敬重敞，雖無所嫌牾，[29]然終不能改。[30]

[1]【今注】殖：增殖。

[2]【今注】恣欲：縱欲。

[3]【今注】游觀：游覽觀光。

[4]【今注】國傅：官名。西漢時王國之傅，也稱"太傅"，成帝改曰"傅"。掌導國王以善。本書《百官志五》："皇子封王，其郡爲國，每置傅一人，相一人，皆二千石。本注曰：傅主導王以善，禮如師，不臣也。"

[5]【今注】制節謹度：謹慎地遵循禮法，不要鋪張浪費。制，限制。節，用度。謹，謹慎。度，禮法。

[6]【李賢注】《孝經·諸侯章》之義也。【今注】案，《孝經·諸侯章》作"富貴不離其身，然後能保其社稷，而和其民人，蓋諸侯之孝也"。社稷，古代君主祭祀土地神（社）和穀神（稷）。後以社稷代指國家。

[7]【今注】茅土：王、侯的封爵。古代天子以五色土爲社祭的祭壇，分封諸侯時。按封地所在方向取壇上一色土，包以白茅，覆以黃土，給受封者在封國內立社，稱爲"茅土"。

[8]【今注】施張：施行。

[9]【今注】典法：典章法律。

[10]【今注】出入進止：出入宮殿，行動舉止。《漢書》卷六八《霍光傳》："每出入下殿門，止進有常處，郎僕射竊識視之，不失尺寸，其資性端正如此。"

[11]【今注】期度：法度，限度。

[12]【李賢注】臺、隸賤職也，《左氏傳》曰"人有十等，王臣公，公臣卿，卿臣大夫，大夫臣士，士臣皂，皂臣輿，輿臣隸，隸臣僚，僚臣僕，僕臣臺"也。【今注】輿馬臺隸：車馬和奴僕。 科品：等級。

[13]【李賢注】言如蠶之食，漸至衰盡也。

[14]【今注】案，感，紹興本作"惑"，是。 和氣：天地間陰陽調合而成的氣，萬物由此而生。

[15]【今注】內第：私宅。

[16]【今注】防禁：禁止防範。

[17]【李賢注】巨，大也。大萬謂萬萬。

[18]【李賢注】荒，廢也。文彩繁多，則質以之廢，土未增構（未，紹興本、大德本、殿本作"木"，是），則人殫其力，故云人亡。

[19]【今注】奉禮承上：遵奉禮敬，順從皇帝。

[20]【李賢注】《左氏傳》，楚靈王成章華之臺，後卒被殺。杜預注云"臺在今南郡華容縣"也。【今注】章華：春秋楚國臺名。楚靈王六年（前535）建。在今湖北潛江市西南龍灣馬長村。遺址東西長約兩千米，南北寬約一千米。附近建有大量引水工程。因登臺中途需休息三次，又稱"三休臺"。十二年，楚靈王兵潰於訾梁（今河南信陽市北），臺被焚毀。本書卷八〇下《邊讓傳》載邊讓《章華臺賦序》："楚靈王既遊雲夢之澤，息於荆臺之上。前方淮之水，左洞庭之波，右顧彭蠡之隩，南眺巫山之阿，延目廣望，騁觀終日。顧謂左史倚相曰：'盛哉此樂，可以遺老而忘死也。'於是遂作章華之臺，築乾谿之室，窮木土之技，單珍府之實，舉國營之，數年乃成。設長夜之淫宴，作北里之新聲。於是伍舉知夫陳、蔡之將生謀也。"

[21]【李賢注】姑蘇臺一名姑胥臺。《越絕書》曰："胥門外有九曲路，闔廬以遊姑蘇之臺，以望湖中。"顧夷吾《地記》云（云，大德本作"西"；惠棟《後漢書補注》卷一一說，此顧夷所撰《吳地記》，"吳"訛作"吾"。當據改）："橫山北有小山，俗謂姑蘇臺。"在今蘇州吳縣西。闔廬後被越殺之。【今注】姑蘇：姑蘇臺，又名姑胥臺，在今江蘇蘇州城外西南隅的姑蘇山上。即今

靈岩山。公元前505年，始建於吳王闔閭，後經夫差續建歷時五年乃成。建築極華麗，規模極宏大，耗資龐大。以供吳王夫差娛樂。《太平廣記》卷二三六《奢侈一·吳王夫差》："吳王夫差築姑蘇臺，三年乃成。周環詰屈，橫亘五里。崇飾土木，彈耗人力。宮妓千人，又別立春霄宮。爲長夜飲，造千石酒盅。又作大池，池中造青龍舟，陳妓樂，日與西施爲水戲。又於宮中作靈館館娃閣，銅鋪玉檻，宮之欄楯，皆珠玉飾之。"

[22]【李賢注】《論語》："齊景公有馬千駟，死之日，人無德而稱焉（人，殿本作'民'。今本《論語》作'民'。此處當爲避唐太宗諱而改。二字可通）。"千駟，四千匹。

[23]【今注】遠防未然：防患於未然。

[24]【今注】臨深履薄：形容十分小心謹慎。《詩·小雅·小旻》曰："戰戰兢兢，如臨深淵，如履薄冰。"

[25]【今注】恭儉：恭敬儉約。

[26]【今注】乘馬：帝王所乘的馬。古代以四匹馬拉的車爲一乘。

[27]【今注】斥：減少。

[28]【今注】起居：泛指日常生活。

[29]【今注】嫌牾：觸犯。

[30]【今注】案，大德本無"終"字。

立五十九年薨，子簡王錯嗣。[1]錯爲太子時，愛康鼓吹妓女宋閏，[2]使醫張尊招之不得，錯怒，自以劍刺殺尊。國相舉奏，有詔勿案。永元十一年，[3]封錯弟七人爲列侯。[4]

[1]【李賢注】錯音七故反。

[2]【今注】案，佚名《後漢書考正》引劉攽説，古無"妓"

字，當作"伎"。參見本書卷三四《梁冀傳》考正。

　　［3］【今注】案，十一，大德本誤作"十二"。

　　［4］【今注】案，弟，大德本作"第"，二字可通。

　　錯立六年薨，子孝王香嗣。永初二年，封香弟四人爲列侯。香篤行，[1]好經書。初，叔父篤有罪不得封，西平昌侯昱坐法失侯，香乃上書分爵土封篤子丸、昱子嵩，[2]皆爲列侯。

　　［1］【今注】篤行：行爲淳厚，純正踏實。

　　［2］【今注】爵土：爵位和封邑。

　　香立二十年薨，無子，國絕。[1]

　　［1］【今注】國絕：因没有繼承人，導致爵位斷絕。

　　永建元年，順帝立錯子阜陽侯顯爲嗣，[1]是爲釐王。立三年薨，子悼王廣嗣。永建五年，封廣弟二人爲樂城亭侯。[2]

　　［1］【今注】阜陽侯：侯國治所在今安徽臨泉縣境内。

　　［2］【今注】案，二人，紹興本、大德本、殿本作"文"，是。樂城：縣名。治所在今陜西城固縣東。　亭侯：爵位名。東漢有縣侯、都鄉侯、鄉侯、都亭侯、亭侯，共五級。亭侯爲第五級。

　　廣立二十五年，永興元年薨，[1]無子，國除。

[1]【今注】永興：東漢桓帝劉志年號（153—154）。

東平憲王蒼，建武十五年封東平公，十七年進爵爲王。

蒼少好經書，雅有智思，[1]爲人美須顒，[2]要帶八圍，[3]顯宗甚愛重之。及即位，拜爲驃騎將軍，[4]置長史掾史員四十人，位在三公上。[5]

[1]【今注】智思：智慧，才智。

[2]【今注】案，美須顒，曹金華《後漢書稽疑》謂《藝文類聚》卷四五引《東觀記》作“美鬚眉”，姚本、聚珍本作“美鬚眉”（第564頁）。

[3]【今注】要帶：即腰帶。漢代的腰帶多爲革制，以帶鉤繫結。帶鉤有銅、金、玉等材質。常見式樣有獸面、曲棒、琵琶和異形各種（參見孫機《漢代物質文化資料圖説》，上海古籍出版社2011年版，第290頁）。　八圍：殿本作“十圍”。中華本校勘記按，《太平御覽》卷三七一、卷三七八引並作“八圍”，疑作“十圍”者有誤。圍，兩手姆指和食指合攏的長度。

[4]【今注】驃騎將軍：西漢武帝置爲重號將軍，僅次於大將軍。秩萬石。東漢位比三公，地位尊崇。

[5]【李賢注】四府掾史皆無四十人，今特置以優之也。【今注】長史：官名。戰國秦置，掌顧問。西漢丞相、太尉、御史大夫、大將軍、車騎將軍、前後左右將軍皆置，統屬所在官署的掾屬。秩千石。邊郡置長史，掌兵馬。秩六百石。東漢太傅、太尉、司徒、司空、諸將軍沿置。秩千石。度遼將軍、護羌校尉、護烏桓校尉亦置，秩六百石。諸王國、邊郡、屬國不置丞，置長史。　掾史：分曹治事的屬吏，多由長官自行辟舉。

永平元年，封蒼子二人爲縣侯。二年，以東郡之壽張、須昌，[1]山陽之南平陽、橐、湖陵五縣益東平國。[2]是時中興三十餘年，[3]四方無虞，[4]蒼以天下化平，[5]宜修禮樂，乃與公卿共議定南北郊冠冕車服制度，[6]及光武廟登歌八佾舞數，[7]語在《禮樂》《輿服志》。[8]帝每巡狩，蒼常留鎮，侍衛皇太后。

[1]【今注】東郡：治濮陽縣（今河南濮陽市華龍區西南）。東漢獻帝初平二年（191），郡治徙至東武陽縣（今山東莘縣南）。

壽張：縣名。治所在今山東東平縣西南。西漢時縣名壽良，東漢避光武帝劉秀叔父劉良名諱，改爲壽張。　須昌：縣名。治所在今山東東平縣西。

[2]【李賢注】南平陽，縣，故城今兗州鄒縣也。橐，縣，一名高平，故城在鄒縣西南。湖陵故城在今兗州防輿縣東南。【今注】山陽：郡國名。治昌邑縣（今山東巨野縣東南）。東漢初爲山陽郡。光武帝建武十五年（39），封皇子劉荆爲山陽公，以郡地爲公國。建武十七年，山陽公進爵爲山陽王，郡地復爲王國。明帝永平元年（58），劉荆徙封爲廣陵王，山陽國除爲漢郡。獻帝建安十七年（212），封皇子劉懿爲山陽王，山陽復爲王國。　南平陽：縣名。治所在今山東諸城市。　橐：縣名。治所在今山東鄒城縣西南。紹興本、大德本作“橐”。《漢書·地理志》縣名作“橐”，新莽更名爲“高平”。東漢初復作“橐”，至章帝時復更用高平之名。注同。錢大昕《廿二史考異》卷二《史記二》認爲，“橐”當爲“橐”字之譌。　湖陵：縣名。治所在今山東魚臺縣東南。《漢書·地理志》作“湖陵”，新莽改稱“湖陸”。東漢光武、明帝時皆稱“湖陵”，東漢後期皆稱“湖陸”。

[3]【今注】中興：西漢滅亡後，王莽改國號爲新。後王莽改制失敗，導致綠林、赤眉起義，劉秀起兵恢復漢朝，國號仍爲漢。

漢朝由衰亡轉爲强盛，故稱中興。東漢光武帝年號建武，公元 25 年至 56 年，共三十餘年。

[4]【今注】無虞：太平無事。虞，憂患。

[5]【今注】化平：教化大行，社會安定。

[6]【今注】南北郊：《三輔黃圖校釋》卷五《南北郊》：“天郊，在長安城南。地郊，在長安城北。所屬掌治壇墠郊官歲時供張，以奉郊祀。武帝定郊祀之事，祀太一於甘泉圜丘，取象天形，就陽位也，祀后土於汾陰澤中方丘，取象地形，就陰位也。至成帝徙泰時、后土於京師，始祀上帝於長安南郊，祀后土於長安北郊。”

冠冕：本書《輿服志下》載：“天子、三公、九卿、特進侯、侍祠侯，祀天地明堂，皆冠旒冕，衣裳玄上纁下。乘輿備文，日月星辰十二章，三公、諸侯用山龍九章，九卿以下用華蟲七章，皆備五采，大佩，赤舄絢履，以承大祭。百官執事者，冠長冠，皆袛服。五嶽、四瀆、山川、宗廟、社稷諸沾秩祠，皆袀玄長冠，五郊各如方色云。百官不執事，各服常冠袀玄以從。”　車服：本書《輿服志上》載：“行祠天郊以法駕，祠地、明堂省什三，祠宗廟尤省，謂之小駕。每出，太僕奉駕上鹵簿，中常侍、小黃門副；尚書主者，郎令史副；侍御史，蘭臺令史副。皆執注，以督整車騎，謂之護駕。春秋上陵，尤省於小駕，直事尚書一人從，其餘令以下，皆先行後罷。”

[7]【今注】登歌：升堂奏歌。古代舉行祭典、大朝會時，樂師登堂而歌。　八佾：古代一種樂舞，縱橫八人，共六十四人。本書卷二《明帝紀》李賢注引《左氏傳》曰：“天子八佾，諸侯六，大夫四，士二。夫舞，所以節八音而行八風，故自八以下。”又引《續漢書》曰：“迎氣五郊之兆。四方之兆各依其位。中央之兆在未，壇皆三尺。立春之日，迎春於東郊，祭青帝句芒，車服皆青，歌《青陽》，八佾舞《雲翹》之舞。立夏之日，迎夏於南郊，祭赤帝祝融，車服皆赤，歌朱明，八佾舞雲翹之舞。先立秋十八日，迎黃靈於中兆，祭黃帝后土，車服皆黃，歌《朱明》，八佾舞《雲

翹》《育命》之舞。立秋之日，迎秋於西郊，祭白帝蓐收，車服皆白，歌《白藏》，八佾舞育命之舞。立冬之日，迎冬於北郊，祭黑帝玄冥，車服皆黑，歌《玄冥》，八佾舞《育命》之舞。"

[8]【李賢注】其志今亡。【今注】案，本書《輿服志下》注補引《東觀書》："孔子曰：'行夏之時，乘殷之路，服周之冕。'爲漢制法。高皇帝始受命創業，制長冠以入宗廟。光武受命中興，建明堂，立辟雍。陛下以聖明奉遵，以禮服龍袞祭五帝。禮缺樂崩，久無祭天地冕服之制。按尊事神祇，絜齋盛服，敬之至也。日月星辰，山龍華藻，天王袞冕十有二旒，以則天數。旂有龍章日月，以備其文。今祭明堂宗廟，圓以法天，方以則地，服以華文，象其物宜，以降神明，肅雍備思，博其類也。天地之禮，冕冠裳衣，宜如明堂之制。"

四年春，車駕近出，[1]觀覽城第，[2]尋聞當遂校獵河內，[3]蒼即上書諫曰："臣聞時令，[4]盛春農事，不聚衆興功。[5]《傳》曰：'田獵不宿，食飲不享，出入不節，則木不曲直。'此失春令者也。[6]臣知車駕今出，事從約省，所過吏人諷誦《甘棠》之德。[7]雖然，動不以禮，非所以示四方也。惟陛下因行田野，循視稼穡，[8]消搖仿佯，弭節而旋。[9]至秋冬，乃振威靈，[10]整法駕，[11]備周衛，[12]設羽旄。[13]《詩》云'抑抑威儀，惟德之隅。'[14]臣不勝憤懣，[15]伏自手書，乞詣行在所，[16]極陳至誠。"帝覽奏，即還宮。

[1]【今注】近出：在宮殿附近出游。

[2]【李賢注】第，宅也。有甲乙之次，故曰第。【今注】城第：城內住宅。泛指市容。

[3]【今注】校獵：用柵欄把禽獸圍住，再獵取之。泛指打獵。　河内：春秋、戰國時稱黃河以北爲河内，約相當今河南省黃河以北地區。西漢高祖二年（前205）置郡，治懷縣（今河南武陟縣西南）。

[4]【今注】時令：月令。古時按季節制定有關農事的政令。

[5]【李賢注】《禮記·月令》曰“孟春之月，無聚大衆，無置城郭。仲春之月，無作大事，以妨農事”也。

[6]【李賢注】《尚書·五行傳》曰：“田獵不宿，飲食不享，出入不節，奪人農時，及有姦謀，則木不曲直。”鄭玄注云：“木性或曲或直，人所用爲器者也。無故生不暢茂，多有折槁，是爲不曲直也。”《前書音義》曰：“不宿，不預戒日也。”【今注】春令：春季的節令。

[7]【今注】甘棠之德：《史記》卷三四《燕召公世家》載：“召公巡行鄉邑，有棠樹，決獄政事其下，自侯伯至庶人各得其所，無失職者。召公卒，而民人思召公之政，懷棠樹不敢伐，哥詠之，作《甘棠》之詩。”

[8]【今注】稼穡：種植與收割。泛指農業勞動。

[9]【李賢注】皆遊散之意。《詩》曰：“於焉消摇。”《左氏傳》曰：“橫流而仿佯。”《前書音義》曰：“弭節猶按節也，言不盡意馳驅也。”【今注】消摇：悠閑自得的樣子。消，通“逍”。仿佯：游蕩。　弭節而旋：車馬行走緩慢然後返回。節，車行的節度。弭節指停車。

[10]【今注】威靈：顯赫的聲威。

[11]【今注】法駕：天子的車駕。又稱金根車，駕六馬。本書《輿服志上》載：“乘輿法駕，公卿不在鹵簿中。河南尹、執金吾、雒陽令奉引，奉車郎御，侍中參乘。屬車三十六乘。前驅有九斿雲䍐、鳳皇闟戟，皮軒鸞旗，皆大夫載。鸞旗者，編羽旄，列繫幢旁。民或謂之雞翹，非也。後有金鉦黃鉞，黃門鼓車。”

[12]【今注】周衞：宿衞周密。

[13]【李賢注】旄謂注旄於竿首。【今注】羽旄：以鳥的羽毛製作的旗幟。旄，旗幟。

[14]【李賢注】《詩·大雅》之文也。抑抑，密也。隅，廉也。言人審密於威儀抑抑然者，其德必嚴正，如宮室之制，內繩直則外有廉隅。【今注】案，此二句形容車駕威武嚴肅，軍容整齊，其德必嚴正。

[15]【今注】憤懣：內心忿恨不平。

[16]【今注】行在所：漢天子稱行在所，言不常居。本書卷一上《光武帝紀上》注引蔡邕《獨斷》曰：“天子以四海爲家，故謂所居爲行在所。”

　　蒼在朝數載，多所隆益，[1]而自以至親輔政，聲望日重，意不自安，上疏歸職曰：“臣蒼疲駑，[2]特爲陛下慈恩覆護，[3]在家備教導之仁，[4]升朝蒙爵命之首，[5]制書褒美，[6]班之四海，[7]舉負薪之才，升君子之器。[8]凡匹夫一介，[9]尚不忘簞食之惠，[10]況臣居宰相之位，同氣之親哉！[11]宜當暴骸膏野，[12]爲百僚先，[13]而愚頑之質，[14]加以固病，[15]誠羞負乘，[16]辱污輔將之位，[17]將被詩人‘三百赤紱’之刺。[18]今方域晏然，[19]要荒無儆，[20]將遵上德無爲之時也，[21]文官猶可并省，武職尤不宜建。昔象封有鼻，不任以政，[22]誠由愛深，不忍揚其過惡。前事之不忘，來事之師也。[23]自漢興以來，宗室子弟無得在公卿位者。[24]惟陛下審覽虞帝優養母弟，[25]遵承舊典，終卒厚恩。乞上驃騎將軍印綬，退就蕃國，願蒙哀憐。”帝優詔不聽。[26]其後數陳乞，辭甚懇切。五年，乃許還國，而不聽上將軍印綬。以驃騎長史爲東平太傅，掾爲中大夫，令史爲王家郎。[27]加賜錢五千萬，[28]布十萬匹。

[1]【今注】隆益：建樹。指劉蒼在朝數年有很多功績。

[2]【今注】疲駑：衰老的劣等馬。比喻愚鈍無能。

[3]【今注】覆護：保護，庇佑。

[4]【今注】案，備，大德本、殿本作“被”。

[5]【今注】爵命：封爵授職。

[6]【今注】制書：皇帝對臣下頒布的命令性公文。本書卷一上《光武帝紀上》李賢注引《漢制度》曰：“帝之下書有四：一曰策書，二曰制書，三曰詔書，四曰誡敕。策書者，編簡也，其制長二尺，短者半之，篆書，起年月日，稱皇帝，以命諸侯王。三公以罪免亦賜策，而以隸書，用尺一木，兩行，唯此爲異也。制書者，帝者制度之命，其文曰制詔三公，皆璽封，尚書令印重封，露布州郡也。詔書者，詔，告也，其文曰告某官云云，如故事。誡敕者，謂敕刺史、太守，其文曰有詔敕某官。它皆倣此。”

[7]【今注】四海：古人認爲中國四周環海，稱“四海”。泛指全國各地。

[8]【李賢注】負薪，喻小人也。《易》曰：“負且乘（且，大德本誤作‘宜’），致寇至。”負也者小人之事，乘也者君子之器，以小人而乘君子之器，則盜思奪之矣。【今注】案，《周易·解卦》：“六三負且乘，致寇至，貞吝。”《正義》解釋説：乘爲君子之器，負爲小人之事。指在車騎之上而負擔物品，寇盜知物品非乘車者所有，於是競欲奪之，故曰負且乘致寇至。

[9]【今注】匹夫：古代指平民中的男子。泛指平民、百姓。《尚書·堯典》孔疏：“匹夫者，士大夫已上則有妾媵，庶人無妾媵，惟夫妻相匹，其名既定，雖單亦通謂之匹夫、匹婦。”

［10］【李賢注】簞，竹器也。圓曰簞，方曰笥。《左氏傳》曰：“晉宣子田於首山，舍於翳桑，見靈輒餓，曰：‘不食三日矣。’食之，舍其半。問之，曰：‘宦三年矣（三，紹興本誤作“二”），未如母之存否（如，紹興本、大德本、殿本作“知”），請遺之。’使盡之，而爲簞食與之（大德本、殿本‘食’後有‘與肉以’三字，是）。既而與爲公介（與，殿本誤作‘輒’。大德本、殿本‘介’後有‘士’字，誤），倒戟以禦公徒而免之。問何故，曰：‘翳桑之餓人也。’”

［11］【今注】同氣之親：同胞兄弟。

［12］【今注】暴骸膏野：骸骨暴露在野外被當作肥料。

［13］【今注】爲百僚先：爲百官的表率。

［14］【今注】愚頑：愚昧而頑固。

［15］【今注】固病：長期不愈的痼疾。通作“廢”，又作“癈”。《説文·疒部》云：“癈，固病也。”《周禮正義·小司徒》引《急就篇》云：“篤癃痕癈迎醫匠。”顏注云：“癈，四肢不收。癃，疲病也。”

［16］【今注】負乘：卑賤者背着別人的財物，又坐上馬車炫耀，會招致强盗來搶奪。比如居非其位，才不稱職，會招致禍患。《周易·解卦》：“六三：負且乘，致寇至，貞吝。《象》曰：‘負且乘，亦可醜也。自我致戎，又誰咎也。’”孔穎達疏：“乘者，君子之器也。負者，小人之事也。施之於人，即在車騎之上而負於物也，故寇盜知其非己所有，於是競欲奪之。”

［17］【今注】輔將：輔佐。

［18］【李賢注】赤紱，大夫之服也。《詩·曹風》曰：“彼己之子，三百赤紱。”刺其無德居位者多也。【今注】赤紱：赤色蔽膝。用作祭服的蔽膝，縫於長衣之前。此處據《韓詩》。《詩·曹風·侯人》作“彼其之子，三百赤芾”。

［19］【今注】方域晏然：國家安定。

[20]【李賢注】去王畿五百里曰甸服，又五百里曰侯服，又五百里曰綏服，又五百里要服，又五百里荒服。儆，備也，音警。【今注】要荒無儆：指國家邊遠地區比較安定。

[21]【今注】上德無爲：上德之人順應自然而無心作爲。《道德經》第三十八章：“上德無爲而無以爲。”

[22]【李賢注】有鼻，國名，其地在今永州營道縣北。《史記》曰舜弟象封於有鼻也。【今注】有鼻：地名。今湖南道縣境內，舜封其弟象於此。也作“有庳”。舜即位，封弟象於有庳，使吏治其國，不及貢，以政接於有庳。

[23]【今注】前事之不忘來事之師也：不忘記過去的經驗，作爲將來的借鑒。前事，又作去事、往事。《新語·本行》：“追治去事，以正來世。”《戰國策·趙策上》：“前事之不忘，後事之師。”《史記》卷六《秦始皇本紀》：“野諺曰：‘前事之不忘，後事之師也。’”

[24]【今注】宗室：同族的人。

[25]【今注】虞帝：虞舜。上古帝王。姚姓，有虞氏，名重華。相傳由四嶽推舉給堯。都於蒲板（今山西永濟市東南）。在位時除四凶，選禹治水，天下大治。《史記》卷一《五帝本紀》載，嶽曰：“瞽者子。父頑，母嚚，弟傲，能和以孝，烝烝治，不至姦。” 優養：厚待、優待。 母弟：同一個母親所生的弟弟。

[26]【今注】優詔：襃美嘉獎的詔書。

[27]【李賢注】《漢官儀》“將軍掾屬二十九人，中大夫無員（無，大德本誤作‘服’），令史四十一人”也。【今注】中大夫：諸侯王國官吏。掌奉王使京都奉璧賀正月，及使諸國。本皆持節，後去節。秩比六百石，無員。

[28]【今注】案，五，大德本誤作“二”。

六年冬，帝幸魯，徵蒼從還京師。明年，皇太后崩。既葬，蒼乃歸國，特賜宮人奴婢五百人，[1]布二十五萬匹，及珍寶服御器物。

[1]【今注】宮人：妃嬪、宮女的通稱。本書卷一○上《皇后紀上》載："及光武中興，斲彫爲朴，六宮稱號，唯皇后、貴人。貴人金印紫綬，奉不過粟數十斛。又置美人、宮人、采女三等，並無爵秩，歲時賞賜充給而已。"

十一年，蒼與諸王朝京師。月餘，還國。帝臨送歸宮，[1]悽然懷思，[2]乃遣使手詔國中傅曰："辭別之後，獨坐不樂，因就車歸，伏軾而吟，[3]瞻望永懷，[4]實勞我心，[5]誦及《采菽》，以增歎息。[6]日者問東平王處家何等最樂，王言爲善最樂，其言甚大，副是要腹矣。[7]今送列侯印十九枚，諸王子年五歲已上能趨拜者，皆令帶之。"[8]

[1]【今注】臨送：親臨送別。
[2]【今注】悽然：悲傷的樣子。　懷思：懷念。
[3]【今注】軾：古代車廂前面用作扶手的橫木。以手扶按，表示敬意。
[4]【今注】瞻望永懷：向遠處看，長久思念。
[5]【今注】勞：憂愁，愁苦。
[6]【李賢注】《采菽》，《詩·小雅》之章也。其詩曰："采菽采菽，筐之筥之，君子來朝，何錫與之？"毛萇注云（萇，大德本誤作"詩"）："菽所以芼大牢而待君子也（大，殿本作'太'）。"【今注】案，此句見《詩·小雅·魚藻》，先秦以牛、羊、豕爲三牲。菽即大豆，古人采其葉與牛肉做成羹。古代君王接

待諸侯，使人采此菽藿。得菽藿則以筐、筥盛之，以爲牛羹。筐筥所以受所采之菜，以太牢之禮接待來朝的諸侯，故諸侯於此時來朝。君王雖沒有可賜予的，也要賞給他們車輛和駿馬。除此之外，又以玄衣而畫以袞龍，下及絺冕之黼裳。指君王對於朝見的諸侯，要待之以禮。

[7]【今注】副是要腹：倍於其腰腹。東平王劉蒼腰帶八圍，故明帝有如此説。惠棟《後漢書補注》卷一一引《吕覽》曰："帶益三副。"高誘曰："副，猶倍也。"言王之言大倍於要腹。《藝文類聚》卷四五引《東觀記》作"副其腰腹"，《太平御覽》卷一五〇引《東觀記》作"稱其腰腹"。

[8]【今注】案，《北堂書鈔》卷一三一引《東觀漢記》作"王諸子年五歲以上，皆令帶列侯印，復送綬十九枚，爲諸王子在道欲急帶之也"。趨拜，趨走拜謁。亦泛指請安、問候時所行禮節。

　　十五年春，行幸東平，賜蒼錢千五百萬，布四萬匹。帝以所作《光武本紀》示蒼，蒼因上《光武受命中興頌》。[1]帝甚善之，以其文典雅，特令校書郎賈逵爲之訓詁。[2]

[1]【今注】案，《文選》任昉《齊竟陵文宣王行狀》李善注引《東觀漢記》作"上以所自作《光武皇帝本紀》示東平憲王蒼，蒼因上《世祖受命中興頌》"，兩書名稱稍異。《史通·史官建置篇》云："漢氏中興，明帝以班固爲蘭臺令史，詔撰《光武本紀》及諸列傳、載記。"

[2]【今注】校書郎：官名。東漢蘭臺、東觀爲藏書之所，置學士掌典校秘書，以郎充任。　賈逵：字景伯，扶風平陵（今陝西咸陽市）人。東漢古文經學家。年少能誦《左氏春秋》及《五經》，兼通五家《穀梁》。任左中郎將、侍中等職。著作有《春秋

左氏傳解詁》《國語解詁》《周官解故》等書。傳見本書卷三六。

　　肅宗即位，尊重恩禮踰於前世，諸王莫與爲比。建初元年，地震，蒼上便宜，[1]其事留中。[2]帝報書曰：“丙寅所上便宜三事，[3]朕親自覽讀，反覆數周，[4]心開目明，曠然發矇。[5]閒吏人奏事，亦有此言，但明智淺短，[6]或謂儻是，[7]復慮爲非。[8]何者？災異之降，[9]緣政而見。[10]今改元之後，[11]年飢人流，此朕之不德感應所致。[12]又冬春旱甚，所被尤廣，雖内用克責，[13]而不知所定。得王深策，[14]快然意解。[15]《詩》不云乎：[16]‘未見君子，憂心忡忡；既見君子，我心則降。’[17]思惟嘉謀，[18]以次奉行，[19]冀蒙福應。[20]彰報至德，[21]特賜王錢五百萬。”

　　[1]【今注】便宜：漢代一種帶有機密性質的上行公文。《文心雕龍·奏啓》載：“鼂錯受書，還上便宜。後代便宜，多附封事，慎機密也。”（參見莊亦男《論古代公文中的“便宜”》，《秘書之友》2018年第9期）

　　[2]【李賢注】留禁中也。

　　[3]【今注】丙寅：東漢明帝永平九年，公元66年。

　　[4]【今注】反覆數周：反復數次。

　　[5]【李賢注】韋昭注《國語》曰：“有眸子而無見曰矇。”【今注】曠然發矇：豁然通曉，啓發蒙昧。

　　[6]【今注】明智淺短：聰明才智淺陋。

　　[7]【今注】儻：或許、也許。

　　[8]【今注】案，此句指其他官吏也有類似的上奏，但由於才智不足，議論有反復。

［9］【今注】災異：自然災害或某些異常的自然現象。

［10］【今注】緣政而見：災異由於政事的不足而出現。本書
卷四三《何敞傳》云：“夫瑞應依德而至，災異緣政而生。”

［11］【今注】改元：古代新皇帝即位後，一般都要改變紀年
的年號，稱爲“建元”。同一位皇帝在位時更改年號，稱爲“改
元”。

［12］【今注】感應：天象與人事的交感相應。

［13］【今注】内用克責：内心自責。

［14］【今注】深策：深遠周密的計策。

［15］【今注】快然意解：解除疑惑，使人豁然開朗。

［16］【今注】詩：書名。古代詩歌總集，又稱《詩經》。所收
自西周初年至春秋中期，據說最早有三千篇，經孔子整理爲三百零
五篇。按音樂特點分爲風、雅、頌三類，表現手法有賦、比、興
三種。

［17］【李賢注】《詩·國風》也。忡忡猶衝衝。降，下也。
【今注】案，見《詩·國風·出車》。孔穎達《正義》云：此詩爲
靠近西戎的諸侯贊美周宣王時大將南仲。諸侯未見南仲伐西伐時，
憂心忡忡，以西戎爲患，恐周王師不至。既見南仲，諸侯憂慮之心
則放下，因而贊美之。此處爲章帝將劉蒼比作平定西戎的南仲。

［18］【今注】嘉謀：高明的謀略。謀，殿本作“謨”，二字
可通。

［19］【今注】以次奉行：按順序執行。

［20］【今注】冀蒙福應：希望獲得吉祥的徵兆。

［21］【今注】彰報至德：表彰報達盛德。

後帝欲爲原陵、顯節陵起縣邑，[1]蒼聞之，遽上疏
諫曰：“伏聞當爲二陵起立郭邑，[2]臣前頗謂道路之
言，[3]疑不審實，[4]近令從官古霸問涅陽主疾，[5]使還，

乃知詔書已下。竊見光武皇帝躬履儉約之行，深覩始終之分，[6]勤勤懇懇，以葬制爲言，[7]故營建陵地，具稱古典，[8]詔曰‘無爲山陵，[9]陂池裁令流水而已’，[10]孝明皇帝大孝無違，[11]奉承貫行。[12]至於自所營創，尤爲儉省，謙德之美，於斯爲盛。[13]臣愚以園邑之興，始自彊秦。[14]古者丘隴且不欲其著明，[15]豈況築郭邑，建都郛哉！[16]上違先帝聖心，下造無益之功，虛費國用，動搖百姓，[17]非所以致和氣，祈豐年也。又以吉凶俗數言之，[18]亦不欲無故繕修丘墓，有所興起。考之古法則不合，稽之時宜則違人，[19]求之吉凶復未見其福。陛下履有虞之至性，[20]追祖禰之深思，[21]然懼左右過議，[22]以累聖心。臣蒼誠傷二帝純德之美，[23]不暢於無窮也。惟蒙哀覽。”帝從而止。自是朝廷每有疑政，輒驛使諮問。蒼悉心以對，皆見納用。

[1]【今注】原陵：陵名。東漢光武帝劉秀陵。故址在東漢洛陽都城西北，即今河南洛陽市東白馬寺東洛水北岸、漢魏洛陽故城西北劉家井大塚。　顯節陵：東漢明帝劉莊陵。在今河南洛陽市北。　縣邑：因陵置縣。漢代陵邑之制盛行。西漢高祖劉邦葬長陵，十二年（前195）因陵置縣；景帝五年（前152）作陽陵邑；武帝建元二年（前139），置茂陵邑；永光四年（前40），元帝曾將諸陵邑分屬三輔。元帝渭陵不再徙民起邑。成帝又置昌陵邑。永始元年（前16），昌陵邑因“天下虛耗，百姓罷勞，客土疏惡，終不可成”，於是成帝下詔“罷昌陵，及故陵勿徙吏民，令天下毋有動搖之心”（《漢書》卷一〇《成帝紀》）。東漢廢除陵邑之制。

[2]【今注】郭邑：城邑。

[3]【今注】道路之言：出自他人的轉述，非親自見聞。即所傳聞的事。

[4]【今注】疑不審實：有疑問而不真實。

[5]【李賢注】《風俗通》曰："古姓，周有古公亶父，其後氏焉。"涅陽主，光武女，竇固之妻也。【今注】從官：侍從的官吏。指皇帝周圍備顧問的侍從官。　涅陽主：光武帝之女，名中禮。建武十五年（39）封涅陽公主，適顯親侯大鴻臚竇固。肅宗尊爲長公主。涅陽，縣名。治所在今河南鎮平縣南侯集鎮趙河東岸以北一帶。

[6]【今注】始終之分：開始與結束的區別。指生與死。

[7]【今注】葬制：喪葬的禮儀制度。

[8]【今注】具稱古典：全都合乎古代的典制。

[9]【今注】山陵：帝王陵墓。酈道元《水經注·渭水》："秦名天子冢曰山，漢曰陵，故通曰山陵矣。"董說《七國考》卷一〇云"秦惠文始以墓稱陵"。

[10]【今注】陂池：蓄水的池塘。案，本書卷一下《光武帝紀下》載，建武二十六年，帝曰："古者帝王之葬，皆陶人瓦器，木車茅馬，使後世之人不知其處。太宗識終始之義，景帝能述遵孝道，遭天下反覆，而霸陵獨完受其福，豈不美哉！今所制地不過二三頃，無爲山陵，陂池裁令流水而已。"李賢注："言不起山陵，裁令封土，陂池不停水而已。"《三國志》卷二《魏書·文帝紀》載黃初三年（222）十月作終制，云："漢文帝之不發，霸陵無求也；光武之掘，原陵封樹也。霸陵之完，功在釋之；原陵之掘，罪在明帝。是釋之忠以利君，明帝愛以害親也。"指明原陵有封樹。有學者認爲，春秋晚期至西漢山陵封土多覆斗或方錐形，而東漢帝陵采用了平面圓形。陂池，指引入山陵的池沼。（參見壽佳琦《簡析"陂池"——東漢帝陵的新形制的含義和來源》，《三峽大學學報》2009 年第 S2 期）

　　[11]【今注】無違：遵循禮法。《論政·爲政》：“孟懿子問孝，子曰：‘無違。’樊遲御，子告之曰：‘孟孫問孝於我，我對曰“無違”。’樊遲曰：‘何謂也？’子曰：‘生，事之以禮；死，葬之以禮，祭之以禮。’”

　　[12]【李賢注】貫行謂一皆遵奉也。谷永曰“一以貫行，固執無違”也。

　　[13]【李賢注】《易》曰：“謙德之柄。”【今注】謙德：謙虛、儉約的品德。

　　[14]【今注】園邑之興始自彊秦：秦始皇十六年（前231），在秦始皇陵東北置麗邑。秦始皇陵出土有“麗邑”刻辭的陶器殘片。

　　[15]【李賢注】《禮記》曰：“古者墓而不墳。”故言不欲其著明。

　　[16]【李賢注】《穀梁傳》曰：“人之所聚曰都。”杜預注《左傳》曰：“郭，郭也。”

　　[17]【今注】動搖百姓：使百姓不能安定。

　　[18]【今注】吉凶俗數：吉凶禁忌。

　　[19]【今注】時宜：現實的風氣。

　　[20]【今注】有虞：舜，上古人物。詳見前注“虞帝”。

　　[21]【今注】祖禰：先祖和先父。亦泛指祖先。

　　[22]【今注】過議：錯誤議論。

　　[23]【今注】純德：純粹的德行。

　　三年，帝饗衞士於南宮，[1]因從皇太后周行掖庭池閣，[2]乃閱陰太后舊時器服，[3]愴然動容，乃命留五時衣各一襲，[4]及常所御衣合五十篋，餘悉分布諸王主及子孫在京師者各有差。特賜蒼及琅邪王京書曰：“中大夫奉使，親聞動靜，[5]嘉之何已！[6]歲月驚過，[7]山陵浸遠，[8]孤心悽愴，[9]如何如何！[10]閒饗衛士於南宮，因閱視舊時衣物，聞於師曰：'其物存，其人亡，不言哀而哀自至。'信矣。惟主孝友之德，[11]亦豈不然！今送光烈皇后假紒帛巾各一，[12]及衣一篋，可時奉瞻，[13]以慰《凱風》寒泉之思，[14]又欲令後生子孫得見先后衣服之製。今魯國孔氏，尚有仲尼車輿冠履，明德盛者光靈遠也。[15]其光武皇帝器服，中元二年已賦諸國，[16]故不復送。并遺宛馬一匹，[17]血從前髆上小孔中出。[18]常聞武帝歌天馬，[19]霑赤汗，今親見其然也。[20]頃反虜尚屯，[21]將帥在外，憂念遑遑，[22]未有閒寧。[23]願王寶精神，[24]加供養。[25]苦言至戒，[26]望之如渴。"

[1]【今注】衛士：官名。掌宮城諸門警衛。置南宮衛士令、北宮衛士令各一人統領之。秩六百石。　南宮：宮殿名。東漢洛陽兩大宮殿建築群之一。位處宮城南面，故名南宮。與北部宮殿相對。在今河南洛陽市東白馬寺一帶。本書卷一上《光武帝紀上》李賢注引蔡質《漢典職儀》曰："南宮至北宮，中央作大屋，複道，三道行，天子從中道，從官夾左右，十步一衛。兩宮相去七里。"

[2]【今注】掖庭：漢代嬪妃居住的別宮，在宮殿的掖門內。《史記》卷九《呂太后本紀》司馬貞《索隱》："永巷，別宮名，有長巷，故名之也。後改爲掖庭。按：韋昭云以爲在掖門內，故謂之掖庭。"關於掖門，《漢書》卷三《高后紀》顏師古注："非正門而在兩旁，若人之臂掖也"。

[3]【今注】陰太后：光武帝皇后陰麗華。南陽新野（今河南新野縣）人。明帝即位，尊爲皇太后。紀見本書卷一〇上。

[4]【李賢注】五時衣謂春青、夏朱、季夏黃、秋白、冬黑

也。衣單複具曰襲。

[5]【今注】動静：日常生活的起居作息。

[6]【今注】嘉之何已：贊歎不止。

[7]【今注】歲月騖過：時間過得很快。

[8]【今注】山陵浸遠：去世的光武帝距今漸漸久遠。

[9]【今注】悽愴：凄涼悲傷。

[10]【今注】如何如何：無可奈何。怎麼辦。

[11]【今注】案，主，紹興本、殿本作“王”，是，大德本誤作“至”。

[12]【李賢注】《周禮》：“追師掌王后之首服爲副編。”鄭玄云“副，婦人首服，三輔謂之假紒。”《續漢書》“帛”字作“皁”。【今注】假紒：古代以假髮所作的髻。紒，結髮爲髻。又作“假結”。《詩·君子偕老》傳曰：“副者，後夫人之首飾，編髮爲之。”

[13]【今注】奉瞻：恭敬侍奉。

[14]【李賢注】《詩·國風》曰：“《凱風》，美孝子也。”“凱風自南，吹彼棘心，棘心夭夭，母氏劬勞。爰有寒泉，在浚之下，有子七人，母氏勞苦。”寒泉在今濮州濮陽縣。【今注】寒泉：地名。在今河南濮陽市南。

[15]【李賢注】孔子廟在魯曲阜城中。伍緝之《從征記》曰：“魯人藏孔子所乘車於廟中，是顏路所請者也。獻帝時，廟遇火，燒之。”冠履解見《鍾離意傳》。【今注】冠履：帽與鞋。案，《論語·先進》載：“顏淵死，顏路請子之車以爲之椁，子曰：‘才不才，亦各言其子也。鯉也死，有棺而無椁，吾不徒行，以爲之椁，以吾從大夫之後，不可徒行也。’”何宴集解《正義》：“孔曰：路，淵父也。家貧欲請孔子之車，賣以作椁……淵才，鯉不才，雖異，亦各言其子，則同我子鯉也，死時但有棺，以家貧而無椁，吾不賣車以作椁，今女子死安得賣我車以作椁乎。以吾從大夫

之後，不可徒行也者。此言不可賣車作椁之由。徒行，步行也。以吾爲大夫，不可徒行故也。孔子時爲大夫，言從大夫之後者，謙辭也。"本書《郡國志二》劉昭注引《漢晉春秋》曰："鍾離意相魯，見仲尼廟頹毀，會諸生於廟中，慨然歎曰：'蔽芾甘棠，勿翦勿伐，況見聖人廟乎！'遂躬留治之。周觀輿服之在焉，自仲尼以來，莫之開也。意發視之，得古文策書，曰'亂吾書，董仲舒。治吾堂，鍾離意。璧有七，張伯盜一。'意尋案未了。而卒張伯者治中庭，治地得六璧，上之。意曰：'此有七，何以不遂？'伯懼，探璧懷中。魯咸以爲神。"又引《意別傳》曰："意省堂有孔子小車乘，皆朽敗，意自糶俸僦漆膠之直，請魯民治之，及護几席劍履。後得甕中素書，曰'護吾履，鍾離意'。"

　　［16］【今注】賦：徵收。

　　［17］【今注】宛馬：大宛之汗血馬。大宛，西域古國名。在今烏茲別克斯坦費爾干納盆地。都城在貴山城（今塔什干東南卡散賽）。

　　［18］【今注】前髆：馬前面的肩胛骨。

　　［19］【今注】天馬：《史記》卷一二三《大宛列傳》裴駰《集解》引《漢書音義》曰："大宛國有高山，其上有馬，不可得，因取五色母馬置其下，與交，生駒汗血，因號曰天馬子。"得烏孫馬好，名曰"天馬"。及得大宛汗血馬，益壯，更名烏孫馬曰"西極"，名大宛馬曰"天馬"。

　　［20］【李賢注】《前書》天馬歌曰"太一況（太，殿本作'大'），天馬下，霑赤汗，沫流赭"也。【今注】案，《史記·樂書》載："又嘗得神馬渥窪水中，復次以爲《太一之歌》。歌曲曰：'太一貢兮天馬下，霑赤汗兮沫流赭。騁容與兮跇萬里，今安匹兮龍爲友。'後伐大宛得千里馬，馬名蒲梢，次作以爲歌。歌詩曰：'天馬來兮從西極，經萬里兮歸有德。承靈威兮降外國，涉流沙兮四夷服。'"《漢書·禮樂志》載："太一況，天馬下，霑赤汗，沫

流赭。志俶儻，精權奇，籣浮雲，晻上馳。體容與，迣萬里，今安匹，龍爲友。"又載："天馬徠，從西極，涉流沙，九夷服。天馬徠，出泉水，虎脊兩，化若鬼。天馬徠，歷無草，徑千里，循東道。天馬徠，執徐時，將搖舉，誰與期？天馬徠，開遠門，竦予身，逝昆侖。天馬徠，龍之媒，游閶闔，觀玉臺。"

［21］【今注】反虜尚屯：入侵的少數民族尚聚集在邊境。指匈奴、羌等。

［22］【今注】憂念遑遑：憂懼不安。

［23］【李賢注】閒音閑。【今注】閒寧：安寧。

［24］【今注】寶精神：珍惜精力。

［25］【今注】供養：提供生活所需要的錢財物品。

［26］【今注】苦言至戒：逆耳之言是最懇切的告誡。

六年冬，蒼上疏求朝。[1]明年正月，帝許之。特賜裝錢千五百萬，[2]其餘諸王各千萬。帝以蒼冒涉寒露，[3]遣謁者賜貂裘，[4]及大官食物珍果，[5]使大鴻臚竇固持節郊迎。帝乃親自循行邸第，[6]豫設帷牀，[7]其錢帛器物無不充備。下詔曰："伯父歸寧乃國，[8]《詩》云叔父建爾元子，[9]敬之至也。昔蕭相國加以不名，[10]優忠賢也。[11]況兼親尊者乎！其沛、濟南、東平、中山四王，讚皆勿名。"[12]蒼既至，升殿乃拜，天子親答之。[13]其後諸王入宮，輒以輦迎，[14]至省閣乃下。[15]蒼以受恩過禮，情不自寧，上疏辭曰："臣聞貴有常尊，[16]賤有等威，[17]卑高列序，[18]上下以理。陛下至德廣施，慈愛骨肉，既賜奉朝請，[19]咫尺天儀，[20]而親屈至尊，降禮下臣，每賜讌見，[21]輒興席改容，[22]中宮親拜，事過典故。[23]臣惶怖戰慄，[24]誠不自安，每會見，踟躕無所措置。[25]此非所以章示群下，[26]安臣子也。"帝省奏歎息，愈褒貴焉。舊典，諸王女皆封鄉主，[27]乃獨封蒼五女爲縣公主。[28]

　　[1]【今注】朝：諸侯王定期朝見天子。

　　[2]【今注】裝錢：置辦行裝的費用。

　　[3]【今注】寒露：寒冷的露水。指寒冷的氣候。

　　[4]【李賢注】《說文》曰："貂，鼠屬也，大而黃黑，出丁零國。"

　　[5]【今注】大官：太官。官名。即太官令，掌御飲食。秩六百石。屬官有左丞、甘丞、湯官丞、果丞各一人。左丞主飲食。甘丞主膳具。湯官丞主酒。果丞主果。

　　[6]【今注】循行：巡視。　邸第：諸侯王朝見天子時居住的官邸。漢代諸侯王在京師均有邸第。《漢書》卷三五《燕王劉澤傳》："臣觀諸侯邸第百餘，皆高帝一切功臣。"

　　[7]【今注】帷牀：帶帷帳的牀。

　　[8]【李賢注】《儀禮》曰"覲禮，諸侯至于郊，王使皮弁用璧勞（璧，紹興本、大德本、殿本作'璧'，是），侯氏亦皮弁迎于帷門之外，再拜。天子賜舍，曰：'賜伯父舍（大德本"伯父"二字重出）。'同姓西面，北上；異姓東面，北上。侯氏裨冕，釋幣于禰，乘墨車，載龍旂、弧韣，乃朝以瑞玉，有繅。天子負斧扆，曰：'伯父實來，余一人嘉之。'奉束帛匹馬，卓上九馬隨之，奠幣再拜。侯氏降，天子辭於侯氏曰：'伯父無事，歸寧乃邦。'侯氏再拜稽首而出"也。【今注】歸寧：諸侯朝觀後，天子問候其民。案，殿本作"禮伯父歸寧乃國"。佚名《後漢書考正》引劉攽說，帝意欲推尊諸王，引用經義，下文有"詩云"，則此處當有"禮云"二字。此語本出《儀禮》。"伯父歸寧乃國"前當加"禮云"二字。

［9］【李賢注】《詩·魯頌》之文也。叔父謂周公也。建元子謂封伯禽也。

［10］【今注】蕭相國：蕭何，沛（今江蘇沛縣）人。初爲沛縣吏。從劉邦入咸陽。漢元年（前206）爲丞相。薦韓信爲大將。漢十年爲相國。封酇侯。世家見《史記》卷五三，傳見《漢書》卷三九。

［11］【李賢注】見《前書·王莽傳》。【今注】案，《漢書》卷九九上《王莽傳上》云：“高皇帝褒賞元功，相國蕭何邑户既倍，又蒙殊禮，奏事不名，入殿不趨，封其親屬十有餘人。”

［12］【李賢注】讚謂讚者不唱其名。

［13］【今注】親答：親自施禮。

［14］【今注】輦：古代宮中的一種便車，多由人挽拉。

［15］【今注】省閣：宮門。

［16］【今注】常尊：固定的顯貴地位。

［17］【李賢注】《左傳》隨武子之辭也。等威，威儀有等差也（等差，殿本誤作“差等”）。【今注】案，《左傳》宣公十二年：“君子小人，物有服章，貴有常尊，賤有等威，禮不逆矣。”

［18］【今注】卑高列序：貴賤尊卑按次序排列。

［19］【今注】朝請：古時諸侯朝見天子，春天爲朝，秋天稱請。漢代中央政府擔任官職者參加常朝。朝請是漢代對外戚、諸侯及將軍等的優待。漢初爲十月朝請，景帝後改爲正月。

［20］【今注】咫尺天儀：距離天子的威儀很近。咫尺，相距很近。《左傳》僖公九年：“天威不違顔咫尺。”注言：“天鑒察不遠，威嚴常在顔面之前。”

［21］【今注】讌見：指在朝見之外的空閑時間被召見。

［22］【今注】興席改容：離開席位，改變儀容，以示恭敬。

［23］【今注】典故：以前的事例。

［24］【今注】惶怖戰慄：惶恐顫抖。

[25]【李賢注】踧踖，謙讓貌也。【今注】踧踖無所措置：恭敬不安、不知所措的樣子。

[26]【今注】章示：明示、宣示。

[27]【今注】鄉主：鄉公主。諸王之女位號，位視鄉侯。曹金華《後漢書稽疑》按，“鄉主”當作“鄉、亭公主”（第568頁）。本書卷一〇下《皇后紀下》載：“漢制，皇女皆封縣公主，儀服同列侯……諸王女皆封鄉、亭公主，儀服同鄉、亭侯。”

[28]【今注】縣公主：諸王之女位號，位視縣侯。案，《後漢紀》卷一一《孝章皇帝紀》云“封女三人皆爲公主”。

三月，大鴻臚奏遣諸王歸國，帝特留蒼，賜以祕書、《列僊圖》、道術祕方，[1]至八月飲酎畢，[2]有司復奏遣蒼，乃許之。手詔賜蒼曰：“骨肉天性，誠不以遠近爲親疏，然數見顏色，[3]情重昔時。念王久勞，思得還休，欲署大鴻臚奏，不忍下筆，顧授小黄門，中心戀戀，惻然不能言。”[4]於是車駕祖送，[5]流涕而訣。復賜乘輿服御，珍寶輿馬，[6]錢布以億萬計。[7]

[1]【今注】祕書：宮中東觀、蘭臺所藏的圖書秘笈。　列僊圖：書名。史載秦時大夫阮蒼、漢劉向所撰。《隋書·經籍志》載，漢時阮蒼作《列仙圖》。劉向典校經籍，始作《列仙》《列士》《列女》之傳（參見姜生《漢代列仙圖考》，《文史哲》2015年第2期）。　道術祕方：關於内丹、外丹、服食、導引等内容的方術。《後漢紀》卷一一《孝章皇帝紀》作“賜以秘列圖”，《藝文類聚》卷四五引《東觀漢記》作“賜以秘書列圖、道術秘方”。

[2]【李賢注】飲酎，解見《章紀》。【今注】飲酎：漢制，天子於八月祭祀宗廟，稱爲飲酎或酎祭。諸侯王、列侯須參加並貢

金助祭，助祭之金即"酎金"。酎金金額，據本書《禮儀志上》"八月飲酎"劉昭注引《漢律·金布令》載："諸侯、列侯各以民口數，率千口奉金四兩，奇不滿千口至五百口，亦四兩，皆會酎，少府受。"

[3]【今注】數見顏色：想多次去看望。顏色，面容、臉色。

[4]【李賢注】大鴻臚奏王歸國，小黃門受詔者。【今注】署：安排。　小黃門：宦官名。掌侍從皇帝，收受尚書奏事，宣布詔令。名義上隸屬少府。秩六百石。

[5]【今注】祖送：餞行。祖，出行時祭路神，引申爲送行。

[6]【今注】案，輿馬，《東觀漢記》卷七《東平王蒼傳》作"鞍馬"。

[7]【今注】錢布：錢幣。

　　蒼還國，疾病，帝馳遣名醫，小黃門侍疾，使者冠蓋不絕於道。[1]又置驛馬千里，[2]傳問起居。明年正月薨，詔告中傅，封上蒼自建武以來章奏及所作書、記、賦、頌、七言、別字、歌詩，[3]並集覽焉。[4]遣大鴻臚持節，五官中郎將副監喪，[5]及將作使者凡六人，[6]令四姓小侯諸國王主悉會詣東平奔喪，[7]賜錢前後一億，布九萬匹。及葬，策曰："惟建初八年三月己卯，[8]皇帝曰：咨王丕顯，[9]勤勞王室，[10]親受策命，[11]昭于前世。出作蕃輔，克慎明德，[12]率禮不越，[13]傅聞在下。[14]昊天不弔，不報上仁，俾屏余一人，夙夜煢煢，靡有所終。[15]今詔有司加賜鸞輅乘馬，龍旂九旒，[16]虎賁百人，奉送王行。匪我憲王，其孰離之！[17]魂而有靈，保茲寵榮。嗚呼哀哉！"

[1]【今注】冠蓋：原指古代官吏的帽子和車蓋。代指官吏。

[2]【今注】驛馬：爲國家傳遞公文、軍事情報、物資等的馬。　千里：漢代一里約合 415.8 米，洛陽至東平約 445 千米，約合漢代 1072 里（楊生民：《中國里的長度演變考》，《中國經濟史研究》2005 年第 1 期）。

[3]【今注】書：文體名。指書信。《文心雕龍·書記》："所以記時事也。蓋聖賢言辭，總爲之書，書之爲體，主言者也。揚雄曰：'言，心聲也；書，心畫也。聲畫形，君子小人見矣。'故書者，舒也。舒布其言，陳之簡牘，取象於夬，貴在明決而已。"記：文體名。多記事、記物，以叙事爲主，兼有議論。　賦：文體名。以大量華麗的詞句張揚文采，細緻地描寫事物，並表達思想感情。《漢書·藝文志》傳曰："不歌而誦謂之賦，登高能賦可以爲大夫。"　七言：文體名。每句一般以七字或八字爲主。包括銘文、謠諺、韻語等。胡應麟《詩藪·内編三》："七言古詩，概曰歌行。余漫考之，歌之名義，由來遠矣。《南風》《擊壤》興於三代之前，《易水》《越人》作於七雄之世，而篇什之盛，無如《騷》之《九歌》，皆七古所始也。漢則《安世》《房中》《郊祀》《鼓吹》，咸係歌名，並登樂府。或四言，上規風雅，或雜調，下傲《離騷》，名義雖同，體裁則異。孝武以還，樂府大演，《隴西》《豫章》《長安》《京洛》《東西門行》等，不可勝數，而行之名，於是著焉。較之歌曲，名雖小異，體實大同。至長、短、燕、鞠諸篇，合而一之，不復分別，又總而目之曰相和等歌。則知歌者，曲調之總名，原於上古。行者，歌中之一體，創自漢人，明矣。"　別字：分析字的形體，即拆字。本書《五行志一》："凡別字之體，皆從上起，左右離合，無有從下發端者也。"與讖緯學説有關。本書卷七九上《儒林傳·尹敏》："讖書非聖人所作，其中多近鄙別字，頗類世俗之辭，恐疑誤後生。"（參見劉青松《略論漢代的"別字"之學》，《中國文字研究》2013 年第 1 期）　歌詩：指配有樂譜可以歌唱的樂府詩。

　　［4］【今注】集覽：彙集閱覽。

　　［5］【今注】五官中郎將：官名。主五官郎。掌更直執戟、宿衛諸殿門、出充車騎。秩比二千石。

　　［6］【今注】將作使者：將作大匠派出的使者。將作大匠，官名。秦及漢初稱“將作少府”，西漢景帝改爲“將作大匠”。掌修作宗廟、路寢、宮室、陵園等木土工程，並種植桐梓列於道側。秩二千石。

　　［7］【今注】四姓小侯：一種爵位，小侯可以參加朝會、喪葬禮儀、封禪並享有一些優待（晉文：《東漢小侯考》，《南都學壇》1993 年第 2 期）。本書卷二《明帝紀》李賢注引袁宏《漢紀》曰：“永平中崇尚儒學，自皇太子、諸王侯及功臣子弟，莫不受經。又爲外戚樊氏、郭氏、陰氏、馬氏諸子弟立學，號四姓小侯，置《五經》師。以非列侯，故曰小侯。《禮記》曰‘庶方小侯’，亦其義也。”　諸國王主：各諸侯王及公主。

　　［8］【今注】案，己卯，本書卷三《章帝紀》作“辛卯”。

　　［9］【今注】咨王丕顯：咨，表示贊歎的聲音。丕顯，英明。

　　［10］【今注】勤勞王室：爲王室勞心盡力。《尚書·金縢》：“昔公勤勞王家，惟予沖人弗及知。”

　　［11］【今注】策命：以策書任命。蔡邕《獨斷》卷上：“策書：策者簡也。禮曰：‘不滿百文，不書於策。’其制，長二尺，短者半之，其次一長一短兩編，下附篆書，起年月日，稱皇帝曰，以命諸侯王三公。其諸侯王三公之薨於位者，亦以策書誄謚其行而賜之。如諸侯之策，三公以罪免，亦賜策，文體如上策而隸書，以一尺木兩行。唯此爲異者也。”

　　［12］【今注】克慎明德：約束自己，小心做事，崇尚道德。《後漢紀》卷一二《孝章皇帝紀下》作“咨王丕顯勤王室，親命受策；昭於前世，出作蕃輔，克慎明德”。

　　［13］【李賢注】率，循也。越，違也。【今注】率禮不越：遵循禮制而不踰越。

[14]【李賢注】傅音敷。敷，布也。《書》曰："克慎明德，敷聞在下。"【今注】傅聞在下：名聲遠揚於所在諸侯國。

[15]【李賢注】俾，使也。屏，蔽也。《左氏傳》曰"昊天不弔，不憖遺一老，俾屏余一人，煢煢余在疚"也。【今注】昊天不弔：蒼天不憐憫保佑。爲哀悼死者之辭。 不報上仁：不報達有上等仁德之人。 屏余：皇帝的自稱。如同朕、寡人。 夙夜煢煢：指每時每刻覺得孤單。夙夜，朝夕。夜，大德本誤作"光"。

[16]【今注】九旒：旂有九旒。本書卷二六《郭賀傳》李賢注：天子十二旒，上公九旒。

[17]【李賢注】離，被也。言非憲王誰更被蒙此恩也。

立四十五年，子懷王忠嗣。明年，帝乃分東平國封忠弟尚爲任城王，[1]餘五人爲列侯。

[1]【今注】任城：諸侯王國名。治任城縣（今山東濟寧市東南）。章帝元和元年（84），從東平國析出任城、亢父、樊三縣置任城國，封東平憲王劉蒼之子劉尚爲任城王。

忠立十一年薨，[1]子孝王敞嗣。元和三年，行東巡守，[2]幸東平宮，帝追感念蒼，謂其諸子曰："思其人，至其鄉；其處在，其人亡。"因泣下沾襟，遂幸蒼陵，爲陳虎賁、鸞輅、龍旂，以章顯之，[3]祠以太牢，[4]親拜祠坐，[5]哭泣盡哀，賜御劍于陵前。[6]初，蒼歸國，驃騎時吏丁牧、周栩以蒼敬賢下士，[7]不忍去之，遂爲王家大夫，數十年事祖及孫。帝聞，皆引見於前，既愍其淹滯，[8]且欲揚蒼德美，即皆擢拜議郎，[9]牧至齊相，[10]栩上蔡令。[11]永元十年，封蒼孫梁爲矜陽亭侯，[12]敞弟六人爲列侯。敞喪母至孝，國相陳珍上其行狀。永寧元年，[13]鄧太后增邑五千戶，又封蒼孫二人爲亭侯。

[1]【今注】案，王先謙《後漢書集解》引洪頤烜説，謂憲王建初八年（83）薨，忠於此年嗣位，《章帝紀》元和元年（84）九月乙未東平王忠薨，則忠立僅一年，“十”字衍。

[2]【今注】巡守：天子出行，視察邦國州郡。亦作“巡狩”。《尚書·舜典》：“歲二月，東巡守，至于岱宗，柴。”孔傳：“諸侯爲天子守土，故稱守。巡，行之。”

[3]【今注】章顯：顯揚。

[4]【今注】太牢：古代祭祀天地，以牛、羊、豬三牲具備爲太牢。

[5]【今注】祠坐：神主靈位。

[6]【李賢注】陵在今鄆州東嶬山南。嶬音魚委反。

[7]【今注】時吏：曹金華《後漢書稽疑》認爲，殿本《考證》謂“時”字應從《通鑑》作“府”，中華本校勘記則以“時”字並不訛，衹不過“府”字更合理。《後漢紀》卷一二亦作“時吏”，但“時吏丁周栩”恐有誤。（第569頁）

[8]【今注】淹滯：人才被埋没，不能很快升遷。

[9]【今注】議郎：官名。西漢爲光禄勳屬官。掌顧問應對，參與議政。秩比六百石。東漢除議政外，也給事宫中。

[10]【今注】齊：王國名。東漢光武帝建武十一年（35）改齊郡爲齊國，治臨淄縣（今山東淄博市東北）。

[11]【今注】上蔡：縣名。治所在今河南上蔡縣西南。

[12]【今注】亭侯：東漢爵位名，爲第五級。東漢又有都鄉侯、鄉侯、都亭侯、亭侯，共五級。

[13]【今注】永寧：東漢安帝劉祜年號（120—121）。

敞立四十八年薨，子頃王端嗣。立四十七年薨，子凱嗣；立四十一年，魏受禪，以爲崇德侯。

論曰：孔子稱“貧而無諂，富而無驕，未若貧而樂，富而好禮者也”。[1]若東平憲王，可謂好禮者也。若其辭至戚，[2]去母后，豈欲苟立名行而忘親遺義哉！[3]蓋位疑則隙生，[4]累近則喪大，[5]斯蓋明哲之所爲歎息。[6]嗚呼！遠隙以全忠，[7]釋累以成孝，[8]夫豈憲王之志哉！[9]東海恭王遜而知廢，[10]“爲吳太伯，不亦可乎”！[11]

[1]【今注】案，此數句見《論語·學而》，“子貢曰：‘貧而無諂，富而無驕，何如？’子曰：‘可也。未若貧而樂，富而好禮者也。’”

[2]【今注】至戚：最親近的親屬。

[3]【今注】苟立名行而忘親遺義：貪求名聲與品行而忘記親人遺棄道義。

[4]【今注】位疑則隙生：地位有疑問便會産生裂痕。王先謙《後漢書集解》引蘇輿說，指“憲王去君兄，離母后，遠就藩國，非其本志。所以遠隙釋累耳，注意似誤會”。

[5]【李賢注】憂累既近，所喪必大。【今注】累近則喪大：憂慮多了則會喪失更多。

[6]【今注】明哲：明智睿哲的人。

[7]【今注】遠隙以全忠：遠離嫌隙以保全忠義。

[8]【今注】釋累以成孝：解除憂慮以成全孝道。

[9]【李賢注】言其本志然也。

[10]【李賢注】遜，讓也。【今注】遜而知廢：謙遜而知退讓。

[11]【李賢注】《左傳》曰晉大夫士蔿之辭也（中華本校勘

記以"曰"字衍）。吳太伯，周大王之長子（大，大德本、殿本作"太"），讓其弟季歷，因適吳、越采藥（適，殿本誤作"過"），大王没而不反，事見《史記》也。【今注】太伯：又作"泰伯"。周太王古公亶父長子。太王傳位於季歷及其子姬昌，太伯與仲雍遷江東，建吳。

任城孝王尚，元和元年封，食任城、亢父、樊三縣。[1]

[1]【李賢注】亢父、樊並屬東平國。亢父故城在今兗州任城縣南。樊故城在今瑕丘縣西南也。【今注】任城：縣名。治所在今山東濟寧市東南。　亢父：縣名。治所在今山東濟寧市任城區喻屯鎮城南張村一帶。　樊：縣名。治所在今山東濟寧市兗州區西南。

立十八年薨，子貞王安嗣。永元十四年，封母弟福爲桃鄉侯。[1]永初四年，封福弟亢爲當塗鄉侯。[2]安性輕易貪吝，[3]數微服出入，游觀國中，取官屬車馬刀劍，下至衞士米肉，皆不與直。元初六年，國相行弘奏請廢之。安帝不忍，以一歲租五分之一贖罪。

[1]【今注】桃鄉：聚邑名。一名"桃聚"。故址在今山東鄒城市西南、泗河下游南陽湖東。
[2]【今注】當塗：縣名。治所在今安徽蚌埠市西南。
[3]【今注】輕易貪吝：不莊重，貪婪吝嗇。

安立十九年薨，子節王崇嗣。順帝時，羌虜數反，崇輒上錢帛佐邊費。及帝崩，復上錢三百萬助山陵用度，朝廷嘉而不受。立三十一年薨，無子，國絕。

延熹四年，[1]桓帝立河間孝王子恭爲參户亭侯博爲任城王，以奉其祀。[2]博有孝行，喪母服制如禮，增封三千户。立十三年薨，無子，國絕。

[1]【今注】延熹：東漢桓帝劉志年號（158—167）。

[2]【李賢注】杜預注《左傳》曰："今丹水縣北有三户亭。"故城在今鄧州内鄉縣西南也。【今注】案，《後漢書考正》引劉攽說，認爲"桓帝立河閒孝王子恭爲參户亭侯博爲任城王"一句，多一"爲"字，又"恭"字當在"子"字之上。孝王名恭。此句當作"桓帝立河閒孝王恭子參户亭侯博爲任城王"。中華本校勘記據黄山《後漢書校補》，謂河間孝王名開，不名恭，且謚以易名，諸王既稱謚，即不必定著其名，"恭爲"二字皆屬誤衍。當據《校補》說删。河間，諸侯王國名。治樂成縣（今河北獻縣東南）。光武帝建武七年（31），封前河間王劉邵爲河間王。參户，聚邑名。故地在今河南淅川西丹江東岸。曹金華《後漢書稽疑》按，"本書《郡國志》南陽郡丹水縣有'三户亭'，然鄴城西也有'三户'，河間王子未必封於南陽也。詳參《史記·項羽本紀》'楚雖三户，亡秦必楚'與'項羽使蒲將軍日夜引兵度三户，軍漳南'及其注文"。（第570頁）

熹平四年，[1]靈帝復立河間貞王遜新昌侯子佗爲任城王，[2]奉孝王後。立四十六年，魏受禪，以爲崇德侯。

[1]【今注】熹平：東漢靈帝劉宏年號（172—178）。

[2]【今注】案，王遜，大德本、殿本作“王遜子”。新昌侯子，大德本、殿本作“新昌侯”。中華本校勘記據《校補》謂貞王名建，《靈帝紀》及《河閒孝王傳》皆同，此作“遜”，誤。又汲本、殿本“子”字在“新昌侯”上。當據改。新昌，縣名。治所在今遼寧海城市東北。

　　阜陵質王延，建武十五年封淮陽公，[1]十七年進爵爲王，二十八年就國。三十年，以汝南之長平、西華、新陽、扶樂四縣益淮陽國。[2]延性驕奢而遇下嚴烈。[3]永平中，有上書告延與姬兄謝弇及姊館陶主壻駙馬都尉韓光招姦猾，[4]作圖讖，祠祭祝詛。[5]事下案驗，光、弇被殺，辭所連及，死徙者甚衆。有司奏請誅延。顯宗以延罪薄於楚王英，故特加恩，徙爲阜陵王，食二縣。

　　[1]【今注】淮陽：諸侯王國名。治陳縣（今河南淮陽縣）。東漢初爲淮陽郡。光武帝建武元年（25）九月，遙封更始帝劉玄爲淮陽王。建武十五年，封皇子劉延爲淮陽公，建武十七年進爵爲淮陽王，明帝永平十六年（73）因過徙爲阜陵王，淮陽復爲郡。章帝建初四年（79）徙常山王劉昞爲淮陽王。至章和元年（87），劉昞卒，淮陽國除爲郡。章和二年，章帝崩，遺詔徙封西平王劉羨爲陳王，食淮陽郡。淮陽自此改稱陳。

　　[2]【李賢注】長平，故城在今陳州宛丘縣西北；西華，故城在今潊水縣西北；新陽，故城在今豫州真陽西南；扶樂，故城在今陳州太康縣北也（太，大德本作“泰”）。【今注】汝南：郡名。治平輿縣（今河南平輿縣北）。　長平：縣名。治所在今河南西華縣東北。　西華：縣名。治所在今河南西華縣南。　新陽：縣

名。治所在今安徽界首市北。　扶樂：縣名。治所在今河南太康縣清集鄉扶樂城村。大德本誤作“扶桑”。

[3]【今注】嚴烈：嚴厲。

[4]【今注】駙馬都尉：官名。西漢武帝元鼎二年（前 115）置，掌副車之馬。秩比二千石。《漢書·百官公卿表上》“駙馬都尉掌駙馬”顏師古注：“駙，副馬也。非正駕車，皆爲副馬。一曰駙，近也，疾也。”

[5]【今注】祝詛：祈禱於鬼神，使加禍於別人。

延既徙封，數懷怨望。[1]建初中，復有告延與子男魴造逆謀者，[2]有司奏請檻車徵詣廷尉詔獄。[3]肅宗下詔曰：“王前犯大逆，罪惡尤深，有同周之管、蔡，[4]漢之淮南。[5]經有正義，[6]律有明刑。[7]先帝不忍親親之恩，枉屈大法，[8]爲王受愆，[9]群下莫不惑焉。今王曾莫悔悟，[10]悖心不移，[11]逆謀內潰，[12]自子魴發，誠非本朝之所樂聞。朕惻然傷心，不忍致王于理，[13]今貶爵爲阜陵侯，食一縣。獲斯辜者，侯自取焉。於戲誡哉！”赦魴等罪勿驗，使謁者一人監護延國，[14]不得與吏人通。

[1]【今注】怨望：怨恨不滿。

[2]【今注】逆謀：叛逆的陰謀。

[3]【今注】檻車：古代押送囚犯的木車。有封閉式的車廂。

[4]【今注】管蔡：管叔鮮和蔡叔度，均是周武王之弟。武王死後，起兵反叛，被周公平定。

[5]【李賢注】淮南屬王長，高帝子，文帝時反，被遷於蜀而死也。【今注】淮南：淮南屬王劉長。劉邦少子。西漢高祖十一

年（前196）立爲淮南王。其入朝在文帝三年（前177）。因驕橫不法，陰謀反叛，被貶謫蜀地，途中絕食而死。謚厲王。傳見《漢書》卷四四。

　　[6]【今注】正義：對儒家經典的注釋。

　　[7]【李賢注】《公羊傳》曰："君親無將，將而必誅。"《前書》曰："大逆無道，父母、妻子、同產無少長皆弃市。"【今注】明刑：明確的法令。

　　[8]【今注】枉屈大法：違背國家的法令。

　　[9]【李賢注】愆，過也。反而不誅，先帝之過，故言爲王受過也（王，大德本誤作"主"）。

　　[10]【今注】曾莫悔悟：不曾追悔前非，覺悟改過。

　　[11]【今注】悖心不移：怨恨之心不改變。

　　[12]【今注】内潰：從内部失敗。

　　[13]【今注】理：獄官、法官。

　　[14]【今注】監護：督察。

　　章和元年，行幸九江，[1]賜延書與車駕會壽春。[2]帝見延及妻子，愍然傷之，乃下詔曰："昔周之爵封千有八百，而姬姓居半者，[3]所以楨幹王室也。[4]朕南巡，望淮、海，[5]意在阜陵，遂與侯相見。侯志意衰落，[6]形體非故，瞻省懷感，[7]以喜以悲。[8]今復侯爲阜陵王，增封四縣，并前爲五縣。"以阜陵下溼，[9]徙都壽春，加賜錢千萬，布萬匹，安車一乘，[10]夫人諸子賞賜各有差。明年入朝。

　　[1]【今注】九江：郡名。治壽春縣（今安徽壽縣）。東漢章帝章和元年（87）徙治陰陵縣（今安徽定遠縣西北）。

[2]【今注】壽春：縣名。治所在今安徽壽縣。

[3]【今注】案，姬姓居半，王應麟《困學紀聞》卷六《左氏》載："富辰言周公封建親戚，凡二十六國。成鱄言：'武王兄弟之國十有五人，姬姓之國四十八人。'（【原注】《史記》云：'文、武、成、康所封數百，而同姓五十五。'與此同。）"又載："《荀子》謂：'周公立七十一國，姬姓獨居五十三人。'《漢諸侯王表》謂：'周封國八百，同姓五十有餘。'後漢章和元年詔謂：'周之爵封千有八百，姬姓居半。'當以成鱄之言爲正。皇甫謐亦云：'武王伐紂之年，夏四月乙卯，祀於周廟，將率之士皆封，諸侯國四百人，兄弟之國十五人，同姓之國四十人。'"《史記》卷四《周本紀》載武王伐紂時，"諸侯不期而會盟津者八百諸侯"。西周建立後，分封諸侯，故有"周封八百"的説法。

[4]【今注】楨幹：古代築墻時所用的木柱，豎在兩端的叫"楨"，豎在兩旁的叫"幹"。代指支撐、支持。

[5]【今注】淮海：指以徐州爲中心的淮河以北及海州（今江蘇連雲港市西南）一帶的地區。

[6]【今注】志意：精神。

[7]【今注】瞻省：問候，看望。　懷感：懷念感恩。

[8]【今注】以喜以悲：又喜又悲。

[9]【今注】下溼：地勢低下而潮濕。

[10]【今注】安車：古代用一匹馬拉的可以坐乘的小車。尊貴者則用四匹。古代乘車時多站立，此車爲坐乘，且有車蓋，故名安車。

立五十一年薨，子殤王沖嗣。永元二年，下詔盡削除前班下延事。

沖立二年薨，無嗣。和帝復封沖兄魴，[1]是爲頃王。永元八年，封魴弟十二人爲鄉、亭侯。

[1]【今注】和帝：東漢和帝劉肇，公元 88 年至 105 年在位。紀見本書卷四。

鲂立三十年薨，子懷王恢嗣。延光三年，[1]封恢兄弟五人爲鄉、亭侯。

[1]【今注】延光：東漢安帝劉祜年號（122—125）。

恢立十年薨，子節王代嗣。陽嘉二年，[1]封代兄便親爲勃遒亭侯。[2]

[1]【今注】陽嘉：東漢順帝劉保年號（132—135）。
[2]【今注】勃遒：鄉亭名。阜陵（今安徽和縣西）縣境所屬鄉亭。遒，大德本、殿本作"遒"。二字可通。

代立十四年薨，無子，國絕。
建和元年，[1]桓帝立勃遒亭侯便親爲恢嗣，[2]是爲恭王。立十三年薨，子孝王統嗣。立八年薨，子王赦立；建安中薨，[3]無子，國除。

[1]【今注】建和：東漢桓帝劉志年號（147—149）。
[2]【今注】案，遒，大德本、殿本作"遒"。
[3]【今注】建安：東漢獻帝劉協年號（196—220）。

廣陵思王荊，建武十五年封山陽公，十七年進爵爲王。

荆性刻急隱害，[1]有才能而喜文法。光武崩，大行在前殿，[2]荆哭不哀，而作飛書，封以方底，[3]令蒼頭詐稱東海王彊舅大鴻臚郭況書與彊曰："君王無罪，猥被斥廢，而兄弟至有束縛入牢獄者。太后失職，別守北宮，[4]及至年老，遠斥居邊，[5]海內深痛，觀者鼻酸。及太后尸柩在堂，洛陽吏以次捕斬賓客，至有一家三尸伏堂者，痛甚矣！今天下有喪，弓弩張設甚備。聞梁松勑虎賁史曰：'吏以便宜見非，勿有所拘，[6]封侯難再得也。'郎官竊悲之，爲王寒心累息。[7]今天下爭欲思刻賊王以求功，[8]寧有量邪！[9]若歸并二國之衆，[10]可聚百萬，君王爲之主，鼓行無前，[11]功易於太山破雞子，[12]輕於四馬載鴻毛，[13]此湯、武兵也。[14]今年軒轅星有白氣，[15]星家及喜事者，[16]皆云白氣者喪，[17]軒轅女主之位。[18]又太白前出西方，至午兵當起。[19]又太子星色黑，至辰日輒變赤。[20]夫黑爲病，[21]赤爲兵，亡努力卒事。[22]高祖起亭長，[23]陛下興白水，[24]何況於王陛下長子，故副主哉！[25]上以求天下事必舉，下以雪除沈没之恥，[26]報死母之讎。精誠所加，金石爲開。[27]當爲秋霜，無爲檻羊。[28]雖欲爲檻羊，又可得乎！竊見諸相工言王貴，[29]天子法也。[30]人主崩亡，閭閻之伍尚爲盜賊，[31]欲有所望，何況王邪！夫受命之君，天之所立，不可謀也。[32]今新帝人之所置，[33]彊者爲右。[34]願君王爲高祖、陛下所志，[35]無爲扶蘇、將閭叫呼天也。"[36]彊得書惶怖，[37]即執其使，封書上之。

［1］【李賢注】隱害謂陰害於人也（人，大德本誤作“山”）。

［2］【今注】大行：古代稱剛死的皇帝爲大行。大行，指皇帝不再返回人間。本書卷五《安帝紀》引《風俗通》：“天子新崩，未有諡，故且稱大行皇帝。”

［3］【李賢注】方底囊，所以盛書也。《前書》曰：“録綈方底（録，紹興本、大德本、殿本作‘緑’，是）。”【今注】飛書：匿名信。

［4］【李賢注】太后，郭后也。職，常也。失其常位，別遷北宮。

［5］【李賢注】封之於魯。

［6］【李賢注】以便宜之事而有非者，當即行之勿拘常制也。

［7］【李賢注】累息猶疊息也。【今注】累息：接連歎息。

［8］【今注】刻賊：傷害，殘害。

［9］【今注】寧有量邪：難道還需要考慮嗎？量，考慮、思考。

［10］【今注】二國：指廣陵國和東海國。

［11］【今注】鼓行無前：古人行軍時，擊鼓則進，因稱前進爲鼓行。無前，没有人能在他前面。案，無，殿本誤作“而”。

［12］【今注】案，惠棟《後漢書補注》卷一一認爲，此語未知所出，《墨子·貴義》，“是猶以卵投石也，盡天下之卵，其石猶是也，不可毁也”，《淮南子·主術訓》曰“猶以卵投石，以火投水”。

［13］【今注】案，《北堂書鈔》卷一一七引《東觀漢記》作“易於泰山之壓雞卵，輕於駟馬之載鴻毛”。《梁書》卷五《元帝紀》作“如駟馬之載鴻毛，若奔牛之觸魯縞”。四馬，又作“駟馬”，同拉一輛車的四匹馬。

［14］【今注】湯：即商湯，子姓，名履。殷開國之君。世稱商湯或湯。建都於亳，任用伊尹。殷人尊湯，故曰天乙、大乙。武：周武王姬發，文王之子。武王伐紂，聯合八百諸侯，在牧野（今河南淇縣西南）會戰，大敗商軍，滅商。建立周王朝，分封諸

侯，定都鎬（今陝西西安市長安區西北灃河東岸西周遺址一帶）。

　　[15]【今注】軒轅星：軒轅是中國古代星官之一，屬於二十八宿的星宿，含有十七顆星，其中最亮星是軒轅十四。《周禮·司民》釋：軒轅星有十七星，如龍形，有兩角，角有大民、小民。

　　[16]【李賢注】喜事猶好事也。喜音許氣反。

　　[17]【今注】白氣者喪：漢代占星者認爲，星宿中出現白氣，爲有喪事的徵兆。本書《天文志上》云：“白氣爲喪，有災作彗，彗所以除穢。”《天文志中》云：“白氣生紫宮中爲喪。”

　　[18]【今注】案，《漢書》卷七五《李尋傳》“女宮在後”，孟康曰：“言少微四星在太微次。太微爲天帝廷。女宮謂軒轅星也。”

　　[19]【李賢注】《鴻範五行傳》曰（鴻，大德本、殿本作“洪”，二字可通）：“太白（太，大德本作‘大’），少陰之星，以己未爲界，不得經天而行。太白經天而行爲不臣。”今至午，是爲經天也。【今注】案，《漢書·天文志》：“太白經天，天下革，民更王，是爲亂紀，人民流亡。”《漢書》卷三六《楚元王傳·劉向》“太白經天而行”，孟康曰：“謂出東入西，出西入東也。太白陰星，出東當伏東，出西當伏西。過午爲經天也。”本書《天文志中》“五年六月辛丑，太白晝見，經天”李賢注：“《春秋漢含孳》曰：‘陽弱，辰逆，太白經天。’注云：‘陽弱，君柔不堪。’《鉤命決》曰：‘天失仁，太白經天。’”

　　[20]【李賢注】《天官書》曰“心前星，太子之位”也。【今注】太子星：太子是中國古代星官之一，屬於三垣之中的太微垣，象徵太子。本書卷三〇下《郎顗傳》陽嘉二年（133）“臣竊見皇子未立，儲宮無主，仰觀天文，太子不明”。李賢注引《洪範五行傳》曰：“心之大星天王也，其前星太子也，後星庶子也。”

　　[21]【今注】案，夫，殿本誤作“天”。

　　[22]【今注】案，亡，大德本、殿本作“王”，是。努，殿本

作“弩”，是。　卒事：完成此事。

[23]【今注】高祖：西漢高祖劉邦，公元前206年至前195年在位。紀見《史記》卷八、《漢書》卷一。　亭長：官名。掌治安、訴訟和捕盜賊等事。屬吏有亭候、求盜等吏卒。設備五兵，持二尺板以劾賊，索繩以收執賊。城市裏也置亭，稱“都亭”，其職與鄉亭同。

[24]【今注】白水：今湖北棗陽市南白水河。光武舊宅在今棗陽市東南。宅南二里有白水，即張衡所謂“龍飛白水”。

[25]【今注】副主：儲君。指太子。

[26]【今注】案，東漢光武帝建武二年，立母郭氏爲皇后，強爲皇太子。十七年而郭后廢，強常慄慄不安，數因左右及諸王陳其懇誠，願備蕃國。光武不忍，多年沒有準許，後允許他返回封國。十九年，封爲東海王，二十八年，就國。

[27]【李賢注】《韓詩外傳》曰：“昔者楚熊渠子夜行，見寢石（石，大德本誤作‘召’），以爲伏虎，彎弓而射之，沒金飲羽。下視，知其石也，因復射之，矢摧無跡。熊渠子見其誠心而金石爲之開，而況人乎？”【今注】案，楊明照《抱朴子外篇校箋》卷三《勖學》注“機石可感之以精誠”，據《呂氏春秋·精通》：“養由基射兕，中石，矢乃飲羽，誠乎兕也……鍾子期夜聞擊磬者而悲……鍾子期欷歔曰：‘悲夫！悲夫！心非臂也，臂非椎非石也，悲存乎心，而木石應之。’”（又見《新序·雜事四》）《韓詩外傳》卷六：“昔者，楚熊渠子夜行，〔見〕寢石以爲伏虎，彎弓而射之，沒金飲羽；下視知其石也，矢躍無迹。熊渠子見其誠心，石爲之開，而況人乎？”（又見《新序·雜事四》）《説苑·修文》：“孔子曰：‘……鍾鼓之聲，怒而擊之則武，憂而擊之則悲，喜而擊之則樂。其志變，其聲亦變。其志誠，通乎金石，而況人乎？’”（又見《家語·六本》）《西京雜記》卷五：“李廣與兄弟共獵於冥山之北，見臥虎焉。射之，一矢即斃……他日，復獵於冥山之陽，

又見臥虎，射之，没矢飲羽。進而視之，乃石也，其形類虎。退而更射，鏃破簳折而石不傷。余嘗以問揚子雲，子雲曰：'至誠則金石爲開。'"（楊明照：《抱朴子外篇校箋》，中華書局2007年版，第119—121頁）

［28］【李賢注】秋霜，肅殺於物。檻羊，受制於人。

［29］【今注】相工：舊指以相術供職或爲業的人。本書卷一〇下《皇后紀下》載，順帝永建三年（128），順烈皇后梁妠與姑俱選入掖庭，時年十三。"相工茅通見后，驚，再拜賀曰：'此所謂日角偃月，相之極貴，臣所未嘗見也。'"

［30］【今注】天子法：有天子的法度。

［31］【今注】閭閻：古代里巷内外的門。外門爲閭，内門爲閻。泛指平民老百姓。

［32］【今注】謀：以人爲謀求。

［33］【今注】新帝：指漢明帝。

［34］【今注】彊者爲右：勢力强者爲尊。古代以右爲尊貴。

［35］【李賢注】陛下即光武也。

［36］【李賢注】扶蘇，秦始皇之太子。將閭，庶子也。扶蘇以數諫始皇，使與蒙恬守北邊。始皇死於沙丘，少子胡亥詐立，賜扶蘇死。將閭昆弟三人囚於内宫。胡亥使謂將閭曰（《史記》卷六《秦始皇本紀》作"二世使使令將閭曰"）："公子不臣，罪當死。"將閭乃仰天而大呼天者三，曰："天乎！吾無罪。"昆弟三人皆流涕，伏劍自殺。事見《史記》。

［37］【今注】惶怖：恐懼。

顯宗以荆母弟，祕其事，遣荆出止河南宮。[1]時西羌反，荆不得志，冀天下因羌驚動有變，私迎能爲星者與謀議。[2]帝聞之，乃徙封荆廣陵王，遣之國。其後荆復呼相工謂曰："我貌類先帝。[3]先帝三十得天下，我今亦三十，可起兵未？"相者詣吏告之，荆惶恐，自繫獄。帝復加恩，不考極其事，[4]下詔不得臣屬吏人，唯食租如故，使相、中尉謹宿衛之。[5]荆猶不改。其後使巫祭祀祝詛，有司舉奏，請誅之，荆自殺。立二十九年死。帝憐傷之，賜謚曰思王。

[1]【今注】河南宫：在今河南滎陽市西北汜水鎮。

[2]【今注】爲星者：能根據星象預測吉凶的人。

[3]【今注】先帝：指光武帝劉秀。

[4]【今注】考極：窮究。

[5]【今注】中尉：諸侯王國武官名。掌武職，督察軍吏，捕盜賊。西漢武帝改爲"執金吾"，成帝綏和元年（前8）復置，職如郡都尉。秩比二千石。

十四年，封荆子元壽爲廣陵侯，服王璽綬，食荆故國六縣；又封元壽弟三人爲鄉侯。明年，帝東巡狩，徵元壽兄弟會東平宫，班賜御服器物，又取皇子輿馬，[1]悉以與之。建初七年，肅宗詔元壽兄弟與諸王俱朝京師。

[1]【今注】輿馬：車馬。

元壽卒，子商嗣。商卒，子條嗣，傳國于後。

臨淮懷公衡，建武十五年立，未及進爵爲王而薨，無子，國除。

中山簡王焉，建武十五年封左馮翊公，十七年進爵爲王。焉以郭太后少子故，獨留京師。三十年，徙封中山王。永平二年冬，諸王來會壁雍，[1]事畢歸蕃，詔焉與俱就國，從以虎賁官騎。[2]焉上疏辭讓，[3]顯宗報曰：“凡諸侯出境，必備左右，故夾谷之會，司馬以從。[4]今五國各官騎百人，稱婭前行，[5]皆北軍胡騎，[6]便兵善射，[7]弓不空發，中必決眥。[8]夫有文事必有武備，所以重蕃職也。王其勿辭。”帝以焉郭大后偏愛，[9]特加恩寵，獨得往來京師。十五年，焉姬韓序有過，焉縊殺之，國相舉奏，坐削安險縣。[10]元和中，肅宗復以安險還中山。

[1]【今注】壁雍：都城禮制建築之一。爲祭祀之所。本爲西周天子所置大學。以圓如壁，四周雍以水得名。漢都城長安、洛陽皆有辟雍。東漢辟雍位於今河南洛陽市東郊故洛陽城東南。案，壁，紹興本作“璧”，大德本、殿本誤作“辟”。

[2]【李賢注】《漢官儀》：“驌騎，王家名官騎。”

[3]【今注】案，疏，大德本、殿本作“書”，是。

[4]【李賢注】《穀梁傳》曰，公會齊侯于頰谷，齊人鼓譟，欲以執魯君。孔子歷階而上，命司馬止之。《左氏傳》“頰谷”作“夾谷”。

[5]【李賢注】婭音楚角反。稱婭猶齊整也。行音胡郎反。

[6]【今注】北軍胡騎：官名。屬北軍五校尉之一胡騎校尉。由北方草原民族爲主要兵員的部隊（參見王子今《兩漢軍隊中的“胡騎”》，《中國史研究》2007 年第 3 期；孫聞博《秦漢邊地胡騎的使用——基於新獲史料與傳世文獻的再考察》，載《簡牘學研究》第 6 輯，甘肅人民出版社 2016 年版）。

[7]【今注】便兵善射：騎兵輕捷善於射箭。

[8]【李賢注】司馬相如子虛之文。【今注】中必決眥：《漢書》卷五七《司馬相如傳》作"弓不虛發，中必決眥"。眥即決獸之目眥，指射箭精準。眥，上下眼瞼的連接處，即眼角。

[9]【今注】案，大后，紹興本、大德本、殿本作"太后"。

[10]【李賢注】安險屬中山郡。【今注】安險：縣名。西漢置，治所在今河北定州市東南。東漢章帝時改爲安熹縣。

　　立五十二年，永元二年薨。自中興至和帝時，皇子始封薨者，皆賵錢三千萬，布三萬匹；嗣王薨，賵錢千萬、布萬匹。是時竇太后臨朝，[1]竇憲兄弟擅權，[2]太后及憲等，東海出也，[3]故睦於焉而重於禮，加賵錢一億。詔濟南、東海二王皆會。大爲修冢塋，[4]開神道，[5]平夷吏人冢墓以千數，[6]作者萬餘人。[7]發常山、鉅鹿、涿郡柏黃腸雜木，[8]三郡不能備，復調餘州郡工徒及送致者數千人。[9]凡徵發搖動六州十八郡，[10]制度餘國莫及。[11]

[1]【今注】竇太后：東漢章帝皇后。扶風平陵（今陝西咸陽市西北）人。漢和帝即位，臨朝執政，其兄、弟位居顯要。紀見本書卷一〇上。

[2]【今注】擅權：專權。

[3]【李賢注】《爾雅》曰"女子之子爲出"也（爲，殿本作"謂"，《爾雅·釋親》云："男子謂姊妹之子爲出。"作"謂"字，誤）。

[4]【今注】冢塋：墓地。

[5]【李賢注】墓前開道，建石柱以爲標，謂之神道。

［6］【今注】平夷：鏟除墳墓的封土，使之平坦。

［7］【今注】作者：參與墳墓營造的人。

［8］【李賢注】黃腸，柏木黃心。【今注】鉅鹿：郡國名。治
廮陶縣（今河北寧晉縣西南）。明帝永平二年（59），封皇子劉恭
爲鉅鹿王。章帝建初四年（79），劉恭徙封江陵，鉅鹿國除爲郡。
涿郡：郡名。治涿縣（今河北涿州市）。　黃腸：以柏木黃心在
棺椁外壘疊起來，故曰黃腸。木頭皆内向稱題湊。

［9］【今注】工徒：工匠。　送致者：運輸者。

［10］【今注】案，大德本無“發”字。

［11］【今注】制度：規格樣式。

子夷王憲嗣。永元四年，封憲弟十一人爲列侯。

憲立二十二年薨，子孝王弘嗣。永寧元年，封弘
二弟爲亭侯。

弘立二十八年薨，子穆王暢嗣。永和六年，[1]封暢
弟荆爲南鄉侯。

［1］【今注】永和：東漢順帝劉保年號（136—141）。

暢立三十四年薨，子節王稚嗣，無子，國除。

琅邪孝王京，建武十五年封琅邪公，十七年進爵
爲王。

京性恭孝，[1]好經學，[2]顯宗尤愛幸，[3]賞賜恩寵
殊異，[4]莫與爲比。永平二年，以太山之蓋、南武陽、
華，[5]東萊之昌陽、盧鄉、東牟六縣益琅邪。[6]五年，

乃就國。光烈皇后崩，帝悉以太后遺金寶財物賜京。京都莒，[7]好修宮室，窮極伎巧，[8]殿館壁帶皆飾以金銀。[9]數上詩賦頌德，帝嘉美，下之史官。京國中有城陽景王祠，[10]吏人奉祠。[11]神數下言，宮中多不便利，[12]京上書願徙宮開陽，以華、蓋、南武陽、厚丘、贛榆五縣[13]易東海之開陽、臨沂，[14]肅宗許之。立三十一年薨，葬東海即丘廣平亭，[15]有詔割亭屬開陽。[16]

[1]【今注】恭孝：恭敬孝順。

[2]【今注】經學：即注經之學，爲闡釋儒家經典的學問。

[3]【今注】愛幸：寵幸。

[4]【今注】殊異：特別。

[5]【李賢注】蓋縣，故城在今沂州沂水縣西北；南武陽縣，故城在今沂州費縣西；又，華縣，故城在費縣東北也。【今注】太山：郡名。又作“泰山”。治奉高縣（今山東泰安市東）。 蓋：縣名。治所在今山東沂源縣東南。 南武陽：縣名。治所在今山東平邑縣。 華：縣名。治所在今山東費縣東北。

[6]【李賢注】昌陽，今萊州縣也，故城在今聞登縣西南。盧鄉，故城在今昌陽縣西北。東牟，故城在聞登縣西北也。【今注】東萊：郡名。西漢治掖縣（今山東萊州市）。東漢徙治黃縣（今山東龍口市東南）。 昌陽：縣名。治所在今山東威海市文登區南。 盧鄉：縣名。治所在今山東平度市北。 東牟：縣名。治所在今山東烟臺市牟平區。

[7]【今注】莒：縣名。治所在今山東莒縣。

[8]【今注】伎巧：技術，技藝。

[9]【李賢注】壁帶（壁，紹興本作“璧”，二字可通），璧

中之橫木也（璧，大德本作"壁"），以金銀爲釭（釭，大德本、殿本誤作"釘"），飾其上。【今注】案，璧，紹興本作"壁"。

[10]【今注】城陽景王：劉章。沛縣（今屬江蘇沛縣）人。劉邦孫，齊悼惠王次子。封城陽王。公元前186年，呂后召之宿衞京城，封朱虛侯，以呂祿之女妻之。呂后死，得悉呂産、呂祿叛亂，與其兄齊王劉襄發兵西進平亂。後與大臣周勃、陳平等誅滅諸呂。文帝二年（前178），封城陽王。次年死。

[11]【今注】奉祠：祭祀。

[12]【今注】便利：平安、平静。

[13]【李賢注】華縣、蓋縣、南武陽屬泰山郡，厚丘屬東海郡，贛榆屬琅邪郡。【今注】厚丘：縣名。治所在今江蘇沭縣北。一説在今山東臨沂市東。　贛榆：縣名。治所在今江蘇連雲港市贛榆區北。

[14]【今注】開陽：縣名。治所在今山東臨沂市北。春秋至漢初稱"啓陽"，後避西漢景帝劉啓名諱而改稱"開陽"。　臨沂：縣名。治所在今山東臨沂市西北。

[15]【今注】即丘：縣名。治所在今山東郯城縣北。　廣平亭：亭名。在今山東臨沂市蘭山辦事處琅琊蒼（參見《臨沂市志》，齊魯書社1999年版，第763頁）。1916年沈兆褘修，王景祜纂《臨沂縣志》載："琅邪王劉京。謚曰孝，故稱琅邪孝王，其所葬之廣平亭，原屬漢即丘縣，地處沂河西岸，縣城東南，其遺址在今酒廠以東琅琊蒼。"（黃忠、韓忠勤主編：《沂蒙大觀》，山東大學出版社2007年版，第450頁）。周振鶴認爲此廣平亭當爲廣平亭部的省稱（《從漢代"部"的概念釋縣鄉亭里制度》，《歷史研究》1995年第5期）。

[16]【李賢注】開陽，縣，屬東海郡，故城在今沂州臨沂縣北。

子夷王宇嗣。建初七年，封宇弟十三人爲列侯。元和元年，封孝王孫二人爲列侯。

宇立二十年薨，子恭王壽嗣。永初元年，封壽弟八人爲列侯。

立十七年薨，子貞王尊嗣。[1]延光二年，封尊弟四人爲鄉侯。

[1]【今注】案，尊，本書卷六《順帝紀》作"遵"，卷五《安帝紀》作"尊"。

尊立十八年薨，子安王據嗣。永和五年，封據弟三人爲鄉侯。

據立四十七年薨，子順王容嗣。初平元年，遣弟邈至長安奉章貢獻，帝以邈爲九江太守，封陽都侯。[1]

[1]【李賢注】陽都，縣，屬城陽國，故城在今沂州承縣南。承音常證反。【今注】陽都：縣名。治所在今山東沂南縣南。東漢光武帝建武三年（27），封伏湛爲陽都侯，六年，徙封爲不其侯。獻帝初平四年（193），封琅邪順王劉容之弟劉邈爲陽都侯。

容立八年薨，國絕。

初，邈至長安，盛稱東郡太守曹操忠誠於帝，[1]操以此德於邈。建安十一年，復立容子熙爲王。在位十一年，坐謀欲過江，[2]被誅，國除。

[1]【今注】曹操：字孟德，沛國譙（今安徽亳縣）人。初舉

孝廉爲郎，遷頓丘令，拜議郎。東漢靈帝光和末年，拜騎都尉，以鎮壓潁川黃巾，遷濟南相。獻帝初平年間，參與討伐董卓之役，並擊敗、收編青州黃巾軍，號青州兵。建安元年（196），迎漢獻帝都許（今河南許昌市東）。先後擊敗袁術、呂布、袁紹、劉表等，並北征烏丸。十三年，赤壁之戰失敗。十六年，進位丞相，又相繼進封魏公、魏王。好文學，善詩文，通兵法，著《孫子略解》《兵書接要》等。卒謚武，魏文帝黃初時追尊武帝，廟號太祖。

〔2〕【今注】坐謀欲過江：指過長江投奔東吳。江，即長江。

賛曰：光武十子，胙土分王。[1]沛獻尊節，楚英流放。[2]延既怨詛，[3]荊亦觖望。[4]濟南陰謀，琅邪驕宕。[5]中山、臨淮，無聞夭喪。[6]東平好善，辭中委相。[7]謙謙恭王，寔惟三讓。[8]

〔1〕【今注】胙土：帝王將土地賜封功臣宗室，以酬其勳勞。《左傳》隱公八年：“天子建德，因生以賜姓，胙之土而命之氏。”孔穎達疏：“胙，訓報也。有德之人，必有美報。報之以土，謂封之以國。”

〔2〕【李賢注】尊音祖本反。《禮記》曰：“恭敬撙節。”鄭玄注云：“撙，趣也。”【今注】尊節：遵守法度。

〔3〕【今注】怨詛：怨恨詛咒。

〔4〕【今注】觖望：因不滿意而怨恨。

〔5〕【今注】驕宕：驕橫放縱。

〔6〕【李賢注】二王早終，名聞未著也。

〔7〕【今注】辭中委相：辭去在宮中任丞相之職。

〔8〕【今注】三讓：指周泰伯讓位於季歷事，後人稱爲盛德。

後漢書　卷四三

列傳第三十三

朱暉 孫穆　樂恢　何敞

　　朱暉字文季，南陽宛人也。[1]家世衣冠。[2]暉早孤，有氣決。[3]年十三，王莽敗，[4]天下亂，與外氏家屬從田間奔入宛城。[5]道遇群賊，白刃劫諸婦女，略奪衣物。昆弟賓客皆惶迫，[6]伏地莫敢動。暉拔劍前曰："財物皆可取耳，諸母衣不可得。今日朱暉死日也！"賊見其小，壯其志，笑曰："童子內刀。"[7]遂捨之而去。

　　[1]【李賢注】《東觀記》曰"其先宋微子之後也，以國氏姓。周衰，諸侯滅宋，犨碭，易姓爲朱，後徙於宛"也。【今注】南陽：郡名。治宛縣（今河南南陽市臥龍區）。

　　[2]【今注】衣冠：衣服和帽子。代指縉紳士大夫。古代士以上戴冠。

　　[3]【今注】氣決：果敢而有魄力。

［4］【今注】王莽：字巨君，魏郡元城（今河北大名縣東北）人。西漢元帝皇后王政君侄子。孺子嬰初始元年（8）稱帝，改國號爲新，年號始建國。傳見《漢書》卷九九。

［5］【李賢注】《東觀記》曰"暉外祖父孔休，以德行稱於代"也。【今注】外氏：母親的父母家。

［6］【今注】昆弟：同輩的人。

［7］【今注】内刀：收起刀。内，同"納"。

　　初，光武與暉父岑俱學長安，[1]有舊故。[2]及即位，求問岑，時已卒，乃召暉拜爲郎。[3]暉尋以病去，卒業於大學。[4]性矜嚴，[5]進止必以禮，[6]諸儒稱其高。

［1］【今注】光武：東漢光武帝劉秀，公元25年至57年在位。廟號世祖，光武中興，故廟稱世祖。謚號光武皇帝。紀見本書卷一。　長安：縣名。治所在今陝西西安市西北。

［2］【今注】舊故：舊交情。

［3］【今注】郎：官名。掌守宮門，備諮詢，出充車騎。東漢於光禄勳下設五官、左、右中郎將署，主管諸中郎、侍郎、郎中，實爲儲備官吏人才的機構，其郎官多達二千餘人。

［4］【今注】大學：古代設立在京城用以培養人才、傳授儒家經典的最高學府。虞時的庠、夏朝的序、殷代的瞽宗、西周的辟雍，均爲古代大學。亦稱國學、國子學。案，紹興本、大德本、殿本作"太學"。

［5］【今注】矜嚴：矜持嚴整。

［6］【今注】進止：行動舉止。

　　永平初，[1]顯宗舅新陽侯陰就慕暉賢，[2]自往候之，暉避不見。復遣家丞致禮，[3]暉遂閉門不受。就聞，歎曰："志士也，勿奪其節。"[4]後爲郡吏，[5]太守阮況嘗欲市暉牛，[6]暉不從。[7]及況卒，暉乃厚贈送其家。人或譏焉，暉曰："前阮府君有求於我，[8]所以不敢聞命，[9]誠恐以財貨汙君。今而相送，明吾非有愛也。"驃騎將軍東平王蒼聞而辟之，[10]甚禮敬焉。正月朔旦，[11]蒼當入賀。故事，[12]少府給璧。[13]是時陰就爲府卿，[14]貴驕，吏慠不奉法。[15]蒼坐朝堂，[16]漏且盡，[17]而求璧不可得，顧謂掾屬曰：[18]"若之何？"暉望見少府主簿持璧，[19]即往紿之曰：[20]"我數聞璧未嘗見，[21]試請觀之。"主簿以授暉，暉顧召令史奉之。[22]主簿大驚，遽以白就。[23]就曰："朱掾義士，勿復求。"更以它璧朝。蒼既罷，召暉謂曰："屬者掾自視孰與藺相如？"[24]帝聞壯之。[25]及當幸長安，欲嚴宿衞，故以暉爲衞士令。[26]再遷臨淮太守。[27]

[1]【今注】永平：東漢明帝劉莊年號（58—75）。

[2]【今注】顯宗：東漢明帝劉莊，公元57年至75年在位。紀見本書卷二。　新陽：縣名。治所在今安徽界首市北。　陰就：南陽新野（今河南新野縣）人。光武帝陰皇后弟。封信陽侯。善結交，性剛傲，不得衆譽。明帝即位，爲少府，位特進。永平二年，以子豐殺妻酈邑公主，當連坐，乃自殺。

[3]【李賢注】《續漢志》曰："諸侯家丞，秩三百石。"【今注】家丞：列侯、公主設家丞。掌家政。秩三百石。

[4]【今注】勿奪其節：不要違背其節操。

[5]【今注】郡吏：郡太守的屬吏。每郡置太守一人，二千石。置守、丞、尉各一人。守治民，丞佐之，尉典兵。郡當邊戍者，以丞爲長史。

[6]【今注】太守：官名。秦漢郡的最高行政長官，掌一郡政務。秩二千石。原作郡守，西漢景帝時改稱太守。　案，牛，大德本、殿本作"婢"。

[7]【李賢注】《東觀記》曰："暉爲椽督郵（大德本、殿本無'椽'字，當據刪），況當歸女，欲買暉婢，暉不敢與。後況卒，暉送其家金三斤。"

[8]【今注】府君：漢及魏晉時郡太守自辟僚屬如公府，因尊稱爲府君。

[9]【今注】聞命：接受命令或教導。

[10]【今注】驃騎將軍：西漢武帝置爲重號將軍，僅次於大將軍。秩萬石。東漢位比三公，地位尊崇。屬官有長史。　東平王蒼：東漢光武帝子，明帝同母弟。光武帝建武十七年（41），封爲東平王，都無鹽（今山東東平縣東南）。傳見本書卷四二。

[11]【今注】朔旦：每月初一。

[12]【今注】故事：過去的事例或制度。

[13]【今注】少府：官名。掌山澤陂池市肆租稅，兼管宮廷日常事務及手工製作。西漢武帝時期將少府部分山澤陂池之稅移交大司農。東漢掌宮中服御諸物、寶貨珍膳的供給和服務。秩中二千石。　給璧：少府卿一人，掌中服御之諸物、衣服、寶貨、珍膳之屬，朝賀則給璧。

[14]【今注】府卿：東漢爲少府尊稱。《太平御覽》卷八〇六引"府卿"作"少府卿"。

[15]【今注】奉法：遵守法令。

[16]【今注】朝堂：漢代正朝左右官議政之處。《周禮·考工記·匠人》"九卿朝焉"，漢鄭玄注："如今朝堂諸曹治事處。"賈公彦疏："鄭據漢法，朝堂諸曹治事處，謂正朝之左右爲廬舍者也。"

[17]【今注】漏且盡：夜深之時。漏，古代計時器，銅製有孔，可以滴水或漏沙，有刻度標志以計時間。《説文解字·水部》：

"漏，以銅受水刻節，晝夜百刻。"

[18]【今注】掾屬：泛指公府及郡縣官府的屬吏，正曰掾，副曰屬，如各曹掾史及其下屬吏員。由郡縣官自選，不由朝廷任命。

[19]【今注】主簿：官名。戰國始置，掌文書簿籍。漢代中央和地方官署多置。掌文書簿籍印鑒等事。秩六百石。

[20]【李賢注】紿，欺也。

[21]【今注】數（shuò）：多次。

[22]【李賢注】奉之於蒼。【今注】令史：佐吏名。秦及漢初縣級行政長官的主要屬吏。蘭臺、尚書臺、三公府及大將軍府也置令史。主典文書。位在諸曹掾之下。本書《百官志一》載："令史及御屬二十三人。本注曰：《漢舊注》公令史百石，自中興以後，注不說石數。御屬主爲公御。閣下令史主閣下威儀事。記室令史主上章表報書記。門令史主府門。其餘令史，各典曹文書。"

[23]【今注】遽：立刻。

[24]【李賢注】屬，向也。與猶如也。《史記》曰，藺相如，趙人也。趙惠文王時得楚和氏璧，秦昭王欲以十五城易之，趙王使相如奉璧入秦。秦王大喜，無意償趙城。相如乃前曰："璧有瑕，願指示王（示，大德本、殿本誤作'視'）。"相如因持璧卻立倚柱，怒髮上衝冠，曰："臣觀大王無償趙城色（大德本、殿本'無'後有'意'字，是；色，大德本、殿本作'邑'，是），故臣復取璧。大王必欲急臣，臣今頭與璧俱碎於柱矣。"相如持其璧睨柱，欲以擊柱。秦王恐其璧破，乃謝之。【今注】屬者：向來。

[25]【今注】壯：贊賞。

[26]【今注】衛士令：官名。分南宮衛士令、北宮衛士令。掌南、北宮衛士。掌宮城諸門警衛。秩六百石。

[27]【今注】臨淮：郡國名。西漢武帝元狩六年（前 117）置。治徐縣（今江蘇泗洪縣南）。新莽改名爲淮平郡。東漢光武帝

建武十五年，光武帝封劉衡爲臨淮公。建武十七年六月，劉衡未及進爵而薨，國除。明帝永平十五年，更置下邳國。治下邳縣（今江蘇邳州市南）。

暉好節概，[1]有所拔用，[2]皆厲行士。[3]其諸報怨，[4]以義犯率，[5]皆爲求其理，多得生濟。[6]其不義之囚，即時僵仆。[7]吏人畏愛，[8]爲之歌曰：“彊直自遂，[9]南陽朱季。吏畏其威，人懷其惠。”[10]數年，坐法免。[11]

[1]【今注】節概：操守和氣概。

[2]【今注】拔用：提拔任用。

[3]【今注】厲行士：指有操守的人。厲行，砥礪操行。

[4]【今注】報怨：報復仇怨。

[5]【今注】以義犯率：因私人的義氣而違反國家的法律。率，同律。

[6]【今注】生濟：保全生命。

[7]【李賢注】僵，偃；仆，踣也。【今注】僵仆：跌倒。指受到懲罰。

[8]【今注】畏愛：敬畏愛戴。

[9]【今注】彊直：剛强而正直。

[10]【李賢注】《東觀記》曰：“建武十六年，四方牛大疫，臨淮獨不，鄰郡人多牽牛入界。”

[11]【李賢注】《東觀記》曰：“坐考長史囚死獄中（囚，大德本誤作‘曰’），州奏免官。”

暉剛於爲吏，[1]見忌於上，[2]所在多被劾。自去臨淮，屏居野澤，[3] 布衣蔬食，不與邑里通，鄉黨譏其介。[4] 建初中，[5] 南陽大飢，米石千餘，暉盡散其家資，以分宗里故舊之貧羸者，[6] 鄉族皆歸焉。[7] 初，暉同縣張堪素有名稱，[8] 嘗於大學見暉，[9] 甚重之，接以友道，[10] 乃把暉臂曰：“欲以妻子託朱生。”暉以堪先達，[11] 舉手未敢對，[12] 自後不復相見。堪卒，暉聞其妻子貧困，乃自往候視，厚賑贍之。[13] 暉少子頡怪而問曰：[14]“大人不與堪爲友，平生未曾相聞，子孫竊怪之。”暉曰：“堪嘗有知己之言，吾以信於心也。”[15] 暉又與同郡陳揖交善，揖早卒，有遺腹子友，暉常哀之。[16] 及司徒桓虞爲南陽太守，[17] 召暉子駢爲吏，暉辭駢而薦友。虞歎息，遂召之。其義烈若此。[18]

[1]【今注】剛於爲吏：爲官剛毅正直。

[2]【今注】見忌於上：被上級猜忌。

[3]【今注】屏居野澤：隱居於山野草澤。

[4]【李賢注】介，特也。言不與衆同。【今注】鄉黨：同鄉的人。五百家爲黨，一萬二千五百家爲鄉，合而稱鄉黨。 介：行爲獨特，與一般人不同。

[5]【今注】建初：東漢章帝劉炟年號（76—84）。

[6]【今注】宗里故舊：親族朋友等。 貧羸：貧窮瘦弱。

[7]【今注】鄉族：家鄉親族。

[8]【今注】張堪：字君游，南陽宛（今河南南陽市卧龍區）人。傳見本書卷三一。 名稱：名譽聲望。

[9]【今注】案，大，紹興本、大德本、殿本作“太”。

[10]【今注】友道：朋友交往的準則。

[11]【今注】先達：有學問、道德的前輩。因先我而聞道，

故稱爲"先達"。

[12]【今注】未敢對：不敢答應。

[13]【今注】賑贍：以財物周濟。

[14]【今注】少子：幼子。

[15]【李賢注】以堪先託妻子，心已許之，故言信於心也。

[16]【今注】案，《東觀漢記》卷一六《朱暉傳》云："堪後物故，時南陽飢，堪妻子貧窮，乃自往候視，見其困厄，分所有以賑給之。歲送穀五十斛，帛五匹以爲常。"

[17]【今注】司徒：官名。三公之一。西漢哀帝元壽二年（前1），正三公官分職，改丞相爲大司徒。東漢光武帝建武二十七年（51）去"大"字，稱司徒。掌全國民政、考課、教化等事宜。與太尉、司空一同參議大政。秩萬石。屬官有長史、司空等。　桓虞：字仲春，馮翊萬年（今陝西西安市臨潼區）人。初爲魯令，以父母老，去官。遷尚書僕射，據法斷事，周密平正，以爲能。永平初爲南陽太守，表賢黜惡，校練名實，豪吏無所容其姦，百姓悅之。建初年間，爲司徒、光祿勳。

[18]【今注】義烈：忠義節烈。

元和中，[1]肅宗巡狩，[2]告南陽太守問暉起居，[3]召拜爲尚書僕射。[4]歲中遷太山太守。[5]暉上疏乞留中，[6]詔許之。因上便宜，[7]陳密事，深見嘉納。[8]詔報曰："補公家之闕，[9]不累清白之素，[10]斯善美之士也。俗吏苟合，[11]阿意面從，[12]進無謇謇之志，卻無退思之念，[13]患之甚久。惟今所言，[14]適我願也。生其勉之！"

[1]【今注】元和：東漢章帝劉炟年號（84—87）。

[2]【今注】蕭宗：東漢章帝劉炟，公元 75 年至 88 年在位。諡號爲孝章皇帝，廟號蕭宗。紀見本書卷三。　巡狩：古代天子出行，巡視諸侯或地方官員所治的疆土。根據方向不同，一般稱向西爲行，向東爲幸，向北爲狩，向南爲巡。

[3]【今注】案，告，殿本作"召"，是。　起居：泛指日常生活。問候、請安。

[4]【今注】尚書僕射：官名。西漢爲尚書令副貳，秩六百石。東漢爲尚書臺次官。若公兼任，增秩至二千石。掌章奏文章、參議政事、監察百官等。

[5]【今注】太山：郡名。治奉高縣（今山東泰安市東）。

[6]【今注】留中：留在禁中，不到外地爲官。

[7]【今注】便宜：漢代一種帶有機密性質的上行公文。《文心雕龍·奏啓》載："鼂錯受書，還上便宜。後代便宜，多附封事，慎機密也。"

[8]【今注】嘉納：贊許並采納。

[9]【李賢注】《詩》曰："袞職有闕，仲山甫補之。"

[10]【今注】清白之素：清白的本性。

[11]【今注】苟合：不依道義行事，祇知阿諛迎合。

[12]【今注】阿意：迎合他人的意旨。

[13]【李賢注】《易·蹇卦》艮下坎上，艮爲山，坎爲水，山上有水，蹇難之象也。六二爻上應於五，五爲君位，二宜爲臣也。居險難之時（險，紹興本誤作"儉"），履當其位，不以五在難私身遠害，故曰"王臣蹇蹇，匪躬之故"。《孝經》曰："退思補過。""謇"與"蹇"通。【今注】退思：退歸思過。《左傳》宣公十二年："林父之事君也，進思盡忠，退思補過，社稷之衛也。"

[14]【今注】案，今，殿本誤作"令"。

是時穀貴，縣官經用不足，[1]朝廷憂之。尚書張林上言：[2]“穀所以貴，由錢賤故也。可盡封錢，[3]一取布帛爲租，以通天下之用。又鹽，食之急者，雖貴，人不得不須，[4]官可自鬻。[5]又宜因交阯、益州上計吏往來，[6]市珍寶，收采其利，武帝時所謂均輸者也。”[7]於是詔諸尚書通議。[8]暉奏據林言不可施行，事遂寝。[9]後陳事者復重述林前議，[10]以爲於國誠便，帝然之，有詔施行。暉復獨奏曰：“王制，天子不言有無，諸侯不言多少，食禄之家不與百姓争利。[11]今均輸之法與賈販無異，鹽利歸官，則下人窮怨，布帛爲租，則吏多姦盜，誠非明主所當宜行。”帝卒以林等言爲然，得暉重議，[12]因發怒，切責諸尚書。[13]暉等皆自繫獄。[14]三日，詔勑出之。[15]曰：“國家樂聞駮議，[16]黄髮無愆，詔書過耳，[17]何故自繫？”暉因稱病篤，[18]不肯復署議。[19]尚書令以下惶怖，[20]謂暉曰：“今臨得譴讓，[21]奈何稱病，其禍不細！”暉曰：“行年八十，[22]蒙恩得在機密，[23]當以死報。若心知不可而順旨靁同，[24]負臣子之義。今耳目無所聞見，伏待死命。”遂閉口不復言。諸尚書不知所爲，乃共劾奏暉。帝意解，[25]寝其事。後數日，詔使直事郎問暉起居，[26]太醫視疾，[27]太官賜食。[28]暉乃起謝，復賜錢十萬，布百匹，衣十領。[29]

[1]【李賢注】經，常也。【今注】縣官：官府。又代指天子、朝廷。　經用：日常使用的錢物。

[2]【今注】尚書：官名。西漢初爲掌文書小吏。武帝後置四

員分曹治事，領諸郎。又置中書，以宦者擔任。成帝建始四年（前29），增爲五員。掌文書章奏詔命。東漢尚書臺分六曹，各置尚書，秩六百石，位在令、僕射下，丞、郎上。掌接納章奏、擬定詔令，位輕權重。與令、僕射合稱"八座"。　張林：本書卷四六《陳寵傳》載，竇憲薦真定令張林爲尚書，章帝問陳寵，陳寵對曰："林雖有才能，而素行貪污。"《後漢紀》卷一作"真定張林"，無"令"字。

[3]【今注】封錢：封藏錢幣，不再使用。

[4]【今注】須：需求。同"需"。

[5]【李賢注】《前書》曰："因官器作鬻鹽。"《音義》曰："鬻，古'煑'字。"

[6]【今注】交阯：郡名。西漢及東漢前期治蠃縣（今越南河内市西北）。東漢順帝永和年間，周敞爲交趾太守，徙郡治於龍編縣（今越南北寧省北寧市）。交趾，或作"交阯"。　益州：郡名。治滇池縣（今雲南昆明市晉寧區東北晉城鎮）。　上計吏：官名。負責計簿編制、管理的官吏。上計，地方官吏歲盡將境内户口、賦税等編造計簿逐級上報，借資考績。

[7]【李賢注】武帝作均輸法，謂州郡所出租賦，并雇運之直，官總取之，市其土地所出之物。官自轉輸於京，謂之均輸。【今注】武帝：西漢武帝劉徹，公元前141年至前87年在位。紀見《史記》卷一二、《漢書》卷六。

[8]【今注】通議：共同議論。

[9]【今注】寢：停止。

[10]【今注】陳事者：陳述政事的人。

[11]【今注】案，食禄，紹興本、大德本誤作"禄食"。

[12]【今注】重議：再次上奏的奏章。

[13]【今注】切責：嚴勵地責備。大德本誤作"竊責"。

[14]【今注】自繫：自己囚禁。

[15]【今注】詔勅：皇帝的命令。

[16]【今注】駁議：漢時臣屬對朝廷決策有異議而上書。大德本作"駁義"。

[17]【李賢注】黃髮，老稱。謂朱暉也。【今注】黃髮：年老。《漢書》卷七三《韋賢傳》師古注："黃髮，老壽之人也，謂髮落更生黃者也。" 愆：罪過、過失。

[18]【今注】病篤：病情沉重，没有好轉。

[19]【今注】案，復，大德本誤作"複"。 署議：謂上書議事。因上書須署名，故稱。

[20]【今注】尚書令：官名。西漢爲尚書署長官，掌文書，爲少府屬官。秩六百石。武帝以後，職權稍重，掌傳達詔命章奏。秩千石。東漢爲尚書臺長官，掌決策詔令、總領朝政。如以公兼任，增秩至二千石。朝會時，與御史中丞、司隸校尉皆專席坐，時號"三獨坐"。 惶怖：恐懼、害怕。

[21]【今注】譴讓：譴責。

[22]【今注】行年：年齡。經歷的年歲。

[23]【今注】機密：掌管機密大事的職位。

[24]【今注】順旨靁同：順從别人的意旨，没有不同意見。靁，大德本、殿本作"雷"，二字可通。

[25]【今注】意解：怒氣緩解。

[26]【李賢注】直事郎謂署郎當次直者。【今注】直事郎：值班的郎官。

[27]【今注】太醫：官名。即太醫令。掌諸醫。秩六百石。屬官有藥丞、方丞各一人，藥丞主藥，方丞主藥方。

[28]【今注】太官：官名。即太官令，又作大官。少府屬官。掌御膳飲食。秩六百石。屬吏有左丞、甘丞、湯官丞、果丞各一人。掌飲食、膳具、酒、果等。

[29]【今注】領：用於衣服、席、箔等的量詞。

後遷爲尚書令，以老病乞身，拜騎都尉，[1]賜錢二十萬。和帝即位，[2]竇憲北征匈奴，[3]暉復上疏諫。頃之，病卒。[4]

[1]【今注】騎都尉：官名。秦末及漢初爲統領騎兵武官。西漢宣帝時以騎都尉監羽林騎、領西域都護。秩比二千石。東漢屬光禄勳。監羽林騎，秩比二千石。

[2]【今注】和帝：東漢和帝劉肇，公元 88 年至 105 年在位。紀見本書卷四。

[3]【今注】竇憲：字伯度，扶風平陵（今陝西咸陽市西北）人。其妹爲章帝皇后，拜爲郎，遷侍中、虎賁中郎將。和帝永元元年（89），率軍大破北單于，刻石燕然山。傳見本書卷二三。　匈奴：公元 48 年日逐王比稱單于，形成南匈奴，内附中國。與北匈奴蒲奴單于分立。南匈奴南下附漢，北匈奴留居漠北。和帝時北匈奴屢爲東漢和南匈奴所敗，始西遷。傳見本書卷八九。

[4]【李賢注】《華嶠書》曰“暉年五十失妻，昆弟欲爲繼室，暉歎曰：‘時俗希不以後妻敗家者！’遂不復娶”也（大德本脫“復”字）。

子頡，修儒術，[1]安帝時至陳相。[2]頡子穆。

[1]【今注】儒術：用儒家經典經邦治國的學説。

[2]【今注】安帝：東漢安帝劉祜，公元 106 年至 125 年在位。紀見本書卷五。　陳：諸侯王國名。治陳縣（今河南淮陽縣）。東漢初爲淮陽郡。光武帝建武元年（25）九月，遥封更始帝劉玄爲淮陽王。建武十五年，封皇子劉延爲淮陽公，建武十七年進爵爲淮陽王，明帝永平十六年（73）因過徙爲阜陵王，淮陽復爲郡。章帝建初四年（79）徙常山王劉昞爲淮陽王。至章帝章和元年（87），劉

薨卒，淮陽國除爲郡。章和二年，章帝崩，遺詔徙封西平王劉羨爲陳王，食淮陽郡。淮陽自此改稱陳。傳國至劉寵，獻帝建安二年（197）爲袁術所殺，國除爲郡。　　相：王國相，又稱"諸侯相"。漢初稱丞相，西漢景帝中元五年（前145）改稱相。《漢書》卷九《元帝紀》："（初元）三年春，令諸侯相位在郡守下。"顏師古曰："此諸侯謂諸侯王也。"

穆字公叔。年五歲，便有孝稱。[1]父母有病，輒不飲食，差乃復常。[2]及壯耽學，[3]鋭意講誦，[4]或時思至，[5]不自知亡失衣冠，[6]顛隊阬岸。[7]其父常以爲專愚，[8]幾不知數馬足。[9]穆愈更精篤。[10]

[1]【今注】孝稱：孝順的名聲。

[2]【今注】差：痊愈。同"瘥"。

[3]【今注】耽學：沉溺於求學。

[4]【今注】講誦：講授誦讀。

[5]【今注】思至：思想過於集中。

[6]【今注】衣冠：衣服和帽子。

[7]【今注】顛隊阬岸：跌落到溝壑。隊，同"墜"。

[8]【今注】專愚：用心專一而至不通情事。

[9]【李賢注】幾音近衣反。《前書》曰："石慶爲太僕，上問車中幾馬？慶以策數馬畢，舉手曰：'六馬。'"言穆用心專愚更甚也。

[10]【今注】精篤：專一誠實。

初舉孝廉。[1]順帝末，[2]江淮盜賊群起，[3]州郡不能禁。或説大將軍梁冀曰：[4]"朱公叔兼資文武，海

内奇士，若以爲謀主，[5]賊不足平也。"冀亦素聞穆
名，乃辟之，[6]使典兵事，[7]甚見親任。[8]及桓帝即
位，[9]順烈太后臨朝，[10]穆以冀執地親重，[11]望有以扶
持王室，[12]因推災異，[13]奏記以勸戒冀曰：[14]"穆伏
念明年丁亥之歲，刑德合於乾位，[15]《易》經龍戰之
會。其文曰：'龍戰于野，其道窮也。'[16]謂陽道將勝
而陰道負也。今年九月天氣鬱冒，[17]五位四候連失正
氣，[18]此互相明也。夫善道屬陽，惡道屬陰，若修正
守陽，[19]摧折惡類，[20]則福從之矣。[21]穆每事不逮，[22]
所好唯學，傳受於師，[23]時有可試。願將軍少察愚
言，[24]申納諸儒，[25]而親其忠正，[26]絶其姑息，[27]專心
公朝，[28]割除私欲，廣求賢能，斥遠佞惡。[29]夫人君
不可不學，當以天地順道漸漬其心。[30]宜爲皇帝選置
師傅及侍講者，[31]得小心忠篤敦禮之士，[32]將軍與之
俱入，參勸講授，[33]師賢法古，[34]此猶倚南山坐平原
也，[35]誰能傾之！[36]今年夏，月暈房星，[37]明年當有小
戹。[38]宜急誅姦臣爲天下所怨毒者，[39]以塞災咎。[40]議
郎、大夫之位，[41]本以式序儒術高行之士，[42]今多非
其人；九卿之中，[43]亦有乖其任者。[44]惟將軍察焉。"
又薦种暠、欒巴等。[45]而明年嚴鮪謀立清河王蒜，[46]
又黃龍二見沛國。[47]冀無術學，[48]遂以穆"龍戰"之
言爲應，於是請暠爲從事中郎，[49]薦巴爲議郎，舉穆
高第，[50]爲侍御史。[51]

[1]【李賢注】《謝承書》曰"穆少有英才（大德本脱'曰'

字），學明五經。性矜嚴疾惡，不交非類。年二十爲郡督郵，迎新太守，見穆曰：'君年少爲督郵，因族埶？爲有令德？'穆答曰：'郡中瞻望明府謂如仲尼（大德本、殿本無"謂"字，是），非顏回不敢以迎孔子（殿本"非"前有"謂"字，誤）。'更問風俗人物。太守甚奇之，曰：'僕非仲尼，督郵可謂顏回也。'遂歷職股肱，舉孝廉"也。【今注】孝廉：漢朝選拔舉薦人才的科目之一。孝指孝悌，廉指廉潔。漢制規定，每年郡國從所屬吏民中推舉孝、廉各一人。東漢和帝時始以人口爲標準，每二十萬人歲舉孝廉一人。

[2]【今注】順帝：東漢順帝劉保，公元 125 年至 144 年在位。紀見本書卷六。

[3]【今注】江淮：長江中下游與淮河之間的地區，在今江蘇、安徽中部。

[4]【今注】大將軍：重號將軍名。西漢武帝以衞青征匈奴有功，封大將軍。此後大將軍常冠大司馬之號，秩萬石，領尚書事。成帝綏和元年（前 8），改稱大司馬。東漢光武帝復置，主征伐，事訖皆罷。秩萬石，不冠大司馬之號。多授予貴戚，常兼錄尚書事，與太傅、太尉等共同主持政務。開府置僚屬，屬官有前、後、左、右等雜號將軍。 梁冀：字伯卓，安定烏氏（今寧夏固原市東南）人。傳見本書卷三四。

[5]【今注】謀主：謀略計策的主要策劃者。

[6]【今注】辟：徵召並授予官職。

[7]【今注】典兵事：主持軍事活動。

[8]【今注】親任：親近信任。

[9]【今注】桓帝：東漢桓帝劉志，公元 146 年至 167 年在位。紀見本書卷七。

[10]【今注】順烈太后：名妠，梁商女。順帝死後，以太后臨朝，先後立沖帝、質帝、桓帝。任用其兄梁冀爲大將軍，信用宦

官。紀見本書卷一〇下。

[11]【今注】執地親重：地位親近受到器重。

[12]【今注】扶持：支持、幫助。

[13]【今注】災異：自然災害或某些異常的自然現象。

[14]【今注】奏記：漢代下級官吏對三公、百姓向公府等長官用書面陳述意見。

[15]【李賢注】歷法，太歲在丁、壬（太，大德本作"大"），歲德在北宮，太歲在亥、卯、未，歲刑亦在北宮，故合於乾位也。

[16]【李賢注】《易·坤卦》上六象詞也。以爻居上六（以，大德本、殿本誤作"坤"），故云其道窮也。王弼注云："陰之爲道，卑順不逆，乃全其美，盛而不已。固陽之地（固，大德本、殿本誤作'同'），陽所不堪，故戰于野。"

[17]【今注】鬱冒：鬱悶。

[18]【今注】五位：指歲、月、日、星、辰。　四候：春、夏、秋、冬。　正氣：氣合於時節。

[19]【今注】修正：遵循正道。修，同"循"。

[20]【今注】摧折惡類：打擊惡人。

[21]【今注】福從之：福氣跟隨之。

[22]【今注】不逮：比不上、不及。

[23]【今注】傳受：向別人學習。

[24]【今注】愚言：對自己言論的謙稱。

[25]【李賢注】申，重也。【今注】申納：重新采納。

[26]【今注】忠正：忠誠正直。

[27]【李賢注】姑，且也。息，安也。小人之道，苟且取安也。《禮記》曰"君子之愛人也以德，細人之愛人也以姑息"也（大德本、殿本句末後無"也"字）。

[28]【今注】公朝：古代官吏在朝廷的治事之所，代指朝廷。

［29］【今注】斥遠佞惡：排斥疏遠諂媚和邪惡之人。

［30］【今注】天地順道漸漬其心：以天地間順應自然之道涵養其心。

［31］【今注】師傅：太師與太傅。掌輔佐天子、議論朝政。賈誼《新書·保傅》云：“保，保其身體；傅，傅之德義；師，道之教訓。”　侍講：侍奉帝王，講授文史經書。

［32］【今注】小心忠篤敦禮：恭謹忠厚誠實，尊崇禮教。

［33］【今注】參勸講授：共同勸勉並爲帝王講授學問。

［34］【今注】師賢法古：效法賢者和古人。

［35］【今注】南山：秦嶺。位於今陝西中南部、渭河與漢江之間的山地，東以灞河與丹江河谷爲界，西止於嘉陵江。又因位於關中以南，故名“南山”。

［36］【今注】傾：戰勝。

［37］【今注】月暈房星：沈欽韓《後漢書疏證》卷四云，《星經》：“月暈圍房星，災疫凶。”房星，東方蒼龍七宿之一。

［38］【今注】小沴：小的災害。

［39］【今注】怨毒：仇恨。

［40］【今注】災咎：因災害造成的禍患。

［41］【今注】議郎：官名。西漢爲光禄勳屬官。掌顧問應對，參與議政。秩比六百石。東漢除議政外，也給事宮中。秩六百石。

大夫：官名。西漢爲光禄勳（郎中令）屬官。侍奉皇帝左右，掌顧問應對，諫諍議政，奉詔出使，頒賞吊喪，巡行賑災等。有太中大夫、中大夫、諫大夫等，皆無員。武帝改中大夫爲光禄大夫，秩比二千石。地位尊崇，多由貴戚大臣或有軍功者充任。東漢以來，漸成散官。掌顧問應對，無常事，唯詔令所使。秩六百石至比二千石。

［42］【今注】式序：按次第排序。　儒術高行：學問淵博和品行高尚。

［43］【今注】九卿：在漢朝，公爲最高的官，如司徒、司空、

太尉等，其次就是卿。九卿是指不同職務的九位官員，即奉常卿（太常）、光祿卿（光祿勳）、衞尉卿、太僕卿、鴻臚卿（大鴻臚）、廷尉卿、少府卿、宗正卿、司農卿（大司農）。本書卷五《安帝紀》説："秋七月己巳，詔三公、特進、九卿、校尉，舉列將子孫明曉戰陳任將帥者。"注："九卿：奉常、光禄、衞尉、太僕、鴻臚、廷尉、少府、宗正、司農。"

[44]【今注】乖其任：不稱職。乖，不符合、違背。

[45]【今注】种暠：字景伯，河南洛陽（今河南洛陽市東北）人。傳見本書卷五六。　樂巴：字叔元，魏郡内黃（今河南内黃縣西北）人。傳見本書卷五七。

[46]【今注】嚴鮪：王先謙《後漢書集解》引沈宇説，謂《清河王》《李固》《杜喬傳》皆作"劉鮪"。　清河王蒜：章帝曾孫。其祖父爲章帝子千乘貞王劉伉。劉伉生樂安王劉寵，劉寵生劉延平，劉延平生劉蒜。章帝子清河孝王劉慶薨，子劉虎威嗣位，死後無子。鄧太后以樂安王劉寵之子劉延平爲清河王。順帝末嗣清河王。沖帝崩，被徵至京師，將議繼帝位。梁冀與太后立質帝，乃罷歸國。桓帝建和元年（147），甘陵人劉文與南郡劉鮪謀共立蒜，事覺，貶爲尉氏侯。徙桂陽，自殺。事見本書卷五五《清河孝王慶傳》。桓帝建和元年，甘陵人劉文與南郡妖賊劉鮪交通，訛言清河王當統天下，欲共立蒜。本書卷六三《李固傳》載，"後歲餘，甘陵劉文、魏郡劉鮪各謀立蒜爲天子，梁冀因此誣固與文、鮪共爲妖言，下獄"。本書《郡國志二》"清河國"云："桓帝建和二年改爲甘陵。""甘陵"當作"清河"，與"訛言清河王"一致。

[47]【今注】沛國：諸侯王國名。治相縣（今安徽濉溪縣西北）。建武二十年（44），光武帝徙封皇子中山王劉輔爲沛王。傳國至劉契，魏受漢禪，爲崇德侯。

[48]【今注】術學：古代關於天文、曆法等方面的學問。

[49]【今注】從事中郎：官名。東漢大將軍、車騎將軍屬官。掌參謀議事。秩六百石。

［50］【今注】高第：漢代博士弟子、賢良文學等考試優等或官員考課成績第一。

［51］【李賢注】《續漢書》曰：“穆舉高第，拜侍御史。桓帝臨辟雍（壁，大德本、殿本作‘辟’，是），行禮畢，公卿出，虎賁置弓階上，公卿下階皆避弓。穆過，呵虎賁曰：‘執天子器，何故投於地！’虎賁怖，即攝弓。穆劾奏虎賁抵罪，公卿皆憨，曰‘朱御史可謂臨事不惑者也’。”【今注】侍御史：官名。御史中丞屬官。有十五人，掌察舉非法，受公卿群吏奏事，有違失舉劾之。秩六百石。

時同郡趙康叔盛者，隱于武當山，[1]清靜不仕，[2]以經傳教授。[3]穆時年五十，乃奉書稱弟子。及康歿，喪之如師。[4]其尊德重道，爲當時所服。

［1］【今注】武當山：今湖北丹江口市西南武當山。《明一統志》卷六〇《襄陽府》：太嶽太和山“在均州南一百二十里。山有二十七峰、三十六岩、二十四澗、五臺、五井、三泉、三潭。初名仙室山，又名太嶽山。真武奉元君之言遊覽至此，改名太和。其中一峰最高者舊爲天柱峰，亦曰紫霄峰，岩曰紫霄岩，因棲止修煉。後人謂非玄武不足以當之，又更名武當山”。

［2］【今注】清靜不仕：清心寡欲，不做官。

［3］【今注】經傳：儒家經典和後人解釋的文獻。

［4］【今注】喪之如師：以弟子之禮爲其服喪。喪，喪儀、喪事。

常感時澆薄，[1]慕尚敦篤，[2]乃作《崇厚論》。其辭曰：

[1]【今注】澆薄：人情淡薄。

[2]【今注】敦篤：忠厚誠實。

夫俗之薄也，有自來矣。故仲尼歎曰："大道之行也，而丘不與焉。"[1]蓋傷之也。夫道者，以天下爲一，在彼猶在己也。[2]故行違於道則愧生於心，非畏義也；事違於理則負結于意，非憚禮也。[3]故率性而行謂之道，[4]得其天性謂之德。[5]德性失然後貴仁義，[6]是以仁義起而道德遷，[7]禮法興而淳樸散。故道德以仁義爲薄，淳樸以禮法爲賊也。[8]夫中世之所敦，已爲上世之所薄，[9]況又薄於此乎！

[1]【李賢注】《禮記》仲尼歎曰："大道之行，三代之英，丘未之逮也，而有志焉。"鄭玄注曰："大道，謂三皇、五帝時也。"【今注】案，此句見《禮記·禮運》。此句前云："昔者仲尼與於蜡賓，事畢，出遊於觀之上，喟然而歎。仲尼之歎，蓋歎魯也。言偃在側，曰：'君子何歎？'"

[2]【今注】在彼猶在己：指大道在古代和當代的意義是一致的。

[3]【今注】案，此四句指行爲和道理違背了道，則內心有愧並擔憂，這是出於自然，並非害怕義和禮。負結，憂慮凝聚。

[4]【李賢注】率，循也。子思曰"天命之謂性，率性之謂道，修道之謂教"也。

[5]【李賢注】天之所命之謂性，不失天性是爲德。【今注】天性：先天具有的品質或性情。

[6]【李賢注】道德之性失，仁義之迹彰。

［7］【李賢注】遷，徙也。

［8］【李賢注】《老子》曰：“失道而後德，失德而後仁，失仁而後義，失義而後禮。夫禮者，忠信之薄而亂之首也。”

［9］【李賢注】中世謂五帝時。【今注】上世：上古時期。指三皇時代。《呂氏春秋·察今》：“先王之法，經乎上世而來者也。”

　　故夫天不崇大則覆幬不廣，地不深厚則載物不博，[1]人不敦厖則道數不遠。[2]昔在仲尼不失舊於原壤，[3]楚嚴不忍章於絕纓。[4]由此觀之，聖賢之德敦矣。[5]老氏之經曰：“大丈夫處其厚不處其薄，居其實不居其華，故去彼取此。”[6]夫時有薄而厚施，行有失而惠用。[7]故覆人之過者，[8]敦之道也；救人之失者，厚之行也。往者，馬援深昭此道，[9]可以為德，誡其兄子曰：“吾欲汝曹聞人之過如聞父母之名。耳可得聞，口不得言。”斯言要矣。遠則聖賢履之上世，[10]近則丙吉、張子孺行之漢廷。[11]故能振英聲於百世，[12]播不滅之遺風，[13]不亦美哉！

［1］【李賢注】幬亦覆。《左傳》曰：“如天之無不幬，如地之無不載。”“幬”與“燾”同。【今注】覆幬：覆蓋。指施恩，加惠。亦作“覆燾”。

［2］【李賢注】敦厖，厚大也。《左傳》曰：“人生敦厖。”數猶理也。言人不敦厚，不能入道之精理也。【今注】敦厖：敦厚。道數：道之精理。

［3］【李賢注】原壤，孔子之舊也。《禮記》曰：“原壤之母死，孔子助之沐椁（椁，殿本作‘槨’，二字可通）。原壤登木而

歌曰：'狸首之班然（狸，紹興本、殿本作"貍"，二字可通；班，殿本作"斑"，二字可通），執女手之卷然。'從者曰：'子未可以已乎？'夫子曰：'親者無失其爲親，故者無失其爲故。'"

【今注】仲尼不失舊於原壤：孔子無大故不抛棄故交之事。《禮記·檀弓》載，原壤是孔子的舊友，交往時間比較長。在孔子看來，如果是平生舊交，或是親屬恩好，如果沒有大的過錯，不可絕交。故《論語·微子》云："故舊無大故，則不棄也。"《論語·憲問》又載，原壤夷俟，子曰："幼而不孫弟，長而無述焉，老而不死，是爲賊！"以杖叩其脛。

［4］【李賢注】《説苑》曰："楚莊王賜群臣酒，日暮燭滅，乃有人引美人之衣者。美人援絕其冠纓，告王趣火來上，視絕纓者。王曰：'賜人酒，使醉失禮，奈何欲顯婦人之節而辱士乎？'乃命左右曰：'與寡人飲，不絕冠纓者不懽。'群臣百餘人皆絕去其冠纓，乃上火"也。【今注】案，楚莊王寬恕調戲嬪妃的臣下唐狡，後唐狡拼死相報。比喻寬以待人終能贏得人心。楚嚴，楚莊王。避東漢明帝劉莊諱而改。劉向《説苑·復恩》又載，後三年，晉與楚戰，有楚將奮死赴敵，卒勝晉軍。王問之，始知即前之絕纓者。

［5］【今注】敦：厚道。

［6］【李賢注】此老子《德經》之詞也（殿本"德"前有"道"字，是）。顧歡注曰："道德爲厚，禮法爲薄，清虛爲實，聲色爲華。去彼華薄，取此厚實。"【今注】案，《道德經》第三十八章云："大丈夫處其厚，不居其薄；處其實，不居其華。故去彼取此。"大丈夫立身敦厚，不居於淺薄；存心樸實，不居於虛華。所以要捨棄淺薄虛華而采取樸實敦厚。

［7］【李賢注】俗之凋薄，以厚御之；行有失（殿本"行"後有"之"字，是），以惠待之。即上孔子、楚莊是也。

［8］【今注】覆人之過：遮掩別人的過失。

[9]【今注】馬援深昭此道：本書卷二四《馬援傳》載，"兄子嚴、敦並喜譏議，而通輕俠客。援前在交阯，還書誡之曰：'吾欲汝曹聞人過失，如聞父母之名，耳可得聞，口不可得言也。好論議人長短，妄是非正法，此吾所大惡也，寧死不願聞子孫有此行也。'"馬援，字文淵，扶風茂陵（今陝西興平市東北）人。傳見本書卷二四。

[10]【李賢注】履，踐也。言敦厚之道，孔子、楚莊已踐履之。

[11]【李賢注】宣帝時丙吉爲丞相（丙，大德本、殿本作"邴"，二字可通），不案吏，曰："夫以三公府案吏，吾竊陋之。"子孺爲車騎將軍，匿名遠權，隱人過失。【今注】丙吉：字少卿，西漢魯國（今山東曲阜市）人。治律令，爲魯獄史，遷廷尉右監。武帝末，詔治巫蠱郡邸獄。保護皇曾孫。任大將軍霍光長史，建議迎立宣帝。宣帝地節三年（前67），任太子太傅，遷御史大夫。宣帝元康三年（前63），封博陽侯。神爵三年（前59），代魏相爲丞相。卒謚定。傳見《漢書》卷七四。大德本、殿本作"邴吉"。張子孺：張湯之子張安世，字子孺，西漢杜陵（今陝西西安市東南）人。武帝時初爲郎，以善書法給事尚書。擢尚書令，遷光祿大夫。昭帝即位，任右將軍、光祿勳。封富平侯。昭帝崩後，遷車騎將軍，與大將軍霍光共同廢昌邑王，立宣帝。光死，任大司馬、車騎將軍，領尚書事。又爲衛將軍。卒謚敬。傳見《漢書》卷五九。

[12]【今注】振英聲：弘揚美好的名聲。

[13]【今注】播：傳揚、傳布。

　　然而時俗或異，風化不敦，[1]而尚相誹謗，[2]謂之臧否。[3]記短則兼折其長，[4]貶惡則并伐其善。[5]悠悠者皆是，其可稱乎！[6]凡此之類，豈徒乖爲君子之道哉，[7]將有危身累家之禍焉。[8]悲夫！

行之者不知憂其然,[9]故害興而莫之及也。斯既然矣,[10]又有異焉。人皆見之而不能自遷。[11]何則?務進者趨前而不顧後,[12]榮貴者矜己而不待人,[13]智不接愚,[14]富不賑貧,貞士孤而不恤,[15]賢者厄而不存。[16]故田蚡以尊顯致安國之金,[17]淳于以貴執引方進之言。[18]夫以韓、翟之操,爲漢之名宰,[19]然猶不能振一貧賢,[20]薦一孤士,[21]又況其下者乎!此禽息、史魚所以專名於前,而莫繼於後者也。[22]故時敦俗美,則小人守正,利不能誘也;[23]時否俗薄,雖君子爲邪,義不能止也。[24]何則?先進者既往而不反,後來者復習俗而追之,是以虛華盛而忠信微,刻薄稠而純篤稀。[25]斯蓋《谷風》有"棄予"之歎,[26]《伐木》有"鳥鳴"之悲矣![27]

[1]【今注】風化不敦:風俗教化不敦厚。

[2]【今注】誹謗:說人壞話,詆毀和破壞他人名譽。誹,背後議論。謗,公開指責。

[3]【今注】臧否:褒貶,評論。

[4]【今注】記短則兼折其長:記錄別人的短處則同時抹殺其長處。

[5]【今注】貶惡則並伐其善:貶低惡行則同時批評其善處。

[6]【李賢注】悠悠,多也。稱,舉也。【今注】悠悠者皆是其可稱乎:指此類事情有很多,不可枚舉。

[7]【今注】豈徒乖爲君子之道:豈祇是違背君子之道。

[8]【今注】危身累家:危及自身並牽連家族。

[9]【今注】行之者不知憂其然:做這類事情的人不知對此

憂慮。

[10]【今注】斯既然矣：這類事已經如此了。

[11]【今注】自遷：自我改變。

[12]【今注】務進者趨前而不顧後：追求升遷的人祇顧向前而不顧後路。

[13]【今注】榮貴者矜己而不待人：貪圖榮華富貴的人自我傲慢而不知謙虛待人。

[14]【今注】智不接愚：聰明的人不結交愚者。

[15]【今注】貞士孤而不恤：正直之士孤苦而得不到救濟。

[16]【今注】賢者厄而不存：賢能的人窮困而得不到慰問。

[17]【李賢注】田蚡，武帝王皇后同產弟（武帝，中華本校勘記據陳景雲説當作“景帝”），爲大尉（大，紹興本、大德本、殿本作“太”），親貴用事。韓安國爲梁王太傅，坐法失官，安國以五百金遺蚡，蚡爲言太后，即召以爲北地都尉也。【今注】田蚡：長陵（今陝西咸陽市渭城區韓家灣鄉怡魏村）人。西漢景帝王皇后同母異父弟。初爲諸曹郎，景帝末年爲中大夫。武帝即位，以皇舅封武安侯，任太尉。爲好黃老之術的竇太后所貶免。竇太后崩後，任丞相。治宅甲諸第，以事誣殺竇嬰及灌夫。傳見《史記》卷一〇七、《漢書》卷五二。　安國：韓安國，字長孺，梁國成安（今河南汝州市）人。初爲梁孝王中大夫。吳楚七國之亂時，阻止吳兵，由此得名，任内史。勸梁王謝罪。西漢武帝時，以北地都尉、遷大農令。建元六年（前135），任御史大夫。後爲中尉，遷衛尉。元朔元年（前128），以材官將軍屯漁陽，兵敗，徙屯右北平。傳見《史記》卷一〇八、《漢書》卷五二。

[18]【李賢注】翟方進，成帝時爲丞相。淳于長，元后姊子，封定陵侯，以能謀議爲九卿，用事。方進獨與長交，稱薦之也。【今注】淳于：淳于長，字子鴻，魏郡元城（今河北大名縣東）人。少以成帝太后姊子爲黃門郎。因侍奉王鳳病，拜爲列校尉

諸曹。歷遷水衡都尉侍中、衛尉。助趙飛燕爲皇后，封爲定陵侯。後爲王莽所忌，告以私通許后姊罪，下獄死。傳見《漢書》卷九三。　貴執：位高權重。　　方進：翟方進，字子威，汝南上蔡（今河南上蔡縣西南）人。爲太守府小史。讀經博士，受《春秋》。以射策甲科爲郎。舉明經，遷議郎。成帝河平中，轉博士，遷朔方刺史，丞相司直。西漢成帝永始二年（前15），遷御史大夫，擢爲丞相，封高陵侯。綏和二年（前7），因天象自殺。謚恭侯。傳見《漢書》卷八四。

[19]【李賢注】《前書》曰："天子以韓安國爲國器，拜御史大夫。"又曰："翟方進智能有餘，天子甚重之。"故言名宰也。

[20]【今注】振一貧賢：救濟一位貧困但賢能的人。

[21]【今注】薦一孤士：推薦一位孤苦但有才能的人。

[22]【李賢注】《韓詩外傳》曰："禽息，秦大夫，薦百里奚不見納。繆公出，當車以頭擊闑，腦乃精出，曰：'臣生無補於國，不如死也。'繆公感寤而用百里奚，秦以大化。"禮，大夫殯於正室，士於適室。《韓子》曰，史魚，衛大夫。卒，委柩後寢。衛君弔而問之。曰："不能進蘧伯玉，退彌子瑕。"以屍諫也。【今注】此禽息史魚所以專名於前：指禽息、史魚的做法後世無人效仿。

[23]【今注】時敦俗美則小人守正利不能誘也：如果風俗敦厚美好，那麼小人也能恪守正道，不爲利益所誘惑。

[24]【李賢注】皆牽於時也。【今注】時否俗薄雖君子爲邪義不能止也：如果風氣敗壞不淳厚，即使是君子做惡事，道義也不能阻止。

[25]【今注】虛華盛而忠信微刻薄稠而純篤稀：浮華不實、刻薄寡恩的風氣盛行而忠誠敦厚、純樸篤實的風氣漸漸衰微稀少了。

[26]【李賢注】《詩·小雅》曰："習習谷風，維風及雨。將

恐將懼，維予與汝（汝，殿本作‘女’，二字可通，本注下同）。將安將樂，汝轉棄予。”

　　[27]【李賢注】《詩·小雅》曰“伐木丁丁，鳥鳴嚶嚶。出自幽谷，遷于喬木。嚶其鳴矣，求其友聲”也。

　　　　嗟乎！世士誠躬師孔聖之崇則，[1]嘉楚嚴之美行，[2]希李老之雅誨，[3]思馬援之所尚，[4]鄙二宰之失度，[5]美韓稜之抗正，[6]貴丙、張之弘裕，[7]賤時俗之誹謗，則道豐績盛，[8]名顯身榮，載不刊之德，[9]播不滅之聲。[10]然知薄者之不足，[11]厚者之有餘也。彼與草木俱朽，[12]此與金石相傾，[13]豈得同年而語，並日而談哉？”

　　[1]【今注】世士：當世之士。　躬：身體力行，親身實行。崇則：崇高的準則。

　　[2]【今注】嘉：贊美、頌揚。

　　[3]【今注】希：仰慕。　李老：老子，偃姓，李氏，字伯陽，號聃，楚苦縣（今河南鹿邑縣）人，周守藏室之史。孔子適周，問禮於老子。修道德，其學以自隱無名爲務。見周衰，出走至散關，爲關令尹喜著書上下篇，言道德之意五千餘言而去。　雅誨：正確的教誨。

　　[4]【今注】思：思慕，想念。

　　[5]【今注】二宰：韓安國、翟方進。

　　[6]【李賢注】事具《韓稜傳》也（大德本、殿本無“也”字）。【今注】韓稜：字伯師，潁川舞陽（今河南舞陽縣西北）人。傳見本書卷四五。本傳載：“及憲至，尚書以下議欲拜之，伏稱萬歲。稜正色曰：‘夫上交不諂，下交不黷，禮無人臣稱萬歲之制。’

議者皆慚而止。"

[7]【今注】弘裕：心胸寬廣。

[8]【今注】道豐績盛：道義豐盛，功業宏偉。

[9]【李賢注】刊，削也。【今注】不刊之德：永恒的、絕對的道理。

[10]【今注】不滅之聲：不可磨滅的名聲。

[11]【今注】案，佚名《後漢書考正》引劉放説，"然"字下不可少"後"字，明脱之，當據補。

[12]【李賢注】彼謂薄也。【今注】彼與草木俱朽：刻薄之風如同草木一樣易朽敗。

[13]【李賢注】此謂厚也。《老子》曰："高下之相傾。"【今注】此與金石相傾：敦厚之風如同金石一般厚重。

穆又著《絕交論》，亦矯時之作。[1]

[1]【李賢注】《穆集》載論，其略曰："或曰：'子絕存問，不見客，亦不答也，何故？'曰：'古者，進退趨業，無私游之交，相見以公朝，享會以禮紀，否則朋徒受習而已。'曰：'人將疾子，如何？'曰：'寧受疾。'曰：'受疾可乎？'曰：'世之務交游也久矣，敦千乘不忌于君（《太平御覽》四一〇引作"世之務交游也甚矣，不惇於業，不忌於君"），犯禮以追之，背公以從之。其愈者，則孺子之愛也；其甚者，則求蔽過竊譽，以贍其私。事替義退，公輕私重，居勞於聽也。或於道而求其私，贍矣。是故遂往不反，而莫敢止焉。是川瀆並決（決，大德本誤作"決"），而莫之敢塞（之敢，大德本、殿本誤作"敢之"）；游麑蹂稼，而莫之禁也。《詩》云："威儀棣棣，不可筭也（筭，殿本作'選'，是）。"後生將復何述？而吾不才，焉能規此？實悼無行，子道多闕，臣事多尤，思復白圭，重考古言，以補往過。時無孔堂，思

兼則滯，匪有廢也，則亦焉興？是以敢受疾也，不亦可乎！'"《文士傳》曰："世無絕交。"又與劉伯宗絕交書及詩曰："昔我爲豐令，足下不遭母憂乎？親解縗絰，來入豐寺。及我爲持書御史（持，大德本、殿本誤作'侍'），足下親來入臺。足下今爲二千石，我下爲郎，乃反因計吏以謁相與。足下豈丞尉之徒，我豈足下部（大德本'部'下有'民'字，是），欲以此謁爲榮寵乎？咄！劉伯宗於仁義道何其薄哉！"其詩曰："北山有鴟，不絜其翼。飛不正向，寢不定息。飢則木攬，飽則泥伏。饕餮貪汙，臭腐是食。填腸滿嗉（填，大德本誤作'塡'；嗉，大德本誤作'紫'），嗜欲無極（嗜，大德本作'耆'，二字可通）。長鳴呼鳳，謂鳳無德。鳳之所趣，與子異域。永從此訣，各自努力！"蓋因此而著論也。【今注】矯時：矯正時弊。

　　梁冀驕暴不悛，[1]朝野嗟毒，[2]穆以故吏，懼其釁積招禍，[3]復奏記諫曰："古之明君，必有輔德之臣，規諫之官，[4]下至器物，銘書成敗，以防遺失。[5]故君有正道，臣有正路，[6]從之如升堂，[7]違之如赴壑。[8]今明將軍地有申伯之尊，[9]位爲群公之首，[10]一日行善，天下歸仁，[11]終朝爲惡，[12]四海傾覆。[13]頃者，[14]官人俱匱，[15]加以水蟲爲害。[16]京師諸官費用增多，詔書發調或至十倍。[17]各言官無見財，[18]皆當出民，搒掠割剝，[19]彊令充足。公賦既重，私斂又深。[20]牧守長吏，[21]多非德選，[22]貪聚無猒，[23]遇人如虜，[24]或絶命於箠楚之下，[25]或自賊於迫切之求。[26]又掠奪百姓，皆託之尊府。[27]遂令將軍結怨天下，吏人酸毒，[28]道路歎嗟。[29]昔秦政煩苛，[30]百姓土崩，[31]陳勝奮臂一呼，天下鼎沸，[32]而面諛之臣，猶言安耳。[33]

諱惡不悛,[34] 卒至亡滅。昔永和之末,[35] 綱紀少弛,[36]
頗失人望。[37] 四五歲耳,而財空戶散,下有離心。馬
免之徒乘敝而起,[38] 荊揚之間幾成大患。[39] 幸賴順烈
皇后初政清靜,內外同力,僅乃討定。今百姓戚
戚,[40] 困於永和,內非仁愛之心可得容忍,外非守國
之計所宜久安也。[41] 夫將相大臣,均體元首,[42] 共輿
而馳,同舟而濟,輿傾舟覆,患實共之。豈可以去明
即昧,履危自安,[43] 主孤時困,而莫之卹乎![44] 宜時
易宰守非其人者,減省第宅園池之費,拒絕郡國諸所
奉送。[45] 內以自明,外解人惑,使挾姦之吏無所依
託,[46] 司察之臣得盡耳目。[47] 憲度既張,[48] 遠邇清
壹,[49] 則將軍身尊事顯,德燿無窮。[50] 天道明察,[51] 無
言不信,惟垂省覽。"[52] 冀不納,而縱放日滋,[53] 遂復
賂遺左右,[54] 交通宦者,[55] 任其子弟、賓客以爲州郡
要職。[56] 穆又奏記極諫,[57] 冀終不悟。報書云:[58]
"如此,僕亦無一可邪?" 穆言雖切,[59] 然亦不甚
罪也。[60]

[1]【今注】驕暴不悛:驕橫暴戾不知悔改。

[2]【今注】嗟毒:歎恨。

[3]【今注】釁積招禍:罪過累積招至禍患。

[4]【今注】規諫:以善言勸諫。

[5]【李賢注】黃帝作巾机之法,孔甲有盤盂之誡。《太公陰
謀》曰,武王衣之銘曰:"桑蠶苦,女工難,得新捐故後必寒。"
鏡銘曰:"以鏡自照者見形容,以人自照者見吉凶。"觴銘曰"樂
極則悲,沈湎致非,社稷爲危"也。【今注】銘書:將文字刻在器

物上，稱述功德，或用於警示。古代多刻於鐘鼎，秦漢多刻於碑石。

[6]【李賢注】《説苑·君道篇》曰：“人君之道，清浄無爲，務在博愛，趣在任賢，廣開耳目，以察萬方，不固溺於流俗，不拘繫於左右。”《臣術篇》曰“人臣之術，順從復命，無所敢專，義不苟合（義，大德本誤作‘議’），位不苟尊，必有益於國，必有補於君”也。

[7]【今注】升堂：登上廳堂。

[8]【今注】赴壑：奔赴溝壑。

[9]【李賢注】申國之伯，周宣王之元舅。【今注】申伯：申國國君。姜姓。周宣王母舅。爲周卿士，佐宣王中興有功，賜謝邑，築城定居，建立申國，以衛南土。

[10]【李賢注】冀絶席於三公。【今注】案，本書卷三四《梁冀傳》載，元嘉元年（151），桓帝以梁冀有援立之功，欲以特殊典禮尊崇他，乃大會公卿，共議其禮。有司奏梁冀入朝不趨，劍履上殿，謁贊不名，禮儀比蕭何；以定陶、成陽餘户增封爲四縣，比鄧禹；賞賜金錢、奴婢、彩帛、車馬、衣服、甲第，比霍光：以比漢朝的開國元勳及重臣。每朝會，與三公絶席。十日一入，平尚書事。宣布天下，爲萬世法。

[11]【李賢注】《論語》曰：“一日克己復禮，天下歸仁焉。”【今注】案，見《論語·顏淵》。原文作“一日行克己復禮，則天下皆歸此仁德之君也”。

[12]【今注】終朝爲惡：整天做惡。

[13]【今注】四海：全國各地。

[14]【今注】頃者：不久以前。

[15]【今注】官人俱匱：官方和民間財物都比較匱乏。

[16]【李賢注】水災及蝗蟲也。

[17]【今注】發調：徵調物資或人員。

[18]【今注】見財：現有財物。曹金華《後漢書稽疑》據袁宏《後漢紀》卷二〇引此奏記作"而京師之費，十倍於前。河內一郡，嘗調縑素綺縠纚八萬餘匹，今乃十五萬匹。官無見錢，皆出於民"，此下引文亦與《後漢紀》多異。

[19]【今注】搒掠割剝：拷打剝削。

[20]【今注】私斂：私自徵收。

[21]【今注】牧守：州牧和郡太守的合稱。泛指州郡長官。長吏：級別較高的官吏。一般指六百石以上。二百石至四百石的縣吏也稱長吏。秦漢時期郡守（太守）、郡尉（都尉）、王國相、三輔（京兆尹、左馮翊、右扶風）、都官、侯國相等都被稱作長吏；道、三輔所轄縣、障候等機構的主要負責人也都稱長吏。

[22]【今注】德選：善良的人選。

[23]【今注】貪聚無猒：貪婪聚斂，沒有滿足。

[24]【今注】遇人如虜：待人如同奴僕一樣。

[25]【今注】箠楚：用木杖鞭打。

[26]【李賢注】賊，殺也（殺也，殿本誤作"也殺"）。

[27]【今注】尊府：對他人的敬稱。

[28]【今注】酸毒：痛恨。

[29]【今注】歎嗟：歎息。

[30]【今注】秦政煩苛：《漢書》卷四《文帝紀》中尉宋昌進言，有"漢興，除秦煩苛，約法令，施德惠，人人自安，難動搖，三矣"。

[31]【今注】百姓土崩：比喻國家內部發生動亂。《漢紀》卷五《孝惠皇帝紀》荀悅注："百姓一亂，則魚爛土崩，莫之匡救。"

[32]【李賢注】《前書》淮南王謂伍被曰（伍，大德本誤作"五"）"陳勝、吳廣起于大澤，奮臂大呼，天下響應"也。【今注】天下鼎沸：天下形勢紛擾動亂。

[33]【李賢注】秦胡亥時，山東兵大起，叔孫通謂胡亥曰：

"鼠竊狗盜，郡縣逐捕之，不足憂。"諸生曰："何先生言之諛也！"
【今注】面諛：表面討好恭維，背後陷害別人。

　　［34］【今注】諱惡不悛：隱瞞罪惡而不知悔改。

　　［35］【今注】永和：東漢順帝劉保年號（136—141）。

　　［36］【今注】綱紀少弛：國家社會的秩序與法律漸漸廢弛。

　　［37］【今注】人望：人心所向。

　　［38］【今注】馬免：本書卷六《沖帝紀》作"馬勉"。

　　［39］【李賢注】質帝時，九江賊馬免稱"黃帝"，歷陽賊華
孟稱"黑帝"，並九江都尉滕撫討斬之。九江、歷陽是荆揚之間
也。【今注】荆：荆州。西漢武帝元封五年（前106）置十三刺史
部之一。東漢治漢壽縣（今湖南常德市東北）。獻帝初平元年
（190）劉表徙治襄陽縣（今湖北襄陽市漢水南岸襄陽城）。　揚：
揚州。西漢武帝時所置十三刺史部之一。東漢時治歷陽縣（今安徽
和縣），末年移治壽春縣（今安徽壽縣）、合肥縣（今安徽合肥市
西北）。

　　［40］【今注】戚戚：憂懼、憂傷的樣子。

　　［41］【今注】守國：守衛都城。指掌管國家。

　　［42］【今注】均體元首：皇帝如元首，大臣如四體，不可
分割。

　　［43］【李賢注】即，就也。【今注】去明即昧履危自安：離開
光明，接近黑暗；站在危險之處，却覺得安全。

　　［44］【今注】岬：擔憂。

　　［45］【今注】奉送：贈送。

　　［46］【今注】挾姦之吏無所依託：心懷奸詐的官吏無法假託。

　　［47］【今注】司察之臣得盡耳目：掌管監察的大臣得以施展
職責。

　　［48］【今注】憲度既張：法度既得到增強。

　　［49］【今注】遠邇清壹：遠近清静統一。壹，大德本、殿本

作"一"。

[50]【今注】德熠無窮：恩德照耀沒有窮盡。

[51]【今注】天道明察：天道明白清楚。

[52]【今注】省覽：審閱，觀覽。

[53]【今注】縱放日滋：行爲放縱日漸滋長。

[54]【今注】賂遺：以財物贈送或買通他人。

[55]【今注】交通宦者：結交宦官。

[56]【今注】案，本書卷三四《梁冀傳》載，東漢桓帝永興二年（154），"封不疑子馬爲潁陰侯，胤子桃爲城父侯。冀一門前後七封侯，三皇后，六貴人，二大將軍，夫人、女食邑稱君者七人，尚公主者三人，其餘卿、將、尹、校五十七人。在位二十餘年，窮極滿盛，威行内外，百僚側目，莫敢違命，天子恭己而不得有所親豫"。

[57]【今注】奏記：漢代下級官吏對三公、百姓向公府等長官書面陳述意見。

[58]【今注】報書：書面回復。

[59]【今注】切：激烈。

[60]【今注】罪：治罪。案，大德本無"如此……不甚罪也"數句。

永興元年，[1]河溢，[2]漂害人庶數十萬户，[3]百姓荒饉，[4]流移道路。[5]冀州盜賊尤多，[6]故擢穆爲冀州刺史。[7]州人有宦者三人爲中常侍，[8]並以檄謁穆。[9]穆疾之，辭不相見。冀部令長聞穆濟河，[10]解印綬去者四十餘人。及到，奏劾諸郡，[11]至有自殺者。以威略權宜，[12]盡誅賊渠帥。[13]舉劾權貴，[14]或乃死獄中。有宦者趙忠喪父，[15]歸葬安平，[16]僭爲璵璠、玉匣、偶人。[17]穆聞之，下郡案驗。[18]吏畏其嚴明，[19]遂發墓剖棺，[20]陳尸出之，而收其家屬。帝聞大怒，徵穆詣廷尉，[21]輸作左校。[22]太學書生劉陶等數千人詣闕上書訟穆曰：[23]“伏見施刑徒朱穆，[24]處公憂國，[25]拜州之日，[26]志清姦惡。[27]誠以常侍貴寵，父兄子弟布在州郡，[28]競爲虎狼，[29]噬食小人，[30]故穆張理天網，[31]補綴漏目，[32]羅取殘禍，[33]以塞天意。[34]由是内官咸共恚疾，[35]謗讟煩興，[36]讒隙仍作，[37]極其刑譴，[38]輸作左校。天下有識，[39]皆以穆同勤禹、稷而被共、鯀之戾，[40]若死者有知，則唐帝怒於崇山，重華忿於蒼墓矣。[41]當今中官近習，[42]竊持國柄，[43]手握王爵，[44]口含天憲，[45]運賞則使餓隸富於季孫，[46]呼噏則令伊、顔化爲桀、跖。[47]而穆獨亢然不顧身害。[48]非惡榮而好辱，[49]惡生而好死也，徒感王綱之不攝，[50]懼天網之久失，故竭心懷憂，爲上深計。[51]臣願黥首繫趾，[52]代穆校作。”帝覽其奏，乃赦之。

[1]【今注】永興：東漢桓帝劉志年號（153—154）。

[2]【今注】河溢：黄河泛濫。

[3]【今注】漂害：因流水淹没而遭害。　人庶：即庶人。指百姓，平民。　案，錢大昭《後漢書辨疑》卷八據《續漢書·五行志》注引此傳作“數千萬户”。

[4]【今注】荒饉：飢荒。莊稼收成不好或没有收成。

[5]【今注】流移：流亡遷移。指流離失所。

[6]【今注】冀州：西漢武帝時所置十三刺史部之一。東漢治高邑縣（今河北柏鄉固城店），後移治鄴縣（今河北臨漳縣西南）。

[7]【今注】刺史：官名。西漢武帝元封五年（前106）置，共十三部（州）。每部置刺史一人，秩六百石。無治所，於每年八月奉詔以六條問事，省察郡國二千石長吏、强宗豪右、諸侯王等，並審理冤獄，每年歲末入奏。成帝綏和元年（前8），更名州牧，秩二千石。哀帝建平二年（前5）復爲刺史，元壽二年（前1）又稱州牧。東漢光武帝建武元年（25）復置牧。建武十一年省。十八年，罷州牧，置刺史。有固定治所，秩六百石。高於郡級地方行政長官。掌監察、選舉、劾奏、領兵等。靈帝中平五年（188），改置州牧。

[8]【今注】中常侍：官名。初稱常侍，掌侍從皇帝。西漢武帝後參與朝議，爲中朝官。元帝後稱中常侍，爲加官。東漢時非加官，成爲專職。掌侍從皇帝，顧問應對。秩千石，又增秩爲比二千石。本無員數，明帝時定爲四人。章帝、和帝時，漸以宦官擔任。

[9]【今注】檄：古代用於徵召、聲討等的官方文書。

[10]【今注】令長：縣令、縣長。漢代萬戶以上縣的長官稱令，不足萬戶稱長。

[11]【今注】案，郡，大德本、殿本誤作“部”。

[12]【今注】威略權宜：借助聲威謀略，根據形勢采取相應的策略。

[13]【今注】渠帥：首領。渠，大。

[14]【今注】舉劾：列舉罪行、過失加以彈劾。

[15]【今注】趙忠：安平（今河北衡水市冀州區）人。少皆給事省中。東漢桓帝時爲小黃門。靈帝時爲中常侍、大長秋。以參與誅梁冀，功封都鄉侯。桓帝延熹八年（165），黜爲關內侯，食本縣租千斛。靈帝死，與張讓、段珪等殺害謀除宦官的大將軍何進。後被袁紹所斬。

[16]【李賢注】安平，郡，冀州所部（部，大德本誤作“郡”）。【今注】安平：郡名。東漢安帝延光元年（122）改樂成

國置，治信都縣（今河北衡水市冀州區）。

[17]【李賢注】玉匣長尺，廣二寸半，衣死者自腰以下至足，連以金縷，天子之制也。《左傳》曰：“陽虎將以璵璠斂。”杜預注云：“美玉名，君所佩也。”偶人，明器之屬也。【今注】璵璠：美玉名。《左傳》定公五年：“六月，季平子行東野，還未至，丙申，卒於房。陽虎將以璵璠斂。”杜預注：“璵璠，美玉，君所佩。”

[18]【今注】案驗：查詢驗證。

[19]【今注】嚴明：嚴肅而公正。

[20]【今注】案，棺，大德本誤作“官”。

[21]【李賢注】《謝承書》曰：“穆臨當就道，冀州從事欲爲畫像置聽事上，穆留板書曰：‘勿畫吾形，以爲重負。忠義之未顯（未，大德本誤作“末”），何形象之足紀也（象，大德本、殿本作“像”，二字可通）！’”【今注】廷尉：官名。漢九卿之一。西漢景帝中元六年（前144）改名大理。武帝建元四年（前137）復舊。掌司法刑獄，主管詔獄。秩中二千石。王莽改稱作士。東漢復名廷尉。秩中二千石。

[22]【李賢注】左校，署名，屬將作，掌左工徒。【今注】輸作左校：左校是將作大匠的下屬機構，主要負責京師工程勞作，輸作左校就是服勞役刑〔參見焦培民《東漢“輸作左校”刑罰考》，《公民與法》（法學版）2010年第5期〕。

[23]【今注】案，太，大德本作“大”。

[24]【今注】施刑徒：弛刑徒。指經皇帝詔許，解除刑具、去除囚服的刑徒。有赦令詔書去其鉗鈦赭衣。（參見孫志敏《秦漢刑徒兵制與謫戍制考辨》，《古代文明》2017年第4期）

[25]【今注】處公憂國：心懷國家，努力做好工作。

[26]【今注】拜州：被任命爲州刺史。

[27]【今注】志清姦惡：立志鏟除奸佞邪惡之人。

[28]【今注】案，兄子，大德本作"子兄"，是。

[29]【今注】競：爭先恐後。 虎狼：比喻殘酷凶暴的人。

[30]【今注】噬食：吞食。 小人：平民。

[31]【今注】張理天網：實施國家的法律。

[32]【今注】補綴漏目：修補法律的漏洞。

[33]【今注】羅取殘禍：搜捕獲取能帶來災禍的人。

[34]【今注】以塞天意：以符合上天的意旨。

[35]【今注】恚（huì）疾：怨恨。

[36]【今注】謗讟煩興：怨恨毀謗不斷發生。

[37]【今注】讒隙仍作：讒害仇怨頻繁出現。

[38]【今注】刑讁：刑罰。殿本誤作"刑讉"。

[39]【今注】有識：有見識的人。

[40]【今注】禹：姒姓，名文命。鯀之子。夏后氏部落首領，繼鯀治水有功。建立夏朝，號夏后。 稷：后稷。周之始祖。名弃。其母有邰氏女，曰姜原。姜原爲帝嚳元妃。姜原在郊外，見巨人足迹，踐之而有孕，生弃。舜封弃於邰，號曰后稷，擅長播種百穀。別姓姬氏。 共：共工。上古人物。堯之臣。爲工師。與驩兜、三苗、鯀並稱四凶。舜流之於幽州。 鯀：上古人物。顓頊之子，禹之父。居於崇，爲崇伯。堯時由四嶽舉之，奉命治水。以土壤堵塞之法，九年未成。被舜殺於羽山。

[41]【李賢注】《尚書》曰："放驩兜於崇山。"孔安國注曰："崇山，南裔也。"《山海經》曰："有讙頭之國（讙，大德本、殿本作'驩'，二字可通，本注下同），帝堯葬焉。"郭璞注云："讙頭，驩兜也。"《禮記》曰："舜葬蒼梧之野。"【今注】唐帝：唐堯。上古人物。姓伊祁氏，名放勳，號陶唐。初封於陶，又封爲唐侯。又稱陶唐。高唐氏部落首領，又稱唐堯。在位命羲和定曆法，設諫言之鼓，置四嶽（四方諸侯），命鯀治水患。後禪讓於舜。重華：虞舜。上古人物。姚姓，有虞氏，名重華。相傳由四嶽推舉

給堯。都於蒲板（今山西永濟市東南）。在位時除四凶，選禹治水，天下大治。

[42]【李賢注】鄭玄注《禮記》云："近習，天子所親幸者（大德本、殿本'者'後有'也'字）。"

[43]【李賢注】《周禮》以八柄詔王馭群臣，謂爵、祿、予、置、生、奪、廢、誅也。【今注】國柄：國家的政權。

[44]【今注】王爵：爵位。

[45]【今注】天憲：朝廷的法令。

[46]【李賢注】運，行也。《論語》曰："季氏富於周公。"【今注】運賞：行賞。　季孫：春秋時期魯國大夫季桓子。姬姓，季孫氏，名斯，謚號桓。季平子季孫意如之子。周公爲周宗室，魯國始封之君，而季孫爲魯桓公子季友的後裔。案，大德本作"貴孫"。

[47]【李賢注】呼噏，吐納也。伊尹、顏回、夏桀、盜跖也。【今注】呼噏：呼吸。指發布命令。　伊：伊尹，名阿衡，又名摯。商湯時大臣。尹爲官名。與湯言素王及九主之事。湯舉任以國政。作《女鳩》《女房》《咸有一德》。湯崩後，輔佐外丙、仲壬。立太甲，後放太甲於桐。又作《伊訓》《肆命》《徂後》《太甲訓》等。帝沃丁時卒。　顏：顏回，字子淵，又稱顏子、顏淵。春秋魯國人。孔子弟子，德行第一。後世尊稱爲"復聖"。　桀：夏朝末代君主。名履癸。帝發之子，一說發之弟。爲政殘暴，荒淫無度。會諸侯於有仍，攻滅有緡氏，諸侯咸叛。商湯乃伐桀，戰於鳴條，桀敗，死於鳴條。　跖：展氏，名跖。爲魯國大夫展禽（柳下惠）之弟。傳說春秋末期的大盜，率九千人，橫行各諸侯國，人稱盜跖。

[48]【今注】亢然不顧身害：剛正而不顧及自身的安危。

[49]【今注】惡榮而好辱：厭惡榮耀而愛好羞辱。

[50]【李賢注】攝，持也。【今注】王綱：天子的綱紀。

案，攝，大德本誤作"懾"。

　　[51]【今注】深計：深入周密地謀劃。

　　[52]【李賢注】黥首謂鑿額涅墨也。繫趾謂釱其足也（釱，大德本誤作"缺"，殿本作"鈦"，當作"釱"，本注下同），以鐵著足曰釱也。

　　穆居家數年，在朝諸公多有相推薦者，於是徵拜尚書。穆既深疾宦官，及在臺閣，[1]旦夕共事，志欲除之。乃上疏曰："案漢故事，中常侍參選士人。[2]建武以後，乃悉用宦者。自延平以來，[3]浸益貴盛，[4]假貂璫之飾，處常伯之任，[5]天朝政事，一更其手，權傾海內，寵貴無極，子弟親戚，並荷榮任，[6]故放濫驕溢，[7]莫能禁禦。凶狡無行之徒，[8]媚以求官，恃執怙寵之輩，[9]漁食百姓，[10]窮破天下，[11]空竭小人。[12]愚臣以爲可悉罷省，遵復往初，率由舊章，[13]更選海內清淳之士，[14]明達國體者，[15]以補其處。[16]即陛下可爲堯舜之君，眾僚皆爲稷契之臣，[17]兆庶黎萌蒙被聖化矣。"[18]帝不納。後穆因進見，口復陳曰："臣聞漢家舊典，置侍中、中常侍各一人，[19]省尚書事，[20]黃門侍郎一人，[21]傳發書奏，[22]皆用姓族。[23]自和熹太后以女主稱制，[24]不接公卿，[25]乃以閹人爲常侍，[26]小黃門通命兩宮。[27]自此以來，權傾人主，窮困天下。宜皆罷遣，[28]博選耆儒宿德，[29]與參政事。"[30]帝怒，不應。穆伏不肯起。左右傳出，[31]良久乃趨而去。[32]自此中官數因事稱詔詆毀之。[33]

[1]【今注】臺閣：指尚書。

[2]【今注】士人：有學問的人。本書卷七八《宦者傳》云，漢興，仍襲秦制，置中常侍官。然亦引用士人，以參其選，皆銀璫左貂，給事殿省。

[3]【今注】延平：東漢殤帝劉隆年號（106）。元興元年（105）十二月漢殤帝即位，沿用元興年號，次年正月初一改元延平。延平元年八月安帝即位，沿用延平年號，次年正月初一改元永初。

[4]【今注】浸益貴盛：更加高貴顯赫。

[5]【李賢注】璫以金爲之，當冠前，附以金蟬也。《漢官儀》曰："中常侍，秦官也。漢興，或用士人，銀璫左貂。光武已後（已，大德本、殿本作'以'，二字可通），專任宦者，右貂金璫。"常伯，侍中。

[6]【今注】並荷榮任：都擔任榮耀的官職。

[7]【今注】放濫驕溢：放縱無度，驕傲自滿。

[8]【今注】凶狡無行：凶頑狡詐，品行惡劣。

[9]【今注】恃執怙寵：依仗自己的勢力和皇帝的恩寵。

[10]【今注】漁食：掠奪。

[11]【今注】窮破天下：使天下窮困殘破。

[12]【今注】空竭小人：掠奪百姓，使之一無所有。

[13]【今注】率由舊章：完全依循從前的規矩或制度辦事。

[14]【今注】清淳：品德高尚而純樸。

[15]【今注】明達國體：通曉國家的制度。

[16]【今注】以補其處：以補充這些罷省的官職。案，《後漢紀》卷二二《孝桓皇帝紀下》引作"博選天下清純之士達國體者，以補其虛"。

[17]【今注】契：商之始祖。殷契，《史記》卷三《殷本紀》載："母曰簡狄，有娀氏之女，爲帝嚳次妃。三人行浴，見玄鳥墮

其卵，簡狄取吞之，因孕生契。契長而佐禹治水有功。帝舜乃命契曰：'百姓不親，五品不訓，汝爲司徒而敬敷五教，五教在寬。'封于商，賜姓子氏。"

[18]【今注】兆庶黎萌：平民百姓。黎萌，又作"黎氓"。殿本作"黎民"。

[19]【今注】侍中：官名。西漢時爲加官。東漢爲正式職官。掌侍從皇帝左右，贊導衆事，顧問應對。皇帝出行則參乘騎從，多由功臣貴戚擔任。秩比二千石，無固定員數。長官本有僕射一人，東漢轉爲祭酒，或置或否。

[20]【李賢注】省，覽也。

[21]【今注】黃門侍郎：官名。又稱"黃門郎"。秦漢時期郎官給事在黃闥之內者，稱黃門侍郎。西漢爲加官，多以重臣、外戚子弟、公主婿爲之。東漢掌侍從皇帝左右，給事中，關中內外，傳宣詔令等。秩六百石。

[22]【李賢注】傳，通也。【今注】傳發書奏：傳送奏章。

[23]【李賢注】引用士人有族望者。

[24]【今注】和熹太后：鄧綏，南陽新野（今河南新野縣南）人。鄧禹孫女。東漢和帝皇后。元興元年立殤帝，被尊爲皇太后。又立安帝。稱制十六年。紀見本書卷一〇上。

[25]【今注】公卿：三公、九卿，後泛指朝廷中的高級官員。

[26]【今注】常侍：中常侍、內常侍等宦官的簡稱。

[27]【今注】小黃門：宦官名。掌侍從皇帝，收受尚書奏事，宣布詔令。名義上隸屬少府。秩六百石。

[28]【今注】罷遣：罷免遣散。

[29]【今注】耆儒宿德：指年高德重的儒者。耆，六十歲以上的老人。宿德，年老有德者。

[30]【今注】案，本書卷五七《劉陶傳》："此猶養魚沸鼎之中，棲鳥烈火之上。水木本魚鳥之所生也，用之不時，必至燋爛。"

［31］【李賢注】傳聲令出。

［32］【今注】趨：小步疾行，以示莊重尊敬。

［33］【今注】中官：宦官。

穆素剛，[1]不得意，居無幾，憤懣發疽。[2]延熹六年，[3]卒，時年六十四。禄仕數十年，[4]蔬食布衣，家無餘財。公卿共表穆立節忠清，[5]虔恭機密，[6]守死善道，[7]宜蒙旌寵。[8]策詔褒述，[9]追贈益州太守。[10]所著論、策、奏、教、書、詩、記、嘲，[11]凡二十篇。[12]

［1］【今注】剛：剛直方正。

［2］【李賢注】疽，癰也。【今注】憤懣：内心忿恨不滿。發疽：癰是人身上比較大的腫塊，久癰引起潰爛即爲疽。南宋李迅《集驗背疽方·察疽發有内外之别》云：“初發疽時，不拘小大，身體無熱，自覺倦怠，生疽處亦不熱。數日之間，漸漸開大，不腫不高，不疼不痛，低陷而壞爛。破後，肉紫黑色，此爲内發。有此證者，未發見之先，藏府已先潰爛，百人百不救，雖有神仙藥，亦付之無可奈何。”（參見潘務正《“疽發背而死”與中國史學傳統》，《文史哲》2016 年第 6 期）

［3］【今注】延熹：東漢桓帝劉志年號（158—167）。

［4］【今注】禄仕：居官食禄。

［5］【今注】立節忠清：樹立節操，忠誠廉正。

［6］【今注】虔恭：恭敬。

［7］【今注】守死善道：守節至死，不離善道。《論語·泰伯》載，子曰：“篤信好學，守死善道。”

［8］【今注】旌寵：表彰尊崇。

［9］【今注】褒述：記述其功德予以表彰。

［10］【今注】益州：郡名。治滇池縣（今雲南昆明市晉寧區

東北晉城鎮）。案，益州太守，惠棟《後漢書補注》卷四認爲，當以《後漢紀》作"益州刺史"爲是。蔡邕《朱公叔碑首》云"忠文公益州太守朱君"。侯康曰：《經籍志》亡書内有《益州刺史朱穆集》二卷，又《文選廣絶交論》注引《范書》亦作贈益州刺史，今本作太守，乃校刊之誤。漢制，刺史雖巡行所部各郡，以六條問事，而秩僅六百石，遠不逮太守，故太守轉刺史爲遷途，贈官亦例以太守爲重。

[11]【今注】論：議論文。據《昭明文選》所載，論有兩體，一曰史論，乃忠臣於傳末作議論，以斷其人之善惡。二曰政論，則學士大夫議論古今時世人物或評經史之言，正其謬誤。　策：文體名。内容以陳述政事的計劃爲主。劉勰《文心雕龍·議對》曰："對策者，應詔而陳政也。"　奏：上奏於天子的文書。《文心雕龍·章表》："漢定禮儀，則有四品：一曰章，二曰奏，三曰表，四曰議。章以謝恩，奏以按劾，表以陳情，議以執異。"　教：王侯所下達的文書。　書：文體名。指書信。《文心雕龍·書記》："所以記時事也。蓋聖賢言辭，總爲之書，書之爲體，主言者也。揚雄曰：'言，心聲也；書，心畫也。聲畫形，君子小人見矣。'故書者，舒也。舒布其言，陳之簡牘，取象於夬，貴在明決而已。"詩：詩歌。　記：文體名。記述或解釋典章制度的文字。　嘲：雜文體名。應詔回答帝王的問難。《文心雕龍·雜文》載："自《對問》以後，東方朔效而廣之，名爲《客難》。託古慰志，疏而有辨。揚雄《解嘲》，雜以諧謔，回環自釋，頗亦爲工。"

[12]【李賢注】《袁山松書》曰："穆著論甚美，蔡邕嘗至其家自寫之。"

　　穆前在冀州，所辟用皆清德長者，[1]多至公卿、州郡。子野，少有名節，仕至河南尹。[2]初，穆父卒，穆與諸儒考依古義，[3]謚曰貞宣先生。[4]及穆卒，蔡邕復與門人共述其體行,[5]諡爲文忠先生。[6]

[1]【今注】清德：高尚的品德。

[2]【李賢注】野字子遼，見荀爽薦文。【今注】河南尹：官名。東漢光武帝建武十五年（39）置，爲京都雒陽所在河南郡長官。掌京都諸事務，勸課農桑，審理刑獄，舉孝廉，典禁兵。秩二千石。

[3]【今注】考依古義：依據禮書經典給予諡號（參見沈剛《論東漢的私諡問題》，載《漢代國家統治方式研究：列卿、宗室、信仰與基層社會》，社會科學文獻出版社 2017 年版）。

[4]【李賢注】《諡法》曰：“清白守節曰貞，善聞周達曰宣。”

[5]【今注】蔡邕：字伯喈，陳留圉（今河南杞縣）人。少博學，以胡廣爲師。東漢桓帝時作《釋誨》。著《獨斷》《勸學》等。後人輯有《蔡中郎集》。傳見本書卷六〇下。

[6]【李賢注】《袁山松書》曰：“蔡邕議曰：‘魯季文子，君子以爲忠，而諡曰文子。又傳曰：“忠，文之實也。”忠以爲實，文以彰之。’遂共諡穆。荀爽聞而非之。故張璠論曰：‘夫諡者，上之所贈，非下之所造，故顏、閔至德，不聞有諡。朱、蔡各以衰世臧否不立，故私議之。’”

論曰：朱穆見比周傷義，偏黨毀俗，[1]志抑朋游之私，[2]遂著絕交之論。蔡邕以爲穆貞而孤，[3]又作正交而廣其致焉。[4]蓋孔子稱“上交不諂，下交不黷”，[5]又曰“晏平仲善與人交”，子夏之門人亦問交於子張。[6]故《易》明“斷金”之義，[7]《詩》載“謔朋”之謠。[8]若夫文會輔仁，直諒多聞之友，時濟其益，[9]

紵衣傾蓋，彈冠結綬之夫，遂隆其好，[10]斯固交者之方焉。[11]至乃田、竇、衛、霍之游客，[12]廉頗、翟公之門賓，[13]進由執合，退因衰異。[14]又專諸、荆卿之感激，[15]侯生、豫子之投身，[16]情爲恩使，[17]命緣義輕。[18]皆以利害移心，[19]懷德成節，[20]非夫交照之本，[21]未可語失得之原也。[22]穆徒以友分少全，[23]因絕同志之求；[24]黨俠生敝，[25]而忘得朋之義。[26]蔡氏貞孤之言，其爲然也！古之善交者詳矣。漢興稱王陽、貢禹、陳遵、張竦，[27]中世有廉范、慶鴻、陳重、雷義云。[28]

[1]【李賢注】《左傳》曰："頑嚚不友，是與比周（與，大德本、殿本誤作'爲'）。"杜預注云（殿本無"云"字，是）："比，近也。周，密也。"【今注】比周傷義：結黨營私傷害正義。偏黨毀俗：偏私敗壞良好的風俗。

[2]【今注】志抑朋游之私：立志要抑制朋黨交往的私情。

[3]【今注】貞而孤：正直而孤僻。

[4]【李賢注】邕論略曰："聞之前訓曰：'君子以朋友講習，而正人無有淫朋（朋，大德本誤作"明"）。'是以古之交者，其義敦以正，其誓信以固。逮至周德始衰（至，大德本、殿本作'夫'。《册府元龜》卷八二九引作'夫周德始衰'。二説可通），頌聲既寢，《伐木》有'鳥鳴'之刺，《谷風》有'棄予'之怨，其所由來，政之缺也。自此已降（已，大德本、殿本作'以'，二字可通），彌以陵遲，或闕其始終，或彊其比周。是以搢紳患其然，而論者諄諄如也。疾淺薄而攜貳者有之，惡朋黨而絕交游者有之。其論交也，曰富貴則人爭趣之，貧賤則人爭去之。是以君子慎人所以交己，審己所以交人，富貴則無暴集之客，貧賤則無

棄舊之賓矣。故原其所以来，則知其所以去；見其所以始，則觀其所以終。彼貞士者，貧賤不待夫富貴，富貴不驕乎貧賤，故可貴也。蓋朋友之道，有義則合，無義則離。善則久要不忘平生之言，惡則忠告善誨之，否則止，無自辱焉。故君子不為可棄之行，不患人之遺己也。信有可歸之德，不病人之遠己也。不幸或然，則躬自厚而薄責於人，怨其遠矣；求諸己而不求諸人，咎其稀矣。夫遠怨稀咎之機，咸在乎躬，莫之能改也（大德本、殿本脱‘能’字）。子夏之門人問交於子張，而二子各有聞乎夫子，然則以交誨也。商也寬，故告之以距人（距，大德本、殿本誤作‘拒’），師也褊，故訓之以容衆，各從其行而矯之。至於仲尼之正教，則汎愛衆而親仁，故非善不喜，非仁不親，交游以方，會友以文，可無貶也。穀梁子亦曰：‘心志既通，名譽不聞，友之罪也。’今將患其流而塞其源，病其末而刈其本，無乃未若擇其正而黜其邪，與其彼農皆黍而獨稷焉。夫黍亦神農之嘉穀，與稷並為粢盛也，使交而可廢，則黍其愆矣。括二論而言之，則刺薄者博而洽，斷交者貞而孤。孤有羔羊之節，與其不獲已而矯時也，走將從夫孤焉（夫，紹興本誤作‘失’）。”【今注】案，致，大德本、殿本誤作“志”。

[5]【李賢注】《易·繫辭》之言也。【今注】案，《周易·繫辭下》：“子曰知幾其神乎，君子上交不諂，下交不瀆，其知幾乎。”意爲君子與比自己地位高的人交往時不巴結奉承，與地位低的人交往時不輕慢。

[6]【李賢注】並見《論語》。【今注】晏平仲善與人交：《論語·公冶長》載，子曰：“晏平仲善與人交，久而人敬之。”子夏之門人亦問交於子張：《論語·子張》載，子夏之門人問交於子張。子張曰：“子夏云何？”對曰：“子夏曰：‘可者與之，其不可者拒之。’”子張曰：“異乎吾所聞：君子尊賢而容衆，嘉善而矜不能。我之大賢與，於人何所不容？我之不賢與，人將拒我，如之何其拒

人也？"

[7]【李賢注】《易·繫辭》曰："二人同心，其利斷金。"
【今注】案，此數句指二人若同齊其心，其纖利能斷截金屬。金是
堅硬的物質，能截斷之，極言其十分鋒利。

[8]【李賢注】《詩·小雅·伐木》序云："讌朋友故舊也
（朋友，殿本誤作'友朋'）。"其詩曰："伐木滸滸，釃酒有藇。"
釃音所宜反。藇音序。

[9]【李賢注】《論語》曰："君子以文會友，以友輔仁。"又
曰："益者三友，友直，友諒，友多聞，益矣。"【今注】文會輔
仁：君子以文德會合朋友，朋友有相切磋琢磨之道，所以輔成己之
仁德。見《論語·顏淵》。 直諒多聞：《論語·季氏》載，孔子
曰："益者三友，損者三友。友直，友諒，友多聞，益矣。友便辟，
友善柔，友便佞，損矣。"所謂"益者三友，損者三友"，指交朋
友對自己有所損益，有三種情況。"友直，友諒，友多聞，益矣"，
直謂正直，諒謂誠信，多聞謂博學。以這三種人為友，則對自己有
益。"友便辟，友善柔，友便佞，損矣"，便辟，指巧妙避開人所忌
諱的，以求奉承諂媚。善柔，謂態度柔和，和顏悅色以誘騙人。
便，同"辨"，謂諂媚善辨。以此三種之人為友，則有損於自己。

[10]【李賢注】《左傳》曰，吳季札以縞帶贈子產，子產獻
紵衣焉。《孔叢子》曰："孔子與程子相遇於塗（塗，殿本作
'途'，二字可通），傾蓋而語。"傾蓋謂駐車交蓋也。《前書》曰，
王陽、貢禹相與為友，朱博與蕭育為友，時稱"蕭朱結綬，王貢
彈冠"，言其趣舍同，相薦達。【今注】紵衣：苧麻所織之衣。
傾蓋：坐車在道路相遇，車上的人相互交談，兩車上的傘蓋靠在一
起。指偶然結識的新朋友却像友誼深厚的舊友故交。

[11]【李賢注】方，道也。

[12]【李賢注】竇嬰，孝文皇后從兄子，封魏其侯，游士賓
客爭歸之。武帝時為丞相。田蚡，武帝王皇后同產弟（武帝，中

華本校勘記據陳景雲說，當作"景帝"），爲太尉。蚡以太后故親幸，數言事多效，士吏趨埶利者皆去嬰而歸蚡（而，大德本誤作"西"）。衛青拜大將軍，青姊子霍去病爲驃騎將軍，皆爲大司馬。去病秩禄與大將軍等，自是後青日衰而去病益貴，青故人門下多去事去病，輒得官爵也。【今注】竇：竇嬰，字王孫，觀津（今河北武邑縣東南）人。西漢文帝竇太后姪。文帝時任吳相。景帝即位，爲詹事。景帝三年（前154），吳楚七國之亂，爲大將軍。平定後，封魏其侯。武帝初，任丞相。推崇儒術，爲好黄老言的竇太后所貶斥。後因灌夫被殺與丞相田蚡交惡，被殺。傳見《史記》卷一〇七、《漢書》卷五二。　衛：衛青，字仲卿，河東平陽（今山西臨汾市西南）人。本爲平陽公主家奴，西漢武帝建元二年（前139），其姊衛子夫被立爲皇后，爲太中大夫。後官至大司馬大將軍。諡烈侯。傳見《史記》卷一一一、《漢書》卷五五。　霍：霍去病，河東平陽（今山西臨汾市西南）人。衛青外甥。因功封冠軍侯。卒諡景桓。傳見《史記》卷一一一、《漢書》卷五五。

[13]【李賢注】《史記》曰，廉頗趙人，封爲信平君，假相國。長平之免歸也，故客盡去；及復用爲將，客又至。廉頗曰："客退矣。"客曰："吁！君何見之晚也？夫以市道交，君有埶我即從君，無埶即去，此其理也，又何怨焉？"下邽翟公爲廷尉，賓客亦填門（大德本、殿本脱"客"字）；及廢，門外可設爵羅。後復爲廷尉，賓客欲往，翟公大署其門曰"一死一生，乃知交情。一貧一富，乃知交態。一貴一賤，交情乃見"也。【今注】廉頗：戰國末期趙國大將。趙惠文王時任上卿，屢次戰勝齊、魏等國。秦、趙長平之戰，堅壁固守三年。趙孝成王時，敗燕軍。封信平君，任相國。後奔魏國，老死於楚國。　翟公：下邽（今陝西渭南市東北）人。《漢書·百官公卿表下》，翟公爲廷尉在西漢武帝元光五年（前130）。

[14]【今注】案，因，大德本、殿本誤作"由"。

[15]【李賢注】《史記》曰，專諸，堂邑人。吳公子光以嫡嗣未得立，請專諸刺吳王僚。諸曰："王僚可殺也，母老子弱，是其無如我何?"光乃置酒請王僚。酒酣，專諸置匕首魚炙之中，以刺王僚，立死。又曰，荊軻，衛人也。燕太子丹質於秦，秦王政遇之不善，丹怨亡歸，與軻交結，乃尊爲上卿，故謂之荊卿。軻入秦，刺始皇不遂而死也。【今注】專諸：春秋吳國堂邑（今江蘇南京市六合區北）人。伍子胥知吳公子光欲殺吳王僚，進專諸於公子光。吳王僚十二年（前515），公子光設宴請吳王僚，藏匕首魚腹中進獻，刺殺僚。亦爲僚左右所殺。《左傳》作"鱄設諸"。

荊卿：荊軻。戰國時期衛國人。本爲齊國人，後徙衛國，衛國人稱爲慶卿，燕人謂之荊卿。好讀書擊劍。向衛君進言，不被重用。與蓋聶論劍。至趙國邯鄲，與魯句踐博戲。至燕，與高漸離擊築而歌。後因田光舉薦，爲燕太子丹刺秦王，失敗被殺。

[16]【李賢注】《史記》曰，侯嬴，魏隱士，爲大梁夷門門者（門者，殿本作"監者"，是），魏公子無忌請爲上客。秦圍邯鄲，嬴教公子竊兵符北救趙，乃自剄。又曰，豫讓，晉人。趙襄子滅智伯，讓曰："士爲知己者死。"乃變名姓，欲刺襄子，襄子令執之，遂伏劍而死（殿本無"遂"字，是）。

[17]【今注】情爲恩使：情義被恩德所驅使。

[18]【今注】命緣義輕：性命因爲道義而輕易舍去。

[19]【今注】利害移心：因利益和害處而改變心意。

[20]【今注】懷德成節：因感念恩德而形成氣節。

[21]【今注】交照：交往了解。照，知曉。

[22]【今注】失得：利弊。

[23]【今注】友分少全：朋友的情分不能周全。

[24]【今注】同志：志趣相同的人。

[25]【今注】黨俠生敝：朋黨俠客勾結產生的弊端。

[26]【李賢注】《易》曰："西南得朋。"【今注】忘得朋之

義：忘了同道爲朋友的含義。《周易·坤》：“君子有攸往，先迷後得主。利，西南得朋，東北喪朋。安貞吉。”王弼注：“西南致養之地，與坤同道者也，故曰得朋。”孔穎達疏：“西南得朋者，此假象以明人事，西南坤位，是陰也，今以陰詣陰，乃得朋，俱是陰類，不獲吉也。”

[27]【李賢注】《前書》曰，陳遵字孟公，杜陵人也。張竦字伯松。竦博學通達，以廉儉自守，而遵放縱不拘。操行雖異，然相親友也。【今注】王陽貢禹：《漢書》卷七二《王吉傳》載，王吉，字子陽，吉與貢禹爲友，世稱“王陽在位，貢公彈冠”，言其取舍同也。　陳遵張竦：《漢書》卷九二《游俠傳》載，竦博學通達，以廉儉自守，而遵放縱不拘，操行雖異，然相親友。

[28]【今注】廉范慶鴻：廉范與洛慶鴻爲刎頸交，時人稱曰：“前有管鮑，後有慶廉。”廉范，字叔度，京兆杜陵（今陝西西安市）人。傳見本書卷三一。　陳重雷義：本書卷八一《雷義傳》載：“義歸，舉茂才，讓於陳重，刺史不聽，義遂陽狂被髮走，不應命。鄉里爲之語曰：‘膠漆自謂堅，不如雷與陳。’”陳重，字景公，豫章宜春（今江西宜春市）人。傳見本書卷八一。雷義，字仲公，豫章鄱陽（今江西鄱陽縣東）人。傳見本書卷八一。

　　樂恢字伯奇，京兆長陵人也。[1]父親，爲縣吏，得罪於令，收將殺之。恢年十一，[2]常俯伏寺門，[3]晝夜號泣。令聞而矜之，[4]即解出親。

[1]【今注】京兆：郡級政區名，亦爲官名。治長安縣（今陝西西安市西北）。　長陵：縣名。治所在今陝西咸陽市渭城區韓家灣鄉怡魏村。本爲漢高祖劉邦陵園，後因陵置縣。

[2]【今注】案，十一，《後漢紀》卷一三《孝和皇帝紀上》作“十二”。

[3]【今注】寺門：縣門。本書卷三七《張湛傳》李賢注引《風俗通》曰："寺者，嗣也。理事之吏，嗣續於其中也。"

[4]【今注】案，矜，紹興本、殿本作"矜"，是。

恢長好經學，[1]事博士焦永。[2]永爲河東太守，[3]恢隨之官，閉廬精誦，不交人物。後永以事被考，諸弟子皆以通關被繫，[4]恢獨皦然不汙於法，[5]遂篤志爲名儒。性廉直介立，[6]行不合己者，雖貴不與交。信陽侯陰就數致禮請恢，[7]恢絕不答。

[1]【今注】經學：即注經之學，爲闡釋儒家經典的學問。

[2]【今注】博士：官名。秦置，漢因之，隸屬九卿之一奉常（太常）。設僕射一人領之。掌古今史事、禮制顧問及典守書籍。秩比六百石。西漢武帝時置五經博士，充學官，掌經學傳授、考核人材、奉命出使等事。東漢置博士祭酒一人，秩六百石。博士十四人，掌教授弟子，國有疑事，掌承問對。秩比六百石。案，焦永，東棟《後漢書補注》卷一一認爲，《後漢紀》作焦貺。《鄭宏傳》載，宏師河東太守焦貺，坐楚王英事被收。《後漢紀》稱貺嘗爲博士，後爲河東太守，則"永"當爲"貺"。

[3]【今注】河東：郡名。治安邑縣（今山西夏縣西北）。

[4]【李賢注】爲交通關涉也。

[5]【李賢注】皦（大德本、殿本作"皦"，二字可通），明也，音公鳥反。或從"白"作"皎"，音亦同。【今注】皦然：清白。皦，大德本、殿本作"皦"。

[6]【李賢注】介，特也。【今注】廉直介立：廉潔正直特立獨行。

[7]【今注】信陽侯陰就：南陽新野人。陰皇后弟。封信陽侯。善結交。明帝時爲少府，位特進。明帝永平二年（59），以其

子陰豐殺妻酈邑公主，自殺。

　　後仕本郡吏，太守坐法誅，[1] 故人莫敢往，恢獨奔喪行服，[2] 坐以抵罪。[3] 歸，復爲功曹，[4] 選舉不阿，[5] 請託無所容。[6] 同郡揚政數衆毀恢，[7] 後舉政子爲孝廉，由是鄉里歸之。辟司空牟融府。[8] 會蜀郡太守第五倫代融爲司空，[9] 恢以與倫同郡，不肯留，薦穎川杜安而退。[10] 諸公多其行，[11] 連辟之，遂皆不應。[12]

[1]【李賢注】《東觀記》京兆尹張恂召恢，署户曹史。

[2]【今注】行服：服喪守孝。

[3]【今注】抵罪：因犯罪而接受應有的懲處。

[4]【今注】功曹：官名。指郡縣府所置功曹掾、功曹史的簡稱。掌統率諸曹，並有升遷黜免衆吏的權力。秩百石。

[5]【今注】不阿：不偏袒。

[6]【今注】請託：以私情、私利干預公權，滿足私欲。

[7]【今注】案，同郡揚政，《後漢紀》卷一三《孝和皇帝紀上》作“杜陵人楊正”。揚，大德本、殿本作“楊”。

[8]【今注】司空：官名。即大司空。漢初御史大夫。西漢成帝綏和元年（前8）更名大司空。哀帝建平二年（前5）又稱御史大夫，元壽二年（前1）改稱大司空。東漢初仍稱大司空，光武帝建武二十七年（51）去“大”字，改稱司空。掌築城、溝洫、陵墓等水土工程，及水土工程考核等。與太尉、司徒一同參議大政。屬官有長史、將軍等。　牟融：字子優，北海安丘（今山東安丘市西南）人。傳見本書卷二六。

[9]【今注】蜀郡：治成都縣（今四川成都市武侯區）。　第五倫：字伯魚，京兆長陵（今陝西咸陽市）人。傳見本書卷四一。

[10]【今注】穎川：郡名。治陽翟縣（今河南禹州市）。　杜

安：潁川定陵（今河南舞陽縣東北）人，任宛令。

[11]【今注】多：贊賞。

[12]【李賢注】《華嶠書》曰："安擢爲宛令，以病去。章帝行過潁川，安上書，召拜御史，遷至巴郡太守。而恢在家，安與恢書通問，恢告吏口謝，且讓之曰：'爲宛令不合志，病去可也。干人主以闚踰（踰，大德本、殿本作"覦"，二字可通），非也。違平生操，故不報。'安亦節士也，年十三入太學（沈欽韓《後漢書疏證》曰，《北堂書鈔》引《先賢行狀》作'年十五'），號奇童。洛陽令周紆自往候安，安謝不見。京師貴戚慕其行，或遺之書，安不發，悉壁藏之。及後捕案貴戚賓客，安開壁出書，印封如故。"

後徵拜議郎。會車騎將軍竇憲出征匈奴，[1]恢數上書諫爭，朝廷稱其忠。[2]入爲尚書僕射。是時河南尹王調、洛陽令李阜與竇憲厚善，[3]縱舍自由。[4]恢劾奏調、阜，并及司隸校尉。[5]諸所刺舉，[6]無所回避，貴戚惡之。[7]憲弟夏陽侯瓌欲往候恢，[8]恢謝不與通。憲兄弟放縱，而忿其不附己。妻每諫恢曰："昔人有容身避害，[9]何必以言取怨？"[10]恢歎曰："吾何忍素餐立人之朝乎！"[11]遂上疏諫曰："臣聞百王之失，[12]皆由權移於下。大臣持國，[13]常以執盛爲咎。[14]伏念先帝，聖德未永，早棄萬國。[15]陛下富於春秋，纂承大業，[16]諸舅不宜幹正王室，[17]以示天下之私。[18]經曰：'天地乖互，[19]衆物夭傷。[20]君臣失序，萬人受殃。'政失不救，其極不測。[21]方今之宜，[22]上以義自割，[23]下以謙自引。[24]四舅可長保爵土之榮，[25]皇太后永無憋負宗廟之憂，[26]誠策之上者也。”書奏不省。時竇太后臨朝，和帝未親萬機，[27]恢以意不得行，[28]乃稱疾乞骸骨。[29]詔賜錢，太醫視疾。恢薦任城郭均、成陽高鳳，[30]而遂稱篤。拜騎都尉，上書辭謝曰：“仍受厚恩，無以報效。夫政在大夫，孔子所疾；[31]世卿持權，[32]《春秋》以戒。[33]聖人懇惻，[34]不虛言也。近世外戚富貴，必有驕溢之敗。[35]今陛下思慕山陵，[36]未遑政事；[37]諸舅寵盛，權行四方。若不能自損，[38]誅罰必加。[39]臣壽命垂盡，[40]臨死竭愚，[41]惟蒙留神。”[42]詔聽上印綬，乃歸鄉里。竇憲因是風厲州郡迫脅，[43]恢遂飲藥死。弟子縗絰輓者數百人，[44]衆庶痛傷之。[45]

[1]【今注】車騎將軍：重號將軍名。漢初爲臨時將軍名，掌領車騎士。臨時設置，事訖即罷。西漢武帝後常設，地位次於大將軍、驃騎將軍。掌京城、皇宮禁衞軍隊，出征時常總領諸將軍。東漢時位比三公，常以貴戚充任。秩萬石。掌領兵征伐，參議朝政。靈帝時作爲加官或贈官。靈帝中平元年（184）分置左、右。

[2]【李賢注】《東觀記》載恢所上書諫曰（殿本無“恢所”二字）：“《春秋》之義，王者不理夷狄。得其地不可墾發，得其人無益於政，故明王之於夷狄，羈縻而已。孔子曰：‘遠人不服，則修文德以來之。’以漢之盛，不務修舜、禹、周公之術（術，殿本、今本《東觀漢記》作‘德’，是），而無故興于戈（于，大德本、殿本作‘干’），動兵革，以求無用之物，臣誠惑之！”

[3]【今注】洛陽令：官名。京畿地區的地方行政官員。主要職責是維持社會治安、嚴懲罪犯和參與中央政府的重大禮儀活動（參見薛瑞澤《東漢洛陽令及相關問題論考》，《鄭州大學學報》

1996 年第 6 期）。曹金華《後漢書稽疑》據本傳章懷注，永和二年（137），河南尹王調坐買洛陽令同郡任稜竹田及上罷城東漕渠免官。本傳云"會車騎將軍竇憲出征匈奴"，則王調爲河南尹當在章帝章和二年（88）前後。又據《袁安傳》和帝初奏劾竇氏，"又奏司隸校尉、河南尹阿附貴戚"，章懷注引《袁山松書》"河南尹王調，漢陽太守朱敞，南陽太守滿殷、高丹等皆其賓客"，《後漢紀》卷一三亦載其事，知章和間確有河南尹王調。而據《決録注》，順帝永和二年亦有河南尹王調，兩者相距五十年。（第 584 頁）

[4]【今注】縱舍自由：放任自由。

[5]【今注】司隸校尉：官名。簡稱司隸。掌察舉三輔（京兆、左馮翊、右扶風）、三河（河東、河內、河南）、弘農七郡的犯法者。秩比二千石。西漢成帝元延四年（前 9）省，哀帝時復置，改名司隸，隸大司空。東漢仍名司隸校尉，掌糾察宫廷皇親、貴戚百官，兼領兵、搜捕罪犯，並爲司隸州行政長官。秩比二千石。光武帝特詔朝會時與御史中丞、尚書令並專席而坐，時號"三獨坐"。

[6]【今注】刺舉：檢舉。

[7]【李賢注】《決録注》曰："調字叔和，爲河南尹。永和二年，坐買洛陽令同郡任稜竹田及上罷城東漕渠免官。"

[8]【今注】夏陽侯瓌：東漢和帝時任中常侍、侍中。永元二年（90）封夏陽侯。任光禄勳。瓌少好經書，節約自修，出爲魏郡，遷潁川太守。永元四年，憲及篤、景、瓌皆遣就國。憲及篤、景皆自殺。永元十年，瓌自殺。

[9]【今注】容身避害：保全自身躲避災禍的做法。

[10]【今注】以言取怨：因爲自己的言論來招致別人的怨恨。

[11]【今注】素餐：無功勞而空享俸禄。

[12]【今注】百王：歷代帝王。

[13]【今注】持國：掌管國家政事。

［14］【今注】埶盛：權勢强盛。指大臣權勢威脅皇權。

［15］【今注】萬國：天下臣民。

［16］【李賢注】春秋謂年也。言年少，春秋尚多，故稱富。【今注】纂承：繼承。

［17］【今注】幹正：干預。指理其事而正其本。

［18］【今注】示天下之私：向天下人展示國家爲私有。

［19］【今注】乖互：抵觸、不和諧。

［20］【今注】夭傷：夭折損傷。大德本誤作“大傷”。

［21］【今注】其極不測：其後果不可預測。

［22］【今注】方今之宜：如今應該做的事情。

［23］【今注】上以義自割：皇帝因國家大義割斷親情。

［24］【今注】下以謙自引：臣下以謙遜而自我引退。

［25］【李賢注】四舅謂竇憲，弟篤、景、瓌也。

［26］【今注】皇太后：竇太后。扶風平陵（今陝西咸陽市西北）人。東漢章帝皇后。和帝即位，臨朝執政，其兄、弟位居顯要。紀見本書卷一〇上。

［27］【今注】和帝：東漢和帝劉肇，公元 88 年至 105 年在位。紀見本書卷四。

［28］【今注】意不得行：意見得不到采納。

［29］【今注】乞骸骨：向皇帝乞求骸骨歸葬故鄉，是古代官員申請退休或引咎辭職的習慣用語。

［30］【今注】任城：縣名。治所在今山東濟寧市東南。　郭均：當作“鄭均”。本書卷八三《逸民傳》載，“肅宗亦禮鄭均而征高鳳，以成其節”。鄭均，字仲虞，東平任城（今山東濟寧市東南）人。傳見本書卷二七。曹金華《後漢書稽疑》認爲，錢大昕《廿二史考異》卷一一《後漢書二》按《逸民傳》，高鳳南陽葉人，下文的“成陽”恐是“南陽”之訛，或別有同姓名者。張森楷《校勘記》云，南陽高鳳以章帝建初元年（76）爲任隗所薦，尋

卒。此處所述史實在永元年間，則高鳳早已卒，與《逸民傳》所載高鳳並非一人。如高鳳爲南陽高鳳，此處的"郭均"當是"鄭均"之訛。《鄭均傳》載"鄭均字仲虞，東平任城人也"，《逸民傳》序"肅宗禮鄭均而征高鳳，以成其節"，與本傳"恢薦任城郭均、成陽高鳳"事相合。又《逸民傳》載"高鳳字文通，南陽葉人也……建初中，將作大匠任隗舉鳳直言，到公車，託病逃歸。推其財産，悉與孤兄子。隱身漁釣，終於家"，則南陽高鳳永元時尚在，而《鄭均傳》載"永元中，卒於家"，或在永元之初被樂恢所薦舉。故疑"郭均"當是"鄭均"，"成陽"當是"南陽"，以字形近而訛。(第586頁)　成陽：縣名。治所在今山東鄄城縣東南。高鳳：字文通，南陽葉（今河南葉縣）人。傳見本書卷八三。

［31］【李賢注】《論語》孔子曰："天下有道，政不在大夫。"【今注】案，此句指天下有道之時，禮樂征伐自天子出。

［32］【今注】世卿：世代承襲的卿大夫。

［33］【李賢注】《左傳》曰（王先謙《後漢書集解》謂此《春秋》宣公十年經文，"左傳"二字乃"春秋"之誤）："齊崔氏出奔衞。"《公羊傳》曰："崔氏者何？齊大夫。稱崔氏者何？貶。曷爲貶？譏世卿也。"

［34］【今注】懇惻：誠懇痛切。

［35］【今注】驕溢：驕傲自滿，盛氣淩人。

［36］【今注】山陵：帝王的陵墓。酈道元《水經注·渭水》中説："秦名天子冢曰山，漢曰陵，故通曰山陵矣。"董説《七國考》卷一〇"秦惠文始以墓稱陵"。

［37］【今注】未遑政事：無暇顧及國家政事。

［38］【今注】自損：自我減損。

［39］【今注】誅罰：責罰、懲治。

［40］【今注】垂盡：快要結束。指年老。

［41］【今注】竭愚：窮盡自己的意見。愚，自謙之詞。

［42］【今注】留神：注意、留心。

［43］【今注】風厲：示意、懲恿。

［44］【李賢注】輓，引柩也。

［45］【今注】衆庶：平民，百姓。大德本、殿本誤作"庶衆"。

後竇氏誅，帝始親事，[1]恢門生何融等上書陳恢忠節，除子己爲郎中。[2]

［1］【今注】親事：親自處理事務。　永元：東漢和帝劉肇年號（89—105）。

［2］【李賢注】《三輔決録注》曰："己字伯文，爲郎非其好也，去官。"【今注】郎中：官名。春秋戰國爲郎官通稱。秦、西漢掌執戟殿下，守衞宮殿門户，出充車騎，有議郎、中郎、侍郎、郎中，又分車、户、騎。秩比三百石。東漢罷郎中三將，分隸五官、左、右中郎將三署，皆主更直執戟，宿衞諸殿門，出充車騎。祇有議郎不在直中。

何敞字文高，扶風平陵人也。[1]其先家于汝陰。[2]六世祖比干，學《尚書》於朝錯，[3]武帝時爲廷尉正，[4]與張湯同時。[5]湯持法深而比干務仁恕，數與湯爭，雖不能盡得，然所濟活者以千數。後遷丹楊都尉，[6]因徙居平陵。敞父寵，建武中爲千乘都尉，[7]以病免，遂隱居不仕。

［1］【今注】扶風：漢三輔之一。即右扶風。西漢武帝太初元年（前104）改主爵都尉置。相當於郡太守。治長安縣（今陝西西

安市西北）。東漢移治槐里縣（今陝西興平市東南）。　平陵：縣名。治所在今陝西咸陽市西北。其地本屬槐里縣，西漢昭帝析地以修建平陵，因陵爲縣。

［2］【今注】汝陰：縣名。治所即今安徽阜陽市。

［3］【李賢注】《何氏家傳》云："並祖父比干（並，殿本作'六世'，是），字少卿，經明行修，兼通法律。爲汝陰縣獄吏決曹掾，平活數千人。後爲丹陽都尉，獄無冤囚，淮汝號曰'何公'。征和三年三月辛亥，天大陰雨，比干在家，日中夢貴客車騎滿門，覺以語妻。語未已，而門有老嫗可八十餘，頭白，求寄避雨，雨甚而衣履不霑漬。雨止，送至門（至，大德本誤作'主'，殿本誤作'出'），乃謂比干曰：'公有陰德，今天錫君策，以廣公之子孫。'因出懷中符策，狀如簡，長九寸，凡九百九十枚，以授比干，子孫佩印綬者當如此筭。比干年五十八，有六男，又生三子。本始元年，自汝陰徙平陵，代爲名族。"【今注】尚書：書名。古稱《書》，至漢代稱《尚書》。基本內容是古代帝王的文告和君臣談話內容的記錄，相傳爲孔子編定。其內容有典、謨、訓、誥、誓、命六種。伏生藏於壁中。漢初仍存二十九篇。西漢武帝時，魯恭王劉餘在孔壁所藏《古文尚書》。經孔安國校理並作傳，比伏生所傳二十九篇增加十六篇。　案，朝錯，大德本、殿本作"晁錯"，"朝""晁"二字可通。

［4］【今注】廷尉正：官名。秦漢皆置，爲廷尉卿之副。掌審判，決疑案，平反冤案，參議案例律條。西漢俸千石，東漢六百石。案，惠棟《後漢書補注》卷一一引《三輔決錄》注："茂陵何比干，漢武時丞相公孫宏舉爲廷尉右平，獄無冤民，號曰何公。"但據顏師古注，西漢宣帝始置左右平，故此處稱武帝時爲廷尉右平，並不準確。

［5］【今注】張湯：杜陵（今陝西西安市東南）人。西漢酷吏。與趙禹共定律令，執法嚴酷。武帝元朔三年（前126），張湯

爲廷尉。傳見《漢書》卷五九。

[6]【今注】丹楊：郡名。治宛陵縣（今安徽宣州市宣城區）。大德本、殿本作"丹陽"。　都尉：官名。原作郡尉，西漢景帝時改爲都尉。郡中掌統兵作戰的武官，職位次於將軍。

[7]【今注】建武：東漢光武帝劉秀年號（25—56）。　千乘：郡國名。治臨濟縣（今山東高青縣高城鎮）。東漢初爲千乘郡。明帝永平三年（60），封皇子劉建爲千乘王。永平四年，劉建卒，無子嗣爵，千乘國除爲漢郡。章帝建初四年（79），封長子劉伉爲千乘王，千乘郡復爲王國。傳國至其子劉寵，和帝永元七年（95），改國名爲樂安。

　　敞性公正。自以趣舍不合時務，[1]每請召，常稱疾不應。元和中，辟太尉宋由府，[2]由待以殊禮。敞論議高，常引大體，[3]多所匡正。[4]司徒袁安亦深敬重之。[5]是時京師及四方累有奇異鳥獸草木，言事者以爲祥瑞。敞通經傳，[6]能爲天官，[7]意甚惡之。乃言於二公曰："夫瑞應依德而至，災異緣政而生。故鸜鵒來巢，昭公有乾侯之厄；[8]西狩獲麟，孔子有兩楹之殯。[9]海鳥避風，臧文祀之，君子譏焉。[10]今異鳥翔於殿屋，怪草生於庭際，不可不察。"由、安懼然不敢答。[11]居無何而肅宗崩。[12]

[1]【今注】趣舍：取捨、選擇。趣，通"取"。

[2]【今注】太尉：官名。秦置。漢初，金印紫綬，掌武事。西漢文帝三年（前177）罷，屬丞相。景帝三年（前154）復置，七年又罷。武帝建元二年（前139）省。元狩四年（前119）更名大司馬。東漢建武二十七年（51）改大司馬爲太尉，全國軍政事

務，考核地方長官，參議郊祀大喪。秩萬石。與司徒、司空共同行使宰相職能，或與太傅並録尚書事。　宋由：初爲大司農，東漢章帝元和三年（86），任太尉。和帝永元四年（92），坐黨憲自殺。

[3]【今注】大體：有關大局的重要道理。

[4]【今注】匡正：糾正。

[5]【今注】司徒：官名。即大司徒。三公之一。西漢哀帝元壽二年（前1），正三公官分職，改丞相爲大司徒。王莽托古改制，重新確定三公分職。東漢光武帝建武二十七年，去“大”字，稱司徒。掌全國民政、教化等事宜。秩萬石。東漢三公名稱固定爲太尉、司徒、司空。　袁安：字邵公，汝南汝陽（今河南商水縣西北）人。傳見本書卷四五。

[6]【今注】經傳：儒家經典和後人解釋的文獻。

[7]【今注】天官：天文、天象。《史記·天官書》《索隱》案：“天文有五官。官者，星官也。星座有尊卑，若人之官曹列位，故曰天官。”

[8]【李賢注】《春秋》：“有鸛鵒來巢。”《左氏傳》魯大夫師己曰：“文、成之世（成，殿本作‘武’，是），童謠有之曰：‘鸛鵒之羽，公在外野，往饋之馬。鸛鵒跦跦，公在乾侯。’”季平子逐昭公，公遜于乾侯。杜預注：“乾侯在魏郡斥丘縣（斥，大德本誤作‘斤’），晉境内邑也。”

[9]【李賢注】《公羊傳》曰：“西狩獲麟，有以告孔子者曰：‘有麏而角者何？’孔子曰：‘孰爲來哉！孰爲來哉！’反袂拭面，涕下沾袍，曰：‘吾道窮矣！’”何氏注云（云，大德本、殿本作“曰”，二字可通）：“麟者，太平之符，聖人之類。時得麟而死，此亦天告夫子將没之徵也。”《禮記》孔子謂子貢曰：“予疇昔夜夢坐奠於兩楹之間焉。殷人殯於兩楹之間，丘即殷人也，予殆將死也。”遂寢疾，七日而死。

[10]【李賢注】《國語》曰，海鳥爰居，止於魯東門之外三

日，臧文仲使國人祭之。展禽譏焉，因曰："今兹海其有風乎？廣川之鳥恒知避風（川，大德本誤作'州'）。"是歲海多大風，冬煖。文仲聞之，曰："吾過矣！"

[11]【李賢注】懼音紀具反。

[12]【今注】案，章帝崩於章和二年（88）二月三十壬辰。

時竇氏專政，外戚奢侈，賞賜過制，倉帑爲虛。[1] 敞奏記由曰："敞聞事君之義，進思盡忠，退思補過。歷觀世主時臣，無不各欲爲化，[2]垂之無窮，[3]然而平和之政萬無一者，蓋以聖主賢臣不能相遭故也。[4]今國家秉聰明之弘道，[5]明公履晏晏之純德，[6]君臣相合，天下翕然，[7]洽平之化，[8]有望於今。孔子曰：'如有用我者，三年有成。'[9]今明公視事，[10]出入再朞，[11]宜當克己，[12]以醻四海之心。[13]禮，一穀不升，則損服徹膳。[14]天下不足，若己使然。[15]而比年水旱，[16]人不收穫，涼州緣邊，[17]家被凶害，[18]男子疲於戰陳，[19]妻女勞於轉運，老幼孤寡，歎息相依，又中州內郡，[20]公私屈竭，[21]此實損膳節用之時。國恩覆載，[22]賞賚過度，[23]但聞臘賜，[24]自郎官以上，[25]公卿王侯以下，至於空竭帑藏，損耗國資。尋公家之用，[26]皆百姓之力。明君賜賚，宜有品制，[27]忠臣受賞，亦應有度，[28]是以夏禹玄圭，[29]周公束帛。[30]今明公位尊任重，責深負大，[31]上當匡正綱紀，[32]下當濟安元元，[33]豈但空空無違而已哉！[34]宜先正己以率群下，[35]還所得賜，因陳得失，奏王侯就國，[36]除苑囿之禁，節省浮費，[37]賑卹窮孤，[38]則恩澤下暢，[39]黎庶悅豫，[40]上天聰明，[41]必有立應。使百姓歌誦，[42]史官紀德，[43]豈但子文逃祿，[44]公儀退食之比哉！"[45]由不能用。

[1]【李賢注】帤音它朗反（它，大德本誤作"立"）。【今注】倉帤：古代指國家庫藏的錢財、布帛等。

[2]【今注】爲化：使社會風俗得到教化。

[3]【今注】垂：傳播。

[4]【今注】相遭：相遇。

[5]【今注】弘道：大道。

[6]【李賢注】晏晏，溫和也。

[7]【今注】翕然：安寧、和順。

[8]【今注】案，洽，大德本、殿本作"治"，是。

[9]【今注】案，《論語·子路》："子曰：苟有用我者，期月而已可也。三年有成。"《集解》孔安國曰："言誠有用我於政事者，朞月而可以行其政教，必三年乃有成也。"《正義》曰："此章孔子自言爲政之道也。苟，誠也。期月，周月也，謂周一年之十二月也。孔子言誠有用我於政事者，期月而可以行其政教，必滿三年乃有成功也。"

[10]【今注】明公：對有名位者的敬稱。

[11]【今注】再朞（jī）：兩年。朞，指一周年。

[12]【今注】克己：克制私欲，嚴格要求自己。

[13]【今注】醻：報答。

[14]【李賢注】《禮記》曰："歲凶，年穀不登，君膳不祭肺。"損服，減損服御。

[15]【今注】若己使然：如同自己造成的一樣。

[16]【今注】比年：連年。

[17]【今注】涼州：西漢武帝元封五年（前106）置十三刺史部之一。東漢時治隴縣（今甘肅張家川回族自治縣）。

［18］【李賢注】時西羌犯邊爲害也。

［19］【今注】戰陳：戰場。指戰争。

［20］【今注】中州：指今河南省黄河流域一帶。　内郡：除邊郡、西漢三輔地區、東漢河南郡以外的郡。亦稱内郡國。漢朝版圖内緣邊諸郡以外的郡國，與緣邊諸郡即外郡相對而言。

［21］【今注】屈竭：枯竭，空乏。

［22］【今注】覆載：覆育包容。

［23］【今注】賞賚：賞賜。

［24］【今注】臘賜：是漢代朝廷在每年臘日給文武百官的賞賜，包括錢、糧、牛肉等。

［25］【今注】郎官：官名。掌守宫門，備諮詢，出充車騎。東漢於光禄勳下設五官、左、右中郎將署，主管諸中郎、侍郎、郎中，實爲儲備官吏人才的機構，其郎官多達二千餘人。

［26］【今注】尋公家之用：推究朝廷的花費。尋，探究。

［27］【今注】品制：等級規定。

［28］【李賢注】臘賜大將軍、三公錢各二十萬，牛肉二百斤，粳米二百斛，特進、侯十五萬，卿十萬，校尉五萬，尚書三萬，侍中、將、大夫各二萬，千石、六百石各七千，虎賁、羽林郎二人共三千，以爲祀門户直。見《漢官儀》也。

［29］【今注】夏禹玄圭：夏禹的黑色玉器，上尖下方。用以賞賜有特殊功勳的人。《七緯》卷九《尚書緯·尚書琁機鈐》：“禹開龍門，導積石，玄圭出，刻曰：‘延喜玉受德，天賜佩。’”《尚書·禹貢》云：“禹錫玄圭，告厥成功。”指水土既平，禹以玄圭爲贄，而告成功於舜。水，色黑，故賜以玄圭。

［30］【李賢注】《尚書》曰：“召公出取幣，入錫周公。”【今注】周公束帛：《尚書·召誥》：“太保乃以庶邦冢君出，取幣，乃復入錫周公曰：‘拜手稽首，旅王若公，誥告庶殷越自乃御事。’”

［31］【今注】責深負大：責任和負擔重大。

［32］【今注】綱紀：國家社會的秩序與規律。

［33］【今注】濟安元元：幫助安撫百姓。

［34］【今注】空空無違：不違反禮法、天道。案，王先謙《後漢書集解》引《通鑑》胡注，謂"空"當作"悾"，悾悾，謹慎。

［35］【今注】正己以率群下：端正自己的言行以爲臣下的表率。

［36］【今注】就國：諸侯王返回所在封國。

［37］【今注】浮費：不必要的開支。

［38］【今注】賑卹窮孤：賑濟窮苦孤獨之人。

［39］【今注】恩澤下暢：恩惠沒有阻礙地施予百姓。

［40］【今注】悦豫：歡悦。

［41］【今注】上天聰明：上天能夠聽見和看到。

［42］【今注】歌誦：以詩歌頌揚。

［43］【今注】紀德：紀録功德。

［44］【李賢注】《國語》："昔楚鬭子文三登令尹（三，大德本誤作'二'），無一日之積。成王聞子文朝不及夕也（聞，大德本誤作'間'），於是乎每朝設脯七束（七，大德本誤作'上'），糗一筐，以羞子文。成王每出子文之祿，必逃，王止而後復。人謂子文曰：'人生求富，子逃之，何也?'對曰：'從政者，以庇人也。人多曠者而我取富焉，是勤人以自封也，死無日矣。我逃死，非逃富也。'"

［45］【李賢注】《史記》："公儀休相魯，食茹而美，拔園葵而棄之，見布好而逐出其家婦，燔其機（燔，大德本誤作'憣'），云'欲令農士女工安得奪其貨乎'?"比音庇。

時齊殤王子都鄉侯暢奔弔國憂，上書未報，[1]侍中竇憲遂令人刺殺暢於城門屯衛之中，[2]而主名不立。[3]

敞又説由曰："劉暢宗室肺府,[4] 茅土藩臣,[5] 來弔大憂,上書須報,[6] 親在武衛,[7] 致此殘酷。[8] 奉憲之吏,[9] 莫適討捕,[10] 蹤迹不顯,主名不立。敞備數股肱,職典賊曹,[11] 故欲親至發所,[12] 以糾其變,[13] 而二府以爲故事三公不與賊盜。[14] 昔陳平生於征戰之世,[15] 猶知宰相之分,云'外鎮四夷,内撫諸侯,使卿大夫各得其宜'。[16] 今二府執事不深惟大義,惑於所聞,[17] 公縱姦慝,[18] 莫以爲咎。惟明公運獨見之明,昭然勿疑,[19] 敞不勝所見,請獨奏案。"由乃許焉。二府聞敞行,皆遣主者隨之,[20] 於是推舉具得事實,[21] 京師稱其正。

[1]【李賢注】時章帝崩也。殤王名石,齊武王縯之孫也。【今注】齊殤王子都鄉侯暢:本書卷四五《韓棱傳》載,和帝即位,侍中竇憲使人刺殺齊殤王子都鄉侯暢於上東門,有司畏竇憲,咸委疑於暢兄弟。卷二三《竇憲傳》載,"齊殤王子都鄉侯劉暢來吊國憂,暢素行邪僻,與步兵校尉鄧疊親屬數往來京師,因疊母元自通長樂宮,得幸太后,被詔召詣上東門。憲懼見幸,分宮省之權,遣客刺殺暢於屯衛之中,而歸罪於暢弟利侯剛,乃使侍御史與青州刺史雜考剛等"。

[2]【李賢注】暢得幸竇太后,故刺殺之。【今注】城門屯衛:東門屯兵宿衛之所。

[3]【今注】主名不立:主犯的姓名不可知曉。

[4]【今注】肺府:指皇帝的親屬或外戚。又作"肺附""肺腑"。

[5]【今注】茅土:王、侯的封爵。古代天子以五色土爲社祭的祭壇,分封諸侯時,按封地所在方向取壇上一色土,包以白茅,

覆以黃土，給受封者在封國內立社，稱爲"茅土"。　藩臣：諸侯。
古代以諸侯爲天子的屏藩。

[6]【李賢注】須，待也。

[7]【今注】武衞：武裝護衞。

[8]【今注】致此殘酷：指被人刺殺。

[9]【今注】奉憲之吏：執法官吏。

[10]【李賢注】適音的。謂無指的討捕也。

[11]【李賢注】股肱謂手臂也。公府有賊曹，主知盜賊也。
【今注】備數：充數。爲官的自謙之詞。　股肱：大腿和胳膊。指
輔佐君主的大臣。

[12]【今注】發所：案件發生的地點。

[13]【今注】以糾其變：檢查這一突發事件。

[14]【李賢注】敞在太尉府，二府謂司徒、司空。丙吉爲丞
相不案事（丙，大德本、殿本作"邴"，二字可通），遂爲故事，
見《馬防傳》也。【今注】案，本書卷二四《馬嚴傳》載，"舊丞
相、御史親治職事，唯丙吉以年老優游，不案吏罪，於是宰府習爲
常俗，更共岡養，以崇虛名，或未曉其職，便復遷徙，誠非建官賦
祿之意。宜勅正百司，各責以事，州郡所舉，必得其人。若不如
言，裁以法令"。李賢注："丙吉字少卿，魯人也。宣帝時，爲丞
相。掾史有罪，終無所驗。公府不按吏，自吉始也。"

[15]【今注】陳平：陽武（今河南原陽縣）人。先爲魏王咎
太僕，後從項羽，任都尉。歸劉邦，任護軍中尉。善計謀。西漢高
祖六年（前201），封曲逆侯。惠帝、呂后時任丞相。後與周勃誅
諸呂，迎立文帝。世家見《史記》卷五六，傳見《漢書》卷四〇。

[16]【李賢注】陳平爲左丞相，對文帝曰："宰相者，佐天子
理陰陽，順四時，下育萬物之宜，外鎮撫四夷、諸侯，內親附百
姓，使卿大夫各得任其職焉（焉，大德本、殿本作'也'）。"
【今注】案，此句見《史記》卷五六《陳丞相世家》。《漢書》卷

四〇《陳平傳》作"宰相者，上佐天子理陰陽，順四時，下遂萬物之宜，外填撫四夷諸侯，内親附百姓，使卿大夫各得任其職也"。

[17]【今注】案，惑，大德本作"感"。

[18]【今注】公縱姦慝：公然縱容奸惡的人。

[19]【今注】昭然勿疑：明顯無疑。大德本作"昭勿勿疑"。

[20]【李賢注】主者謂主知之盜賊之曹也。

[21]【今注】推舉：劾舉追究。

　　以高第拜侍御史。時遂以竇憲爲車騎將軍，大發軍擊匈奴，而詔使者爲憲弟篤、景並起邸第，[1]興造勞役，[2]百姓愁苦。敞上疏諫曰："臣聞匈奴之爲桀逆久矣。[3]平城之圍，慢書之恥，[4]此二辱者，臣子所爲捐軀而必死，[5]高祖、吕后忍怒還忿，[6]舍而不誅。伏惟皇太后秉文母之操，[7]陛下履晏晏之姿，匈奴無逆節之罪，[8]漢朝無可憝之恥，而盛春東作，[9]興動大役，元元怨恨，咸懷不悦。而猥復爲衛尉篤、奉車都尉景繕修館第，[10]彌街絶里。[11]臣雖斗筲之人，[12]誠竊懷怪，以爲篤、景親近貴臣，當爲百僚表儀。[13]今衆軍在道，朝廷焦脣，[14]百姓愁苦，縣官無用，而遽起大第，[15]崇飾玩好，[16]非所以垂令德，[17]示無窮也。宜且罷工匠，專憂北邊，[18]恤人之困。"書奏不省。[19]

　　[1]【今注】篤：竇篤。竇憲之弟。東漢章帝建初二年（77）爲黄門侍郎。和帝即位，爲虎賁中郎將。永元年間，爲衛尉。封郾侯。永元四年（92）自殺。　景：竇景。和帝即位，任中常侍。和帝永元年間，封汝陽侯，爲執金吾。永元四年自殺。　邸第：高級官吏的府第。本書卷二三《竇憲傳》載，"是時篤爲衛尉，景、瓌

皆侍中、奉車、駙馬都尉，四家競修第宅，窮極工匠"。

[2]【今注】興造：施工建造。

[3]【今注】案，之爲，大德本誤作"爲之"。 桀逆：凶暴忤逆。

[4]【李賢注】匈奴冒頓以精兵三十萬騎，圍高帝於白登七日。案：白登在平城東南十餘里。高后時，冒頓遺高后書曰："陛下獨立，孤僨獨居，兩主不樂，無以自娛，願以所有，易其所無。"孤僨，冒頓自謂。【今注】平城：縣名。治所在今山西大同市東北。西漢高祖七年（前200），劉邦至平城，爲匈奴所圍。案，慢，殿本作"嫚"。

[5]【今注】捐軀：捨棄身軀。比喻爲國家犧牲生命，或因公喪身。

[6]【今注】高祖：西漢高祖劉邦，公元前206年至前195年在位。紀見《史記》卷八、《漢書》卷一。 呂后：高祖的皇后呂雉。紀見《史記》卷九、《漢書》卷三。 忍怒還忿：忍住怒火，控制憤怒。

[7]【李賢注】文母，文王之妻大姒也（大，殿本作"太"）。《詩》曰"既有烈考，亦有文母"也。【今注】文母：太姒。亦作大姒。西周有莘氏之女，姒姓。周文王妻，武王母，號曰文母。旦夕勤勞，以盡婦道。生有十男。與太姜、太任共稱周室三賢母。《列女傳》卷一《母儀傳》云："太姒者，武王之母，禹後有莘姒氏之女，仁而明道，文王嘉之，親迎於渭，造舟爲梁。及入，太姒思媚太姜、太任，旦夕勤勞，以進婦道。太姒號曰文母。文王治外，文母治內。太姒生十男……教誨十子，自少及長，未嘗見邪僻之事。"

[8]【今注】逆節：違背倫理的行爲。

[9]【李賢注】歲起於東，人始就耕，故曰東作。【今注】東作：春耕。《尚書·堯典》："寅賓出日，平秩東作。"孔安國傳：

"歲起於東，而始就耕，謂之東作。東方之官，敬導出曰，平均次序東作之事，以務農也。"

［10］【今注】衛尉：官名。秦置，掌宮門衛屯兵。西漢景帝初更名中大夫令，後復稱衛尉。長樂、建章、甘泉皆置。東漢掌宮門衛士和宮內巡察。秩中二千石。　奉車都尉：官名。西漢武帝元鼎二年（前115）置，掌御乘輿車，東漢屬光禄勳。秩比二千石。

［11］【今注】彌街絕里：指館舍府第占據了街道和居民住處。

［12］【李賢注】鄭玄注《論語》："筲，竹器，容斗二升。"【今注】斗筲：指斗與筲。自謙才識疏淺。

［13］【今注】表儀：表率，儀範。

［14］【今注】焦脣：憂心如焚。

［15］【今注】大第：豪門貴族的頭等住宅。府邸有甲乙次第，故曰第。《漢書》卷一下《高帝紀下》載"爲列侯食邑者，皆佩之印，賜大第室。吏二千石，徙之長安，受小第室"。

［16］【今注】崇飾玩好：裝飾各種供玩賞的奇珍異寶。

［17］【今注】垂令德：使美德流傳後世。

［18］【今注】專憂北邊：專心考慮北方匈奴的事。

［19］【今注】不省：沒有理會。

後拜爲尚書，復上封事曰：[1] "夫忠臣憂世，犯主嚴顔，[2] 譏刺貴臣，至以殺身滅家而猶爲之者，何邪？君臣義重，有不得已也。臣伏見往事，[3] 國之危亂，家之將凶，皆有所由，較然易知。[4] 昔鄭武姜之幸叔段，[5] 衛莊公之寵州吁，[6] 愛而不教，終至凶戾。[7] 由是觀之，愛子若此，猶飢而食之以毒，適所以害之也。[8] 伏見大將軍憲，[9] 始遭大憂，公卿比奏，欲令典幹國事。[10] 憲深執謙退，[11] 固辭盛位，[12] 懇懇勤勤，言之深至，[13]天下聞之，莫不悅喜。今踰年無幾，[14]大禮未終，[15]卒然中改，[16]兄弟專朝。[17]憲秉三軍之重，[18]篤、景總宮衛之權，[19]而虐用百姓，[20]奢侈僭偪，[21]誅戮無罪，肆心自快。[22]今者論議凶凶，[23]咸謂叔段、州吁復生於漢。臣觀公卿懷持兩端，[24]不肯極言者，[25]以爲憲等若有匪懈之志，[26]則己受吉甫褒申伯之功，[27]如憲等陷於罪辜，[28]則自取陳平、周勃順呂后之權，[29]終不以憲等吉凶爲憂也。臣敞區區，[30]誠欲計策兩安，絕其綿綿，塞其涓涓，[31]上不欲令皇太后損文母之號，陛下有誓泉之譏，[32]下使憲等得長保其福祐。然臧獲之謀，上安主父，下存主母，猶不免於嚴怒。[33]臣伏惟累祖蒙恩，[34]至臣八世，[35]復以愚陋，旬年之閒，[36]歷顯位，備機近，[37]每念厚德，忽然忘生。雖知言必夷滅，[38]而冒死自盡者，[39]誠不忍目見其禍而懷默苟全。[40]駙馬都尉瓌，[41]雖在弱冠，[42]有不隱之忠，[43]比請退身，[44]願抑家權。[45]可與參謀，聽順其意，誠宗廟至計，[46]竇氏之福。”

[1]【今注】封事：密封的奏章。爲防止奏章泄密，用皂囊密封。始於西漢宣帝時。

[2]【今注】嚴顔：威嚴的臉色。

[3]【今注】伏見：看到。表示自謙。

[4]【李賢注】較，明（大德本、殿本“明”後有“也”字，是）。

[5]【李賢注】《左傳》，鄭武姜愛小子叔段（小，殿本作“少”，是），莊公立，武姜請以京封叔段，謂之京城大叔（大，

大德本、殿本作“太”），後武姜引以襲鄭。

[6]【李賢注】《左傳》，衞莊公寵庶子州吁，州吁好兵，公不禁。大夫石碏諫曰：“臣聞愛子教之以義方，弗納於邪。”莊公不從。及卒，適子桓公立，州吁乃殺桓公而篡其位。

[7]【今注】凶戾：凶殘暴戾。

[8]【李賢注】《史記》蘇秦曰：“飢人之所以飢而不食烏啄（啄，紹興本作‘喙’；大德本、殿本作‘喙者’，是），爲其愈充腹而與餓死同患也。”

[9]【今注】案，大將軍憲，殿本作“大將軍竇憲”。

[10]【李賢注】比，頻也。幹，主也（主，大德本誤作“王”）。【今注】比奏：多次上奏。

[11]【今注】深執謙退：堅持謙遜退讓。

[12]【今注】盛位：崇高的地位。

[13]【今注】案，之，大德本、殿本誤作“以”。　深至：十分深刻。

[14]【今注】踰年無幾：一年以後不久。

[15]【今注】大禮：指章帝的葬禮。

[16]【今注】卒然中改：忽然中途改變。

[17]【今注】專朝：獨攬朝政。

[18]【今注】三軍：左、中、右三軍。泛指軍隊。

[19]【今注】宮衞之權：衞尉篤、奉車都尉景繕修館第，均爲宮門衞士和乘輿。

[20]【今注】虐用：過度的役使。

[21]【今注】僭偪：超出本分脅迫君上。大德本誤作“僭倡”。

[22]【今注】肆心自快：用盡心機滿足自己的私欲。

[23]【今注】凶凶：騷動不安。殿本作“洶洶”，二字可通。

[24]【今注】懷持兩端：猶豫不定的態度。

[25]【今注】極言：直言規勸。

[26]【今注】匪懈：從不懈怠。

[27]【李賢注】申伯，周宣王元舅也，有令德，故尹吉甫作頌以美之。其《詩》曰：“維嶽降神，生甫及申。申伯之德，柔惠且直。揉此萬邦，聞于四國。”

[28]【今注】憲等陷於罪辜：東漢和帝永元四年（92）夏四月丙辰日，大將軍竇憲返回京師。六月，和帝以竇憲謀逆，下令逮捕其黨羽，謁者仆射沒收大將軍印綬，改封爲冠軍侯，遣竇憲和竇篤、竇景、竇瓌都回封地。竇憲、竇篤、竇景到封地後，都被迫令自殺。罪辜，罪過。

[29]【李賢注】呂后欲封呂祿、呂産爲王，王陵諫不許，陳平、周勃順旨而封之。呂后崩，平、勃合謀，卒誅産、祿也。

[30]【今注】區區：微不足道。表示自稱的謙詞。

[31]【李賢注】《周金人銘》曰“涓涓不壅，終爲江河；緜緜不絕，或成網羅”也。【今注】絕其緜緜塞其涓涓：斷絕竇氏的勢力、阻止其損害，使不能繼續產生影響。

[32]【李賢注】《左傳》，鄭武姜引大叔段襲莊公（大，大德本、殿本作“太”），莊公寘姜氏於城潁，誓之曰：“不及黃泉，無相見也。”

[33]【李賢注】《方言》：“臧獲，奴婢賤稱也。”《史記》曰：“蘇秦謂燕王曰：‘客有遠爲吏（吏，殿本誤作“使”），其妻私人。其夫將來（夫，大德本誤作“大”），私者憂之，妻曰：“勿憂，吾已爲作藥酒待之矣。”居三日，其夫果至，妻使妾舉藥酒而進之。妾欲言酒之藥乎，則恐逐其主母也；欲勿言邪（邪，大德本作“耶”，二字可通），則恐殺其主父。於是佯僵而棄酒。主父怒，笞之。故妾僵而覆酒，上存主父，下存主母，然猶不免於笞。’”

[34]【今注】累祖：歷代祖先。

　　[35]【李賢注】《東觀記》曰，何脩生成，爲漢膠東相；成生果，爲太中大夫；果生比干，爲丹陽都尉；比干生壽，蜀郡太守；壽生顯，京輔都尉；顯生鄢，光禄大夫；鄢生寵，濟南都尉；寵生敞：八世也（大德本“世”後有“子”字，誤）。

　　[36]【今注】旬年：滿一年。

　　[37]【今注】機近：接近皇帝的機密職位。

　　[38]【今注】夷滅：誅滅。

　　[39]【今注】自盡：竭盡己力。比喻非常用心、盡力。

　　[40]【今注】懷默苟全：沉默不言苟全性命。

　　[41]【今注】駙馬都尉：官名。西漢武帝元鼎二年（前115）置，掌副車之馬。秩比二千石。《漢書·百官公卿表上》“駙馬都尉掌駙馬”，顏師古注：“駙，副馬也。非正駕車，皆爲副馬。一曰駙，近也，疾也。”

　　[42]【今注】弱冠：古代男子年滿二十歲加冠，稱爲“弱冠”。後指男子二十歲左右的年紀。《禮記·曲禮上》：“二十曰弱冠。”孔穎達《正義》：“二十成人，初加冠，體猶未壯，故曰弱也。”

　　[43]【今注】不隱之忠：不可隱瞞的忠心。

　　[44]【今注】比請退身：屢次請求辭去爵禄和官職。

　　[45]【今注】家權：家族的權勢。

　　[46]【今注】至計：根本大計。

　　敞數切諫，[1]言諸竇罪過，憲等深怨之。時濟南王康尊貴驕甚，[2]憲乃白出敞爲濟南太傅。[3]敞至國，輔康以道義，數引法度諫正之，康敬禮焉。

　　[1]【今注】切諫：直言極諫。

　　[2]【李賢注】康，光武少子也。【今注】濟南王康：劉康。東漢光武帝建武十五年（39）封濟南公，十七年進爵爲王，二十八

年就國。都東平陵縣（今山東濟南市章丘區西北）。傳見本書卷四二。

[3]【今注】濟南：治東平陵縣（今山東濟南市章丘區西北）。東漢初爲濟南郡。光武帝建武十五年，封皇子劉康爲濟南公，以濟南郡爲濟南公國。　太傅：諸侯王國官名。掌輔導國王，不參預國政。遇有諸侯王有不法行爲，須諫諍或向朝廷舉奏。秩二千石。西漢成帝時去“太”字，稱“傅”或“王傅”。東漢皇子封王，其郡爲國，每置傅一人，相一人，皆二千石。

歲餘，遷汝南太守。[1]敞疾文俗吏以苛刻求當時名譽，[2]故在職以寬和爲政。立春日，[3]常召督郵還府，[4]分遣儒術大吏案行屬縣，[5]顯孝悌有義行者。[6]及舉冤獄，以《春秋》義斷之。[7]是以郡中無怨聲，百姓化其恩禮。[8]其出居者，皆歸養其父母，追行喪服，[9]推財相讓者二百許人。[10]置立禮官，不任文吏。又修理鮦陽舊渠，百姓賴其利，[11]墾田增三萬餘頃。吏人共刻石，頌敞功德。

[1]【今注】汝南：郡名。治平輿縣（今河南平輿縣北）。

[2]【今注】俗吏：祇能處理一般事務而無見識的官吏。漢賈誼《治安策》云“俗吏之所務，在於刀筆筐篋，而不知大體”。

[3]【今注】立春日：農曆二十四節氣之首。立，開始。立春爲正月旦歲之始，時之始，日之始，月之始，故云“四始”。漢代以立春時陽氣至，不可殺生，故不處決囚犯。《漢書》卷八五《谷永傳》：“立春，遣使者循行風俗，宣布聖德，存卹孤寡，問民所苦，勞二千石，敕勸耕桑，毋奪農時，以慰綏元元之心，防塞大姦之隙。諸夏之亂，庶幾可息。”本書《禮儀志上》載，立春之日，下寬大書曰：

"制詔三公：方春東作，敬始慎微，動作從之。罪非殊死，且勿案驗，皆須麥秋。退貪殘，進柔良，下當用者，如故事。"

[4]【李賢注】督郵主司察愆過，立春陽氣發生，故召歸。【今注】督郵：官名。漢置，郡府屬吏。掌監屬縣、督送郵書，兼及案繫盜賊、點録囚徒、催繳租賦等。漢代每郡依據所轄縣多少，分東、西、南、北、中爲五部（或二部、三部），分部循行。

[5]【今注】儒術：用儒家經典經邦治國的學説。

[6]【今注】孝悌有義行者：孝順父母、友愛兄弟有道德操守的人。

[7]【今注】以春秋義斷之：直接引用《春秋》等儒家經義的內容和精神作爲司法的指導原則和定罪量刑的依據（參見于振波《"引經決獄"的實質與作用》，《湖南大學學報》1999 年第 2 期）。

[8]【今注】化其恩禮：被何敞的禮遇對待所感化。

[9]【李賢注】出居謂與父母別居者。其親先亡者自恨喪禮不足，追行喪制也。【今注】追行喪服：補上過去没有完備的喪禮。

[10]【李賢注】《東觀記》曰："高譚等百八十五人推財相讓。"

[11]【李賢注】鮦陽，縣，屬汝南郡，故城在今豫州新蔡縣北。《水經注》云："葛陂東出爲鮦水，俗謂之三丈陂。"【今注】鮦陽：縣名。治所在今安徽臨泉縣西。

　　及竇氏敗，有司奏敞子與夏陽侯瓌厚善，[1]坐免官。永元十二年復徵，[2]三遷五官中郎將。[3]常忿疾中常侍蔡倫，[4]倫深憾之。元興元年，[5]敞以祠廟嚴肅，微疾不齋，[6]後鄧皇后上太傅禹冢，[7]敞起隨百官會，倫因奏敞詐病，坐抵罪。卒于家。

[1]【今注】厚善：交情深厚。
[2]【今注】永元：東漢和帝劉肇年號（89—105）。

　　［3］【今注】五官中郎將：官名。主五官郎。掌更直執戟，宿衞諸殿門，出充車騎。秩比二千石。案，錢大昭《後漢書辨疑》卷八據《張酺傳》作“左中郎將”。

　　［4］【今注】蔡倫：字敬仲，桂陽（今湖南郴州市）人。東漢宦官。後以樹皮、麻布、魚綱改進造紙，人稱“蔡侯紙”。傳見本書卷七八。

　　［5］【今注】元興：東漢和帝劉肇年號（105）。

　　［6］【今注】微疾不齋：以有小病不參加齋祭。

　　［7］【今注】鄧皇后：和帝皇后鄧綏。南陽新野（今河南新野縣）人。鄧禹孫女。紀見本書卷一〇上。　　禹：鄧禹，字仲華，南陽新野（今河南新野縣）人。明帝時爲太傅。傳見本書卷一六。

　　論曰：永元之際，天子幼弱，太后臨朝，竇氏憑盛戚之權，將有呂、霍之變。[1]幸漢德未衰，[2]大臣方忠，[3]袁、任二公正色立朝，[4]樂、何之徒抗議柱下，[5]故能挾幼主斷，[6]勦姦回之偪。[7]不然，國家危矣。夫竇氏之間，[8]唯何敞可以免，而特以子失交之故廢黜，[9]不顯大位。[10]惜乎，過矣哉！[11]

　　［1］【李賢注】呂祿、呂產也。霍光之子禹。

　　［2］【今注】漢德：漢朝的恩澤、恩惠。

　　［3］【今注】方忠：正直忠誠。

　　［4］【李賢注】袁安、任隗也。【今注】任：任隗，字仲和，南陽宛（今河南南陽市臥龍區）人。以鯁直著稱。傳見本書卷二一。

　　［5］【李賢注】《漢官儀》曰：“侍御史，周官也，爲柱下史，冠法冠。”案《禮圖注》云：“法冠，執法者服之。”樂恢爲司隸，

何敞爲御史（敞，大德本誤作"敝"），並彈射糾察之官也。

[6]【今注】挾幼主斷：輔助幼主進行決斷。案，佚名《後漢書考正》引劉攽説，"斷"字上少一"之"字，當據補。

[7]【李賢注】勦，絕也。【今注】勦姦回之偪：斷絕奸惡邪僻的人的威逼。

[8]【今注】間：嫌隙、隔閡。

[9]【今注】廢黜：革除官爵。

[10]【今注】不顯大位：沒有得到崇高的爵位。

[11]【今注】過：過分。

贊曰：朱生受寄，[1]誠不愆義。[2]公叔辟梁，[3]允納明刺。[4]絕交面朋，崇厚浮僞。[5]恢舉謗己，[6]敞非祥瑞。[7]永言國偪，[8]甘心彊詖。[9]

[1]【今注】朱生受寄：朱暉受人所託。

[2]【今注】誠不愆義：確實沒有違背道義。

[3]【今注】公叔辟梁：指梁冀舉朱穆爲高第，爲侍御史。

[4]【今注】允納明刺：採納其當面的指責。

[5]【李賢注】楊雄《法言》曰（楊，殿本作"揚"）："朋而不心，面朋也。友而不心，面友也。"浮僞者，勸之以崇厚也。【今注】崇厚浮僞：使輕浮欺詐變得敦厚。

[6]【今注】恢舉謗己：樂恢舉薦誹謗自己的人的孩子。

[7]【今注】敞非祥瑞：何敞批評所謂的祥瑞。

[8]【今注】永言國偪：長久地談論國家被奸惡之人威逼。

[9]【李賢注】詖，佞諂也。竇憲兄弟奢僭上偪，敞冒死切諫（中華本校勘記引陳景雲説，"永言"二句乃直指恢、敞而言，非僅指敞，故"敞"上脫"恢"字），是甘心於彊詖之人也。【今注】甘心彊詖：情願受到這些奸惡之人的怨恨。